高等院校汽车类创新型应用人才培养规划教材

汽车安全概论

主 编 郑安文 郭健忠
副主编 吴素珍

内 容 简 介

围绕汽车安全的主题，本书系统地介绍了影响汽车行驶安全的主要因素、汽车主动安全技术、汽车被动安全技术、汽车安全性能与检测、儿童乘员安全、新能源汽车及其安全等与汽车安全密切相关的主要内容。在编写体系上，本书采用模块编写体系的思路，各模块之间合理分工、相互配合，以全面系统地反映汽车安全的主体内容；在内容组织上，以典型装置为对象，系统地介绍多种汽车安全技术（装置）的基本原理、工作特点，旨在普及和提高读者的汽车安全知识水平。

本书内容丰富、图文并茂，选材来源于成稿时最新技术资料和研究成果；难易适中、实用性强，有利于知识的吸收和技能的迅速提高。

本书可作为高等院校车辆工程、汽车服务工程、交通工程、交通运输等相关专业的教材和教学参考书，也可作为汽车制造、汽车检测、汽车营销、汽车维修等企事业单位工程技术人员及管理人员的培训教材和参考书，以及高职汽车类相关专业的教材和教学参考书。

图书在版编目（CIP）数据

汽车安全概论／郑安文，郭健忠主编. —北京：北京大学出版社，2015.10
（高等院校汽车类创新型应用人才培养规划教材）
ISBN 978-7-301-22666-7

Ⅰ. ①汽… Ⅱ. ①郑… ②郭… Ⅲ. ①汽车驾驶—安全技术—高等学校—教材 Ⅳ. ①U471.15

中国版本图书馆 CIP 数据核字(2015)第 219060 号

书　　　名	汽车安全概论 Qiche Anquan Gailun
著作责任者	郑安文　郭健忠　主编
策划编辑	童君鑫
责任编辑	黄红珍
标准书号	ISBN 978-7-301-22666-7
出版发行	北京大学出版社
地　　　址	北京市海淀区成府路 205 号　100871
网　　　址	http://www.pup.cn　新浪微博：@北京大学出版社
电子信箱	pup_6@163.com
电　　　话	邮购部 010-62752015　发行部 010-62750672　编辑部 010-62750667
印 刷 者	北京虎彩文化传播有限公司
经 销 者	新华书店
	787 毫米×1092 毫米　16 开本　15.5 印张　360 千字 2015 年 10 月第 1 版　2022 年 8 月第 5 次印刷
定　　　价	39.00 元

未经许可，不得以任何方式复制或抄袭本书之部分或全部内容。
版权所有，侵权必究
举报电话：010-62752024　电子信箱：fd@pup.pku.edu.cn
图书如有印装质量问题，请与出版部联系，电话：010-62756370

前　言

随着汽车的广泛使用，人们的出行方式正在发生深刻的变化。人们在享受汽车带来的快速便捷的同时，与之伴随的道路交通事故也给人们的生命财产造成了巨大的损失。因而，安全是汽车发展过程中永恒的课题之一。

从汽车安全技术的发展过程可以看出，汽车安全技术的明显特点是随着车辆行驶速度的提高及汽车保有量的增加而逐步受到重视。在汽车发展初期，由于道路条件差、车辆行驶速度低及保有量少，汽车安全技术受到的关注较少。自20世纪50年代以来，随着汽车使用范围的扩大及伤害事件的增多，各汽车制造商开始全面重视汽车安全问题，汽车安全技术逐步取得进展。特别是自20世纪60年代以来，随着电子、信息、计算机、控制技术在汽车上的应用及材料科学和制造技术的进步，多种先进的汽车安全装置不断被发明并投入使用，使汽车安全技术进入了系统、快速发展时期。汽车安全现已成为涵盖法规、性能、技术、结构、试验、检测等多方面专业知识的综合性学科。

鉴于汽车安全涉及内容的广泛性，本书以现代汽车安全技术为主线，并结合典型装置和结构，通过对汽车安全性能、汽车安全技术、汽车安全法规与检测、新能源汽车安全的系统介绍与分析，为学生构建完整、系统的汽车安全知识体系，力求学以致用，提高学生的专业技能。本书可作为本科教材，同时兼顾高职教学的需要，也可作为高职高专教育中汽车运用工程、汽车检测与维修、汽车电子与电气、汽车技术服务与营销等专业的教材。

全书共分7章。第1章为概述，主要介绍了汽车主动安全技术、汽车被动安全技术的现状及发展趋势，以及道路交通安全保障体系、电子技术对汽车发展的影响等相关内容；第2章分别从汽车制动性、汽车操纵稳定性、驾驶室人机环境与安全性三方面分析讨论了对应性能与汽车安全性之间的关系；第3章从基于改善驾驶操作性能、事故避免、汽车安全辅助驾驶技术三方面系统介绍了包括车轮防抱死制动系统、驱动防滑系统、电子制动力分配、电子稳定程序、电控动力转向系统、自适应巡航控制系统、轮胎压力监测系统、碰撞预警安全系统、行人防碰撞系统等12种装置在内的汽车主动安全装置的工作原理、主要结构、性能、作用及特点；第4章先从基于伤害减轻、基于防止灾害扩大两方面系统介绍了包括安全车身、座椅安全带、安全气囊防护系统、汽车座椅、吸能防伤转向机构、汽车灭火系统等8种装置在内的汽车被动安全技术及装置，然后从基于提高被动安全性能的重要部件和结构出发讨论分析了制动器、轮胎、汽车玻璃的结构差异对安全性的影响；第5章首先介绍了美欧日中汽车安全技术法规体系、汽车认证制度及技术法规与标准对比，然后在此基础上讨论了汽车被动安全性能试验与汽车安全性能检测的主要内容；第6章从儿童约束系统的类别和基本结构、儿童乘员安全法规、儿童安全座椅及其使用、校车安全等方面讨论了儿童乘员的安全问题；第7章从新能源汽车的主要类型及特点、电动汽车安全法规、电动汽车安全等方面介绍了新能源汽车及其安全问题。

本书由武汉科技大学郑安文、郭健忠担任主编，河南工程学院吴素珍担任副主编，具体编写分工如下，第1、3、4、6、7章由郑安文、吴素珍编写，第2、5章由郭健忠编写，研究生吕天浩、童高鹏、邵红玲、张振、周吉伟、杨丰丰等参加了部分资料的收集整理工作。全书由郑安文统稿。

在编写过程中，我们参考了大量国内外文献资料，限于篇幅未能一一列出，引用及理解不当之处，敬请谅解，并在此向这些文献资料的原作者表示衷心的感谢！

由于汽车安全涉及的学科知识面非常广泛，远非我们的知识、能力所能覆盖，书中纰漏在所难免，恳请广大师生、读者不吝赐教！

编 者

2015 年 6 月

目 录

第1章 概述 … 1
1.1 汽车安全技术概述 … 2
1.1.1 汽车安全性与道路交通事故的关系 … 2
1.1.2 汽车安全技术概述 … 5
1.2 道路交通安全保障体系 … 10
1.3 电子技术对汽车发展的影响 … 12
思考题 … 15

第2章 汽车行驶安全性能 … 16
2.1 汽车的制动性 … 18
2.1.1 汽车制动性能的评价指标与制动原理 … 18
2.1.2 滑转率与路面附着系数 … 21
2.1.3 汽车制动过程与制动距离 … 24
2.1.4 制动时汽车的方向稳定性 … 27
2.2 汽车操纵稳定性及其评价 … 29
2.2.1 汽车操纵稳定性的意义 … 29
2.2.2 轮胎的侧偏特性 … 30
2.2.3 汽车操纵稳定性的评价项目 … 32
2.3 驾驶室人机环境与安全性 … 36
2.3.1 汽车视野 … 36
2.3.2 汽车灯光 … 44
2.3.3 汽车操纵机构 … 49
思考题 … 54

第3章 汽车主动安全技术(装置) … 55
3.1 概述 … 56
3.2 基于改善驾驶操作性能的主动安全技术(装置) … 58
3.2.1 车轮防抱死制动系统 … 58
3.2.2 驱动防滑系统 … 67
3.2.3 电子制动力分配 … 71
3.2.4 电子稳定程序 … 73
3.2.5 电控动力转向系统 … 78
3.2.6 自适应巡航控制系统 … 81
3.3 基于事故避免的主动安全技术(装置) … 85
3.3.1 轮胎压力监测系统 … 85
3.3.2 碰撞预警安全系统 … 88
3.3.3 行人防碰撞系统 … 91
3.3.4 制动辅助系统 … 94
3.4 汽车安全辅助驾驶技术 … 96
3.4.1 车道偏离预警系统 … 96
3.4.2 行车车距预警系统 … 98
思考题 … 99

第4章 汽车被动安全技术(装置) … 100
4.1 概述 … 101
4.2 基于伤害减轻的被动安全技术(装置) … 103
4.2.1 安全车身 … 103
4.2.2 座椅安全带 … 111
4.2.3 安全气囊防护系统 … 115
4.2.4 汽车座椅 … 121
4.2.5 吸能防伤转向机构 … 123
4.3 基于防止灾害扩大的被动安全技术(装置) … 125
4.3.1 灭火系统 … 125
4.3.2 汽车门锁系统 … 128
4.3.3 GPS救援系统 … 130
4.4 基于提高被动安全性能的重要部件和结构 … 131
4.4.1 制动器 … 131
4.4.2 轮胎 … 134
4.4.3 汽车玻璃 … 139
思考题 … 142

第5章 汽车安全法规与试验及检测 … 143

- 5.1 概述 …………………… 144
  - 5.1.1 汽车技术法规与标准的意义及区别 …………… 144
  - 5.1.2 目前世界三大主要汽车法规体系及其构成 …… 146
- 5.2 美、欧、日、中汽车安全技术法规 ……………………… 147
  - 5.2.1 美国的汽车安全技术法规 ………………… 147
  - 5.2.2 ECE 汽车技术法规 …… 150
  - 5.2.3 日本汽车安全技术法规 ………………… 151
  - 5.2.4 美、欧、日本汽车技术法规体系的主要特点 … 152
  - 5.2.5 中国汽车安全技术法规 ……………………… 152
  - 5.2.6 汽车认证制度 ………… 157
- 5.3 汽车被动安全性能试验 …… 159
  - 5.3.1 汽车被动安全性能试验概述 ………………… 160
  - 5.3.2 世界 NCAP 的发展 …… 161
  - 5.3.3 C-NCAP 碰撞测试规则 ………………… 164
  - 5.3.4 汽车零部件台架试验简介 ………………… 165
  - 5.3.5 汽车零部件模拟碰撞试验 ………………… 166
  - 5.3.6 实车碰撞试验 ………… 168
  - 5.3.7 中国汽车性能主要实验室简介 …………… 170
- 5.4 汽车安全性能检测 ………… 175
  - 5.4.1 机动车检验制度及其相关规定 …………… 175
  - 5.4.2 汽车安全检测项目与基本内容 …………… 176
  - 5.4.3 汽车安全检测设备简介 ………………… 179
- 思考题 ……………………………… 182

第6章 儿童乘员安全 …………… 183

- 6.1 概述 …………………… 185
  - 6.1.1 儿童约束系统简介 …… 186
  - 6.1.2 儿童乘车使用儿童专用安全装置的重要性 …… 188
  - 6.1.3 儿童约束系统的类别和基本结构 …………… 189
- 6.2 儿童乘员安全法规 ………… 192
  - 6.2.1 欧、美汽车儿童约束系统技术法规与标准分析比较 …………… 193
  - 6.2.2 我国《机动车儿童乘员用约束系统》简介 …… 195
  - 6.2.3 儿童安全座椅在汽车上的 3 种固定方式 ……… 195
  - 6.2.4 中国儿童乘车安全评价标准纳入 C-NCAP 评测 …… 198
- 6.3 儿童安全座椅及其使用 …… 198
  - 6.3.1 儿童安全座椅的分类 … 198
  - 6.3.2 关于后向乘坐设计 …… 199
  - 6.3.3 儿童安全座椅的选用 … 200
  - 6.3.4 儿童乘车位置的选择 … 201
- 6.4 校车安全 ………………… 203
  - 6.4.1 我国校车安全管理主要法规 ………………… 204
  - 6.4.2 美国校车运行及管理制度 ………………… 205
  - 6.4.3 校车结构及特点 ……… 208
- 思考题 ……………………………… 209

第7章 新能源汽车及其安全 …… 210

- 7.1 新能源汽车概述 …………… 211
  - 7.1.1 新能源汽车的定义及发展概况 …………… 211
  - 7.1.2 新能源汽车的主要类型及特点 …………… 213
- 7.2 电动汽车安全法规 ………… 221
  - 7.2.1 概述 …………………… 221
  - 7.2.2 我国电动汽车国家标准 … 222
- 7.3 电动汽车安全 ……………… 226
  - 7.3.1 电动汽车的组成、主要结构及其功用 ………… 226
  - 7.3.2 电动汽车存在的主要安全隐患分析 …………… 231
- 思考题 ……………………………… 237

参考文献 …………………………… 238

第 1 章 概 述

 本章教学要点

知识要点	掌握程度	相关知识
汽车安全技术概述	掌握汽车安全性、道路交通安全概念的内涵及汽车安全性与道路交通事故二者之间的关系；了解汽车安全技术的发展趋势及主要内容	道路交通安全的重要性；汽车安全技术对汽车安全及交通安全的重要性
道路交通安全保障体系	了解现代道路交通安全保障体系的主要构成要素及其相关内容	道路交通安全保障体系的系统性
电子技术对汽车发展的影响	了解汽车电子及汽车电子化的意义；了解电子技术对汽车发展的推进作用及深刻影响	电子技术在汽车上的应用情况及发展趋势

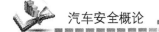

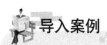

高速路上擦剐停车，未设置明显警示标志遭遇惨烈追尾

事故经过：2009年4月19日凌晨1点40分左右，成都市成南高速金堂竹篙段一辆轿车与一辆货车发生擦剐后，轿车与货车一起停在紧急停车道上等待交警处理。两车停车后没有设置警示标志，轿车上驾驶人与4名乘客也滞留在车中。数分钟后，从后面疾驰而来的一辆货车撞上了轿车后部，造成轿车上3人死亡、2人受伤的严重事故后果。

事故分析：这起开始只是一起小小擦剐的事故，最后却引发了3死2伤的严重后果，除了追尾的那辆货车要承担相应的责任外，之前的擦剐事故发生后，货车和轿车驾驶人的处置方式不当，也是造成这起严重交通事故的重要原因之一。

《中华人民共和国道路交通安全法》明确规定：当机动车在高速公路上因故障等原因停车时，必须将车辆停靠在紧急停车道上，开启危险报警闪光灯，并在故障车来车方向150m以外设置明显的警示标志，车上人员应当迅速转移到右侧路肩上或者应急车道内。显然，在这起事故中，货车和轿车驾驶人均没有按《中华人民共和国道路交通安全法》的规定执行，货车和轿车发生擦剐事故停车后，既没有在车后设置警示标志，也没有开启危险报警闪光灯；在等待交警前来处理的过程中，车上人员全部滞留在车中，这些处置方式是导致事故后果向严重方向发展的直接原因。

思考：虽然从停车到严重事故后果出现，不到短短的10分钟，但这10分钟内的疏忽，是导致这场悲剧的重要原因。特别提示夜间在高速公路上停车，一是要注意警示标志的设置，二是人员务必要撤到右侧隔离带外。

→ 资料来源：http://www.aqxx.org/html/2012/11/18/18411854467.shtml.

在当今社会，道路交通事故已成为一大严重社会公害，而且在目前科学技术条件下尚不可能完全避免。在这种情况下，设计和制造安全性能高的汽车对于降低交通事故发生率和减轻交通伤害具有重要的现实意义，而设计和制造安全性能高的汽车则与汽车安全技术的发展和进步密不可分。

1.1 汽车安全技术概述

1.1.1 汽车安全性与道路交通事故的关系

1. 安全和汽车安全性的意义

1) 安全的意义

安全是相对危险、威胁、事故而言的。"无危则安，无损则全"，安全就是人们在工作、生活过程中，身体免于伤害，财产免于损失，即安全意味着无危害、无危险。

安全，简明地讲是指人们在生产、生活活动中其人身伤害或财产损失不超过可接受的水平，即安全意味着人身伤害或财产遭受损失的可能性和程度限定在可接受的范围内，若这种可能性和程度超过了可接受的状态即为不安全。作为安全的对立面，危险的意义是指人们在生产、生活活动中潜在的可能造成人身伤害、致病或财产损失的状态。这里所述的安全主要是指与人们的工作、生活相关领域的安全问题，如驾驶车辆过程中的安全，但不包括军事及社会意义下的安全，也不包括与疾病相关的安全。

安全按其危险性程度的不同可进一步分为绝对安全和相对安全。绝对安全是指人们在生产、生活活动过程中没有危险、不受威胁和伤害、不出事故，即消除可能导致人身伤害或死亡，诱发疾病或造成设备破坏、财产损失及危害环境的条件。绝对安全是安全的一种理想状态，实际中很难实现，或者说不存在，这是因为现实中没有绝对安全的环境及条件。

相对安全是指人们在生产、生活活动过程中判明的危险性不超过允许的限度。现实中，人们所述的安全通常都是指相对安全，即当人们对工作、生活、生存的环境及条件所判明的危险性未超过允许的限度时，就认为是安全的，否则，就认为是不安全的。当然，对安全环境及条件的判断涉及人们对危险的认识与理解，以及对危险性尺度的把握，实际中，不同的人对危险性尺度把握的标准是不同的。

实际中，安全是一个相对的概念，其相对性表现在以下3个方面。

(1) 绝对的安全状态是不存在的，安全是相对危险而言的，是一种比较的结果。

(2) 安全标准是相对于人类对安全问题的认识与理解和社会经济的承受能力而言的，抛开社会环境讨论安全是不现实的。

(3) 人的认识是无限发展的，对安全机理和运行机制的认识也处于不断深化的过程中，因而，安全相对于人的认识而言具有相对性。

由于安全具有相对性，而危险具有绝对性，因而，危险会始终与人们的工作生活相伴随。未来社会无论人们对安全的认识多么深刻，安全防范技术多么先进，安全设施多么完善，危险也将会存在，并始终不会消失。

2) 汽车安全性的意义

相对于一般意义下的安全而言，汽车安全指的是汽车在使用过程中与安全相关的性能处于可控的状态（一种具体的安全状态），而汽车安全性则多指汽车在保障乘员安全方面应具备的能力。简明地讲，汽车安全性是指预防事故发生及减轻事故伤害的能力。多年来，人类提高这种能力的手段是通过综合运用法规、技术、管理等多种措施，不断改进汽车结构设计，开发出性能更先进的安全设施，从而提高汽车的安全性能。

目前车辆安全的意义不再仅仅限于保护车内成员，已扩展到包括保护车外的行人及被撞车辆上乘员的安全。就乘员保护而言，判断一部车辆乘员保护安全性的优劣，首先要看碰撞后车辆的乘员舱是否完整，在理想的稳定状态下，撞击后车辆的立柱、门框等部位应该保持完好，没有来自外部的坚硬物体侵入驾驶舱，车门可以顺利打开。这样的车身结构，再搭配合理的约束系统，才可以在道路交通事故中受到相对较小的威胁。

汽车安全性按预防与减轻侧重点的不同可进一步分为主动安全性和被动安全性。

汽车主动安全性是指汽车自身防止或减少道路交通事故发生的能力。主要与车辆的制动性、操纵稳定性、视野灯光信息性、结构尺寸及驾驶人工作条件（操作元件的人机特性、操纵轻便性、座椅舒适性、驾驶室温度、噪声、通风等）等因素有关。汽车行驶过程中，避免制动与驱动状态滑移，保障前、后轴的制动力合理分配，提高操纵稳定性等一系列相关措施均为汽车的主动安全性措施。

汽车被动安全性是指当交通事故不可避免发生时汽车对车内乘员、车外行人的保护能力,即减轻事故后果的能力。进一步可分为内部安全性和外部安全性。在内部安全性方面应尽力减少事故中作用于车内乘员的冲击力,如中间"硬"前后"软"的车身结构、安全带、安全气囊、吸能防伤转向机构等设备。在外部安全性方面应减少凸出物,物体外形采用圆弧形、软饰化,增大接触面等结构形式。

2. 道路交通安全概述

1) 道路交通事故的概念

世界各国由于国情、文化及经济发展水平的差别,以及道路交通安全状况、交通规则和交通管理规定的不同,对交通事故的定义也不尽相同。中国根据本国的国情及其交通安全状况,在2004年5月1日开始实施的《中华人民共和国道路交通安全法》中给出的定义为:交通事故是指车辆在道路上因过错或者意外造成的人身伤亡或者财产损失的事件。对此定义的理解要重点把握以下3点。

① 车辆在道路上,而非其他地方,其中车辆、道路均有特定的含义。

② 造成交通事故的原因为非故意的过错或者意外,其中,非故意的过错原因的内涵是指当事人行为过错的原因,即当事人的违法和过失等非故意行为的原因,意外原因的内涵是指因自然因素的原因引起而非人为因素原因引起,如流石、泥石流、山崩等原因。

③ 交通事故造成了人身伤亡或者财产损失的损害后果发生。

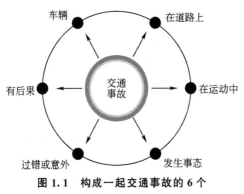

图 1.1 构成一起交通事故的 6 个必不可少的基本要素

此定义主要强调车辆在道路上因过错或者意外原因造成的人身伤亡或者财产损失事件,比较适合当今中国道路、车辆和人员参与交通活动的现状。实际中,一起交通事故通常包括以下6个必不可少的基本要素,如图1.1所示。

① 车辆。车辆是构成交通事故的前提条件,指各种机动车辆与非机动车辆,主要为民用车辆(军用车辆一般不包括其列),并且以机动车为主。在交通事故的相关各方当事人中至少有一方使用了车辆且主要为机动车辆,无车辆参与则不能认定为道路交通事故。

② 在道路上。道路是构成交通事故的基础条件,指供公众使用的道路,仅供本单位车辆和行人通行的,交通管理部门没有义务对其进行管理的,因不具备公共性质不能列为道路之列。如高等学校校园内的道路因主要是供校内师生学习、工作使用的,不能列为道路范围。

对交通事故中是否在道路上这一要素的确认应以事故发生时车辆所在的位置而不是事故发生后车辆所在的位置进行判断。

③ 在运动中(运行中)。交通事故涉及的各当事方中至少有一方的车辆处于运动状态。对交通事故中车辆在运动中这一要素的确认关键在于交通事故涉及的各当事方中是否至少有一方的车辆处于运动状态。

④ 有交通事态(发生)。发生了碰撞、刮擦、碾压、翻车、坠车、爆炸、失火等现象中的一种或几种。

⑤ 过错或意外。产生交通事故或是过错原因造成的,或是意外原因造成的。造成过

错的原因虽是人为的,但却是非故意的,主要有违法行为与过失行为两类。意外原因是指因人力无法抗拒的自然灾害,如山洪、泥石流、流石、地震、雷击、台风、海啸等造成的交通事故。

⑥ 有后果(损害后果)。交通事故必定有损害后果存在,即有人员、牲畜伤亡或车辆、物质损坏发生。只有因当事人违法行为造成了损害后果才能称为交通事故,若只有违法而没有损害后果则不能算作交通事故。

对于任意一起交通事故而言,上述6个基本要素缺一不可,特别是损害后果更是不可缺少。

关于道路交通事故的分类,有多种不同分法,目前主要有6种分类方法:按事故后果分,按事故原因分,按事故责任分,按事故第一当事者或主要责任者的内在原因分,按事故的对象分、按事故发生地点分。同样一起事故,因责任划分或原因分析的需要,采用不同的分类方法,则对应的事故类型会不同。

2) 道路交通安全

相对于一般意义下的安全而言,道路交通安全主要指交通参与者在参与交通活动过程中的人身及财产安全。道路交通安全从本质上讲是指交通参与者在参与交通活动过程中的人身及财产安全。通俗地讲是指交通参与者在参与交通活动的过程中确保自身和他人的生命及财产安全,也就是既不要向他人(包括自己)或他物施加伤害、也不要遭受外来伤害。

交通参与者是指在从事交通活动过程中与人的特定行为或临时角色相关的不同群体,通常指机动车驾驶人、骑车人、行人、乘客等。关于交通参与者的人身安全,从个人微观层面上讲,是指交通参与者在参与交通活动的过程中人身不要受到伤害。具体体现为"三不伤害":

① 我不伤人,即交通参与者自己不要伤害其他参与者(别人)。

② 人不伤我,即交通参与者自己不要被其他参与者(别人)伤害。

③ 我不伤我,即交通参与者自己不要伤害自己。

3. 汽车安全性与道路交通事故的关系

(1) 汽车的主动安全性好,道路交通事故的发生率则会降低;反之,则相反。如汽车的制动性能变差,出现制动距离增加、后轴侧滑、制动跑偏的可能性增大;汽车的照明性能、视野性能较差,夜间行驶引发交通事故的可能性增大。汽车的被动安全性能提高,在交通事故不可避免时可有效减轻事故伤害。

(2) 提高汽车的主动安全性,有助于降低道路交通事故的发生率,对于预防交通事故的发生具有重要意义。

(3) 提高汽车的被动安全性,对于减轻或避免交通事故伤害具有积极意义。

人员、车辆、道路是构成现代道路交通系统的3大基本要素。显然,汽车只是现代道路交通系统中的重要因素之一,汽车安全性并不代表道路交通安全的全部,但汽车安全性差,道路交通系统则难以保证安全。

1.1.2 汽车安全技术概述

汽车安全技术的产生和发展是随着道路条件的改善、车辆行驶速度的提高及汽车保有量的增加而逐步受到重视的。在汽车发展初期,由于道路条件差、车辆行驶速度低及保有量少，汽车安全技术受到的关注较少。随着汽车的广泛使用及伤害事件的不断增多，自20世纪50年代开始，各汽车企业全面重视汽车安全问题，开始了对汽车碰撞问题的系统研究。与此同时，汽车安全技术逐步取得突破，特别是自20世纪60年代以来，随着电子、信息及计算机技术在汽车上的应用及材料科学和制造技术的进步，汽车安全技术进入了系统、快速发展时期：在被动安全方面以中间"硬"前后"软"为理念的新型安全车身结构不断普及，以安全带、安全气囊为代表的基础性被动安全装置广泛用于汽车上；在主动安全方面以车轮防抱死制动系统为基础，以电子稳定程序、自适应巡航控制系统为代表的多种先进主动安全装置不断用于汽车上，使汽车的安全性获得了本质性改善与提高。

汽车安全技术按其防范事故伤害着眼点的不同可分为汽车主动安全技术与汽车被动安全技术。汽车主动安全技术是指汽车设计者为使汽车安全行驶，尽可能避免道路交通事故发生而可取的技术措施，具有主动预防交通事故的特点。汽车被动安全技术是指汽车在行驶过程中当交通事故不可避免地要发生时，汽车设计者为尽可能减轻事故伤害而采取的技术措施，具有被动减轻事故伤害的特点。

1. 汽车主动安全技术

按照改善性能、避免事故、辅助驾驶的不同侧重点，汽车主动安全技术可分为基于改善驾驶操作性能的主动安全技术、基于事故避免的主动安全技术和汽车安全辅助驾驶技术。

基于改善驾驶操作性的主动安全技术（装置）包括车轮防抱死制动系统（ABS）、驱动防滑系统（ASR）、电子制动力分配（EBD）、电子稳定程序（ESP）、电控动力转向系统（EPS）和自适应巡航控制（ACC）系统等。

基于事故避免的主动安全技术（装置）包括轮胎压力监测系统（TPMS）、碰撞预警安全系统（PCSS）、行人防碰撞系统和制动辅助系统等（BAS）。

汽车安全辅助驾驶技术包括车道偏离预警系统和行车车距预警系统等。

1) 典型的主动安全技术

(1) ABS。当车辆制动时，它能使车轮保持转动而不抱死，从而帮助驾驶人控制车辆安全地停车。在制动过程中不仅可以控制方向稳定性，还可以减小制动距离，目前已成为绝大多数车辆的标准配置。

(2) ASR。在ABS基础上发展起来的另一主动安全装置。ABS在汽车制动时控制4个车轮，而ASR只控制驱动轮，当汽车加速时，将滑动控制在一定的范围内，从而防止驱动轮快速滑动。其功能在于避免驱动轮滑转，提高牵引力和保持车辆行驶稳定性。

(3) ESP。它是博世公司的专利产品，综合了ABS及ASR的功能。在汽车行驶过程中，通过不同传感器实时监控驾驶人转弯方向、车速、节气门开度、制动力及车身倾斜度和侧倾速度，以此判断汽车正常安全行驶和驾驶人操纵汽车意图的差距，然后通过调整发动机的动力输出和车轮上的制动力分配，修正过度转向或转向不足。ESP可防止车辆侧滑和侧翻，在提高汽车行驶稳定性方面效果显著，逐渐在发达国家成为车辆标准配置。ESP的应用使事故减少16%。ESP全球车辆安装率趋势如图1.2所示。

对于ESP，由于专利的原因，不同的开发厂家采用了不同的称谓，如宝马公司称为动力学稳定控制系统（DSC），丰田公司称为汽车稳定性控制系统（VSC）。

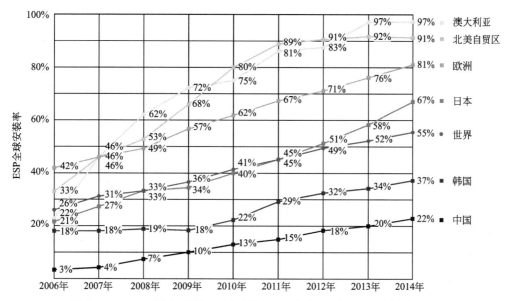

图1.2　ESP全球车辆安装率趋势(基于乘用车和6t以下轻型商用车产量)

2) 主动安全技术的发展趋势

随着对车辆动态控制认识的深化和网络技术的发展,主动安全技术的范畴已在ABS和ESP的基础上拓展出更多的功能,朝着预防纵向碰撞、纵向临近车辆监控、横向稳定及车况实时监控等方面延伸,以满足在各种行驶状态和路面条件下,既保证安全又提高行驶效率的目的,而多系统控制的集成和协调问题也成为技术上的重点和难点。

2. 汽车被动安全技术

按照伤害减轻、灾害抑制及提高被动安全性能的不同侧重点,汽车被动安全技术可分为基于伤害减轻的被动安全技术、基于防止灾害扩大(灾害抑制)的被动安全技术及基于提高被动安全性能的重要部件和结构。

基于伤害减轻的被动安全技术(装置)包括安全车身、座椅安全带、安全气囊防护系统(SRS)、座椅、吸能防伤转向机构等。

基于防止伤害扩大的被动安全技术(装置)包括灭火系统、汽车门锁系统、GPS救援系统等。

对汽车的安全性具有重要影响的典型部件有车身结构、汽车制动器、汽车轮胎、汽车玻璃等。

1) 典型被动安全技术

(1) 安全车身。其主要功能是当碰撞发生时能够通过车身前后部的变形有效保护车内乘员。提高车身碰撞安全性的措施主要集中于汽车车身结构的缓冲与吸能,以在碰撞时能够有效吸收大部分的冲击能量。

(2) 安全带。其主要功能是当事故发生时,限制乘员身体的前移,避免发生乘员与车体相应部位的碰撞伤害。安全带的使用可以有效约束乘员身体前移而大大降低乘员受重伤或死亡的概率。

(3) 安全气囊。通常作为安全带的辅助安全装置和安全带一同使用。据统计,配备安全气囊的车辆发生正面碰撞时,可使乘客受伤程度减轻64%,即使未系上安全带,防撞安全气囊仍可减轻伤害。

2) 被动安全技术发展趋势

汽车被动安全技术的核心是当碰撞事故发生时如何最大限度地保护乘员。研究表明,汽车被动安全技术水平越高,其安全性也会越高。随着试验手段的不断丰富,被动安全技术获得了快速发展,如安全车身、安全座椅、碰撞传感器等。汽车安全车身旨在通过车身前后部的合适变形,以最大限度地保护车内乘员。汽车安全座椅的功能越来越多,座椅头颈部保护、腰部支撑、加热功能、按摩功能、通风功能及座椅记忆功能等新技术不断发展,使座椅的安全性和舒适性大大提高。以欧盟为代表的行人碰撞保护法规的制定和实施推动了世界范围内对行人保护的重视,基于减轻车外交通参与者伤害的被动安全技术高度关注人、车、环境的融合,使得新型的行人保护装置不断出现,如行人保护气囊、发动机舱盖弹升防护系统等。行人保护气囊旨在车辆碰撞行人时气囊弹出以对行人实施保护。

3. 汽车安全技术的发展趋势

图1.3所示的汽车被动安全、主动安全技术及综合安全技术发展曲线较全面地反映出汽车安全技术在汽车上的应用状况及其未来一定时期的应用预测。

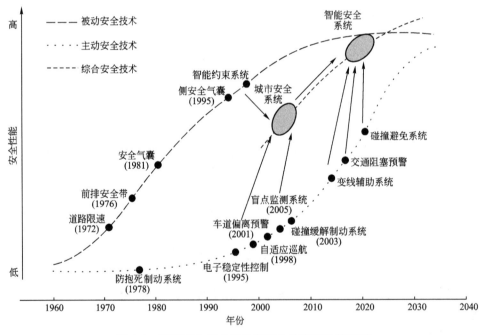

图1.3 汽车安全技术在汽车产业的应用及其预测

图1.3表明,随着人们对汽车安全性能的要求越来越高及汽车保有量的日益增加,未来会有越来越多的先进技术被应用到汽车上,使得汽车的安全性能进一步改善和提高。由图1.3也可以看出,汽车安全技术中的主动安全技术和被动安全技术的发展是相辅相成的,两者相互补充、相互促进,共同推动汽车安全技术的发展与进步。

图1.4所示为汽车安全技术的发展趋势。由图1.4可以看出,就汽车安全技术的发展趋势看,其最终目标是交通事故零死亡。为了实现这一目标,一是大力开发新的汽车安全

技术，推进现有安全技术的集成与融合，全面提升汽车的主动安全性能和被动安全性能；二是基于人-车-路协同原理，建立智能化、信息化、一体化的智能交通系统(ITS)，提高道路安全保障水平和应急救援能力，确保交通安全。

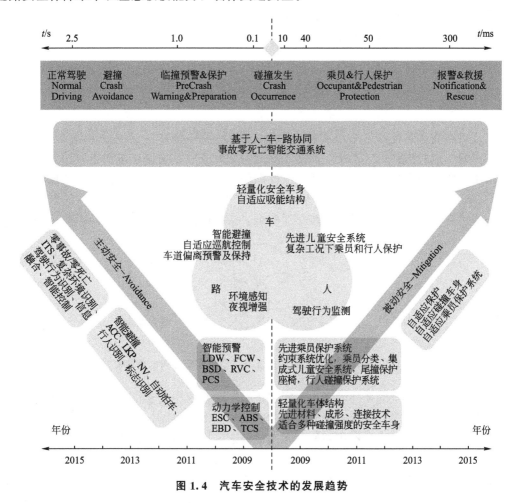

图 1.4　汽车安全技术的发展趋势

随着现代科学技术的发展，汽车安全技术涉及的范围将越来越广、越来越细，并朝着集成化、智能化、系统化的方向发展。

（1）集成化。就是将汽车主动安全技术与被动安全技术融为一体，进行综合应用，以实现更强的安全性能，最大限度地保护车辆、乘员乃至行人的安全。如碰撞预警安全系统技术通过将雷达探测、影像传感及稳定控制、电子传感等多项技术集成化，对驾驶环境实施全面监控，自动地或辅助驾驶人采取正确的防护措施。

（2）智能化。汽车安全技术的智能化主要体现在对驾驶人、对车辆自身、对车辆行驶状态3个不同层面的监控。如利用智能化技术能够诊断出驾驶人驾车过程中出现疲劳及瞌睡现象的警示系统，以此对驾驶人的身体状况是否适合驾车进行自动监控、自动干预；又如轮胎压力监测系统，通过对轮胎气压、温度等参数的动态实时监控，能够有效防范由爆胎引发的交通事故，确保行车安全。

未来的汽车将是一个移动的电脑平台，智能制动、智能减速和智能转向将是未来智能汽车的基本特征，GPS（全球定位系统）技术、智能避撞系统、智能驾驶系统、智能轮胎、智能悬架、智能安全气囊等设备，将在汽车上发挥越来越重要的作用。

（3）系统化。将汽车、道路、人员作为一个系统进行分析研究，使三者相互协调，达到各自性能的最佳匹配，实现驾驶人行为特征、车辆机械特性及道路设施和交通法规之间的最优协调，追求系统整体的最佳效益。

1.2　道路交通安全保障体系

现代道路交通系统是一个由人员、车辆、道路（及环境）3个子系统构成的动态系统，人员、车辆、道路被称为三要素，如图1.5所示。对于道路交通系统而言，由于人员、车辆、道路三要素各自具有特定的功能，彼此间便构成了既相互关联、又互不相同的4个界面：人-车界面、人-路界面、车-路界面及人-车-路界面。显然，不同的界面形成了不同要素间的特定作用关系，要保障道路交通安全，必须确保4个界面间相互协调一致。

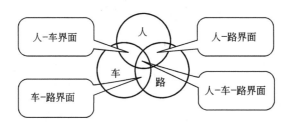

图1.5　道路交通系统的组成及其不同要素间形成的界面关系

就对道路交通安全的影响而言，车辆在道路交通系统中起着关键作用。这里，关键的含义主要指车辆的结构、性能及由此形成的安全性。车辆的结构、性能的差异使其在行驶过程中对交通安全的影响是不相同的，在其他要素一定的条件下，安全性高的车辆发生交通事故的可能性降低，反之相反。

现代道路交通系统的基本目标是保障客、货实现快捷可靠的安全位移。要实现此目标，肯定离不开法规与管理，因而，现代道路交通系统还应包括法规、管理两要素。现代道路交通安全保障体系的意义是应用系统论、信息论、控制论的观点，运用现代管理理论和系统科学方法、现代工程技术，分析并研究道路交通事故的发生、发展规律、演化机理及影响因素，找出其内在的规律，通过构建交通事故综合性防范体系，达到有效控制交通事故、降低或减轻交通伤害的目的。

现代道路交通安全是既涉及静态交通的道路及相关环境设施，也涉及人员和车辆的动态参与，还涉及社会、政治、经济结构的一个有机的整体。道路交通安全保障体系简图如图1.6所示。

在现代道路交通系统中，人员的意义为交通参与者，包括驾驶人、骑车人、行人、乘客等。人是能动者，是该系统的核心，既是交通事故的制造者，也是交通事故的受害者。就人员这一要素而言，保障系统安全的内容包括：交通参与者安全意识、安全态度的培养与教育；驾驶人的科学选拔、培训与考核；交通伤害急救与康复等。其中教育与培训是保障系统安全的预防措施，而交通伤害急救是保障系统安全的解救措施。

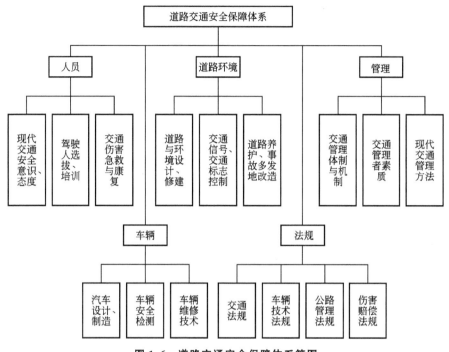

图 1.6 道路交通安全保障体系简图

该系统中车辆的意义为机动车辆和非机动车辆，其中汽车是主体。就车辆而言，保障系统安全的内容包括：不断开发、设计、制造安全性能更高的新车；加强对在用车辆的安全检测和维护。对于新车而言，优良的设计和高质量制造是保证安全性能的重要条件；对于在用车辆而言，加强使用过程中检测与维护则是保证其良好技术状况的必要措施。

该系统中道路的意义是指公路、城市道路等供公众通行的道路；道路环境是指道路上及其周围一定区域内的相关建筑物、道路安全设施及其构成物等。道路供车辆通行，是现代道路交通系统的基础。为保障系统安全，对道路及其环境的基本要求是道路特性、交通环境特性满足安全行驶要求，道路安全设施完备，监管有效。

交通法规对于维护交通秩序、保障交通安全、保持道路畅通，实现对人、车、道路和环境的统一、有序管理具有重要意义。道路交通管理法规包括交通秩序管理、车辆和驾驶人安全管理、道路交通事故调查与处理、交通安全管理行政处罚、交通管理执法监督等内容。交通法规是进行交通管理的基础和依据，就交通法规而言，管理者一是要严格执法，并根据执法过程中出现的新情况、新问题，及时修改完善已有的法规制度，提高法律的科学性和针对性；二是根据客观实际需要，创造条件积极制定新的法规，为执法管理提供法律依据。

对于现代道路交通系统而言，在其他条件不变时，采用不同的管理手段，则会获得不同的管理效果，因而，管理也是汽车安全保障体系中不可或缺的重要一环。对于交通安全而言，管理涉及管理体制、管理机制，管理者素质及现代管理方法等内容。实际中，为不断提高道路交通系统安全管理效率，管理者应以交通法规为依据，注意研究管理过程中出现的新情况、新问题，不断改进管理方法。

由以上分析可知，现代道路交通系统与人员、车辆、道路环境、法规、管理 5 个要素密切相关，整个系统的安全需依靠各个要素来保证。车辆作为其中的重要因素之一，对其安全性具有重要影响，显然，提高车辆的安全性对提高整个系统的安全性具有重要现实意义。

1.3 电子技术对汽车发展的影响

自福特发明汽车流水线生产方式以来，世界汽车工业进入了快速发展时期。在随后的半个多世纪中，世界范围内汽车产能快速增加，汽车规模迅速壮大，汽车的结构及品种获得了极大的丰富，汽车的性能和质量获得了全面提升。至 20 世纪 80 年代，汽车在机械结构方面已经达到较完善的水平，因而，单靠改变传统的机械结构和有关结构参数来提高、改善汽车的性能已临近极限；与此同时，日益增强的安全、节能与净化要求和激烈的市场竞争，又要求汽车工业必须不断研究新技术、开发新产品。在此背景下，微电子技术的长足进步及在汽车上的成功应用，为汽车性能的进一步提高提供了技术支持，为汽车新技术的发展提供了发展契机。为此，世界上许多著名的汽车厂商纷纷参与汽车机电一体化新技术的开发和应用。随着电子、信息及计算机技术在汽车上的应用，以及材料和制造技术的进步，汽车安全技术取得了一系列重大突破，特别是集成电路和微处理器在汽车上应用的日趋可靠和成熟，使得汽车安全性能有了明显改善和提高。电子技术的发展及在汽车上的广泛应用，对汽车及汽车工业的发展正产生并将继续产生深刻的影响。

1. 汽车电子及汽车电子化的意义

现代电子技术与汽车工业的结合促成了汽车电子概念的诞生及汽车电子控制装置的发展。汽车电子是车体汽车电子控制装置和车载汽车电子控制装置的总称。车体汽车电子控制装置包括发动机动力总成控制、底盘和车身电子控制、舒适和防盗系统等；车载汽车电子包括汽车信息系统、汽车导航系统、汽车视听娱乐系统、车载通信系统、车载网络等。两者之间的关系：车体汽车电子控制装置是基础，犹如赤裸裸的、不穿戴任何衣物饰物的人体；而车载汽车电子控制装置犹如人身的衣物、饰物。汽车电子的显著特征是向控制系统化推进，由传感器、微处理器、执行器、数十甚至上百个电子元器件及其零部件组成的电控系统已成为市场发展的主流。

汽车电子化被认为是汽车技术发展进程中的一次革命，汽车电子化的程度被看作衡量现代汽车技术水平的重要标志之一，也是用于开发新车型，改进汽车性能最重要的技术措施。汽车制造商认为，增加汽车电子设备的数量、促进汽车电子化是夺取未来汽车市场的重要有效手段。据统计，从 2000 年至 2012 年，平均每辆车上电子装置在整个汽车制造成本中所占的比例由 23% 增至 34% 以上。在一些豪华轿车上，使用单片微型计算机的数量已经达到 48 个，电子产品占到整车成本的 50% 以上，目前电子技术的应用几乎已经深入到汽车所有的系统中。

随着汽车电子化水平的不断提高，汽车性能在传统基础上有了明显改善和提高。

2. 与汽车电子相关的主要电子元件及技术

（1）智能化集成传感器。这种传感器具有人的五官与大脑相结合的功能，不仅具有检测功能，还具有信号分析与处理功能，并最终能以数字的形式输出信息；同时，还能自动进行时漂、温漂和非线性的自动校正，具有较强的抵抗外部电磁干扰的能力，保证传感器信号的质量不受影响，其智能化程度随着集成化密度的增加而不断地提高。

(2) 微处理机。已由单一的仪器逐步发展为多用途、智能化仪表，具有检测、显示、打印、运算、判断、预测、引导等功能，现已广泛应用于汽车安全、环保、发动机、传动系统、速度控制和故障诊断中，更高性能的微处理机将用于未来汽车上。

(3) 汽车车载电子网络。汽车电子设备发展的一个重要趋势是大量使用微处理机改善汽车的性能，这使得车载电子设备间的数据通信变得越来越重要，信息必须在不同控制单元间进行有效交换。因此，以分布式控制系统为基础构造汽车车载电子网络系统成为必需。

未来的车载电脑能够通过数据收集和分析，了解驾驶人的爱好、情绪和日程安排，实时跟踪交通问题，建议行车路线，以节省时间。

(4) 软件技术。随着汽车电子技术应用的增加，对有关控制软件的需求也相应增加，一方面要求计算机联网，同时必然要求使用多种软件。因而，开发出通用的高水平软件，以满足多种硬件使用要求成为基本需求。

(5) 多通道传输技术。多通道传输技术的采用，对电子控制集成化的实现是十分必要和有效的。采用这种技术后，使各个数据线成为一个网络，以便分享汽车中心计算机的信息。微处理机可通过网络接收其他单元的信号。

(6) 集成化技术。汽车电子技术的一个发展趋向是功能集成化，从而实现更经济、更有效及可诊断的数据中心。如传感器系统的集成化可减少布线，简化控制系统，并可大幅度减小传感器系统的体积。

(7) 光导纤维。汽车电子技术的进步，已使对分散系统的控制趋于集中，形成整车控制系统。由于汽车计算机系统的数量日益增多。采用高速数据传输网络十分必要，光导纤维成为基本选择。

3. 汽车电子产品分类及汽车电子技术发展趋向

按照对汽车行驶性能作用的影响划分，汽车电子产品可分为两大类：一类是汽车电子控制装置，此类装置需要和汽车上机械系统进行配合使用，即所谓"机电结合"的汽车电子装置，如电子燃油喷射系统、车轮防抱死制动系统、驱动防滑系统、电子控制悬架系统、电子控制自动变速器、电控动力转向系统等；另一类是在汽车环境下能够独立使用的车载汽车电子装置，它和汽车本身的性能并无直接关系。这类装置包括汽车信息系统(行车电脑)、导航系统、汽车音响及电视娱乐系统、车载通信系统、上网设备等。

目前，汽车电子技术在汽车电子控制装置方面向着集中综合控制方向发展，如将发动机管理系统和自动变速器控制系统集成为动力传动系统(PCM)的综合控制；将ABS、ASR综合在一起进行制动控制；通过中央底盘控制器，将制动、悬架、转向、动力传动等控制系统通过总线进行连接。控制器通过复杂的控制运算，对各子系统进行协调，将车辆行驶性能控制到最佳水平，形成一体化底盘控制系统(UCC)。

汽车电子技术在车载汽车电子装置方面向着增加汽车功能的方向发展：汽车信息系统、导航系统、汽车音响及电视娱乐系统、车载通信系统、上网设备的引入，使汽车成为流动办公、学习培训、安全行驶和休闲娱乐的场所。车载电子系统使汽车成为一个移动终端，使汽车具有信息处理、通信、导航、语言识别、图像显示和娱乐等功能，也使驾乘汽车变得更舒适、更安全。

随着电控器件在汽车上越来越多的应用,车载电子设备间的数据通信变得越来越重要。为了进一步提高汽车行驶过程中的经济性、安全性,温度及车速等信息必须在不同控制单元间交换。大量数据的快速交换、高可靠性及实用性是对汽车电子网络系统的基本要求。汽车电子技术的应用将进一步推动汽车结构及性能在以下方面发生变化。

(1) 汽车操纵机构的传动(控制)方式将发生重大变化。目前汽车操纵机构的传动方式主要为机械传动机构,随着电子技术的进一步发展,汽车的各种操纵系统将向电子化和电动化发展,实现"线操控",也就是用线控(导线)模式代替传统的机械传动机构,如"线控制动""线控转向""电子节气门"等,即电子控制技术将取代机械控制技术。

(2) 汽车12V供电系统向42V转化。随着汽车电子装置越来越多,电能的消耗会大幅度增加。现有的12V动力电源,已不能满足汽车上所有电气系统的需要。今后将采用集成起动机-发电机42V供电系统,发电机最大输出功率将会由目前的1kW提高到8kW左右,发电效率将会达到80%以上。42V汽车电气系统新标准的实施,将会使汽车电器零部件的设计和结构发生重大的变革,机械式的继电器、熔丝式保护电路将被淘汰。

(3) 使汽车更加智能化。汽车智能化是指汽车通过智能化技术与车辆整合,以实现自动驾驶、人工智能等功能。以安全、节能、环保为主体的主动智能控制技术的应用将进一步提升汽车智能化水平。以安全为例,智能汽车将能够充分利用装备的多种传感器感知驾车人和乘客的状况及交通设施、周边环境的信息,判断乘员坐姿是否处于最佳状态,车辆和人是否会发生危险,一旦危险超过许可值则及时采取对应措施,以确保乘员安全。

汽车智能化程度不断提高的另一表现是,车辆之间能实现信息共享和交换(图1.7),有利于驾驶人更好地了解交通、天气和路况信息;汽车会发布自身车速和方向等信息,彼此提醒可能发生的安全隐患。

图1.7 车辆之间实现信息共享和交换图示

4. 电子化汽车的发展

进入20世纪90年代以来,电子技术取得了巨大的进步,使得电子元器件的体积变小,质量减轻,电能消耗进一步降低。由于微处理器功能的增强,使计算速度和可靠性大大提高,而价格则变得更便宜,这为用电子技术改造传统的汽车创造了条件。21世纪以来,电子技术的快速发展为汽车向电子化、智能化、网络化、多媒体的方向发展创造了有利条件,汽车已不再仅仅是一个代步工具,它同时也具备了交通、娱乐、办公和通信等多种功能。汽车的电子化使汽车工业步入了数字化时代。

专家预测，汽车电子技术总体上将朝着功能多样化、技术一体化、系统集成化、通信网络化发展，而发展重点将落在动力总成控制、底盘控制、车身控制、主/被动安全、汽车网络、通信系统、安全与防盗技术等多个方面。

1.1　道路交通事故已成为一个严重的社会问题，你同意这一看法吗？请阐述理由。

1.2　汽车安全性与道路交通事故之间有什么关系？为什么说汽车安全性差，道路交通系统则难以保证安全？

1.3　汽车主动安全技术与汽车被动安全技术的基本意义，二者之间有什么区别与联系？

1.4　你认为未来汽车安全技术会如何发展？为什么？

1.5　道路交通安全保障体系包括哪些基本要素？每个要素又是如何对道路交通安全产生影响的？

1.6　电子技术在汽车上的广泛应用使汽车性能发生了质的飞跃，试说明理由，并举例。

第2章 汽车行驶安全性能

 本章教学要点

知识要点	掌握程度	相关知识
汽车制动性能	深入理解制动力、滑转率、附着系数、制动距离、制动方向稳定性等概念，掌握汽车制动性能的评价指标及相关内容、制动过程的构成、影响制动距离的因素、车轮侧滑和制动跑偏的原因	国家标准对汽车制动性的要求；车速与安全距离的关系；附着系数及其变化对附着力、制动力的影响
汽车操纵稳定性及其评价	掌握汽车操纵稳定性的意义、评价项目及主要指标，影响汽车操纵稳定性的主要因素及其内在关系	汽车操纵稳定性变化对行车安全的影响
驾驶室人机环境与安全性	掌握汽车驾驶视野、汽车灯光、汽车操纵机构的关键因数及因数变化对行车安全的影响	汽车驾驶环境对驾驶人的驾驶行为产生的影响

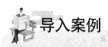

导入案例

对奔驰轿车制动失灵事故的思考

事故经过：2010 年 7 月 2 日晚 21 时左右，一奔驰轿车由河北迁西县经前往古冶的道路去天津，当行驶到一个下坡转弯处，因制动失灵该车接连撞坏路肩、撞断通信电线杆拉线后撞入民宅，造成车毁人伤的严重事故。交警现场勘验后认定，该车无任何制动痕迹。

车辆事故原因勘验及初步处理：事故专家组于 2010 年 7 月 21 日上午到达事故现场后先对现场进行了初步查勘，在向随行交警了解情况、听取了民宅主人对事故场景的介绍后，对事故现场进行了详细查勘：①事故车侧翻在民宅墙体内；现场转弯处路肩石存在撞坏后修复痕迹；民宅北侧一根通信电线杆拉线被撞断。②对该车整车事故位置及事故状态进行了查勘。③检查该事故车四轮制动装置发现左前轮制动盘存在严重烧蚀情况；左后轮也存在明显烧蚀情况；在对右前轮进行清洗后发现右前轮制动盘烧蚀更严重，右前轮周围有明显过火现象，制动软管已被烧断；因左、右轮所处位置比较特殊，现场没能进行进一步细致的勘查。

2010 年 7 月 21 日下午，在迁西县交通警察大队的配合下，将事故车拖至迁西县某高级汽车修理厂存放，以备进一步拆检。

对事故车的进一步拆检：事故专家组于 2010 年 7 月 28 日下午对送检车辆制动系统进行了详细查验：①对全车制动管路进行查验，未发现制动液泄漏；②拆检 4 个车轮制动器，发现制动盘烧蚀严重，表面呈现严重的高温退火后的蓝色，制动蹄摩擦材料磨损、烧蚀严重，并伴有脱落现象，材料已严重松散；拆除各车轮制动分泵，发现全部分泵 O 形圈有老化现象；③拆检制动主缸，主缸活塞密封用 O 形圈老化、磨损严重，弹性下降；制动主缸内有大量脱落物，回液孔存在堵塞现象。

维修公司对送修车辆的维修处理过程：该奔驰轿车在事故前已行驶 18 万多千米，因制动失灵由驾驶人于 2010 年 6 月 30 日将该车送至某奔驰汽车服务有限公司维修。送检人要求维修公司检修制动系统（包括制动液、制动蹄及其他制动系统元件）的技术状况，维修公司对制动系统进行了检修，更换了制动液，并对 ESP 系统进行了排气处理，并于 2010 年 7 月 2 日 13 时许结算，将车交还送修人。该车在提车后仅 9 小时左右就因制动系统失灵发生了车祸。

事故原因分析：经对事故车辆现场勘查及对事故车辆检测发现，事故车辆制动总泵和 4 个车轮制动装置存在严重问题：两前轮制动盘有严重烧蚀和高温退火现象，制动蹄摩擦材料存在磨损、烧蚀和脱落现象，4 个车轮制动分泵的 O 形圈有老化现象。由此可以断定，引起制动失灵事故的原因是由于检修不到位、维修调整不当、制动分泵的 O 形圈老化现象未能排除、制动蹄磨损过甚故障未能排除等一系列因素所致。

该车由于 O 形圈老化，当松开制动踏板后 O 形圈没有足够的弹力使制动分泵活塞回位，导致车轮制动器温升过高（根据现场证人证词和对车轮制动装置的勘验表明：当时车轮制动器的温度至少在 800～900℃以上），高温导致制动盘退火，强度降低，致使制动效能下降；高温导致制动蹄摩擦材料烧蚀、粘接剂熔化，这相当于在制动蹄和制动盘之间涂上了润滑剂，致使制动失灵，导致事故发生。

> 事故责任：本次事故是由于汽车维修技术人员未能严格遵守汽车维修工艺和技术要求，没有详细了解和分析客户所反映的车辆制动系统存在的故障现象及其表现等，仅凭自己的经验作出判断，采取了不负责任的简单维修方法，未能从根本上消除车辆自身的隐患所致。最后，该奔驰汽车服务有限公司承担了本次事故的全部责任。
>
> 资料来源：http://www.docin.com/p-735755747.html。

汽车行驶安全性能是指汽车在行驶过程中避免发生交通事故的能力，属于主动安全的范畴，主要包括汽车动力学决定的操纵稳定性、制动性，以及直接影响操纵稳定性和制动性的汽车视野、汽车灯光和驾驶操作机构3个方面。

汽车制动性能是保证其行驶安全的首要性能。制动性能不佳的汽车在制动过程中经常出现制动失灵、制动距离过长、后轴侧滑、制动跑偏等现象，极易诱发交通事故。对车辆事故的统计资料分析表明，车辆机械故障引发的车辆事故和伤亡率占事故总量的5%～10%，而车辆行驶过程中的机械故障以制动、转向故障及灯光性能不良和爆胎为主，占机械故障引发的车辆事故的80%以上，且多为恶性事故。尤其是制动不良和制动失效引发的车辆事故率、伤亡率占事故总量的60%以上。

操纵稳定性是保证车辆高速行驶安全的重要性能。操纵稳定性不仅与转向系统的结构和性能有关，也与悬架系统及轮胎的结构和性能有关。操纵稳定性不好的汽车在行驶过程中往往会出现转向操纵反应迟钝、驾驶人丧失路感、车身发飘、直线行驶时左右摇摆、紧急避让时操纵失控等现象，很容易使高速行驶中的车辆造成交通事故。随着我国道路交通条件的不断改善，汽车的平均行驶车速在不断提高，提高操纵稳定性十分必要。

驾驶室人机环境是驾驶人操纵车辆的特定空间场所。良好的汽车视野、汽车灯光及符合人体生理特点的驾驶操纵机构是获得良好的操纵稳定性和制动性的前提。汽车视野、灯光越好，越能提早发现事故迹象，有利于驾驶人提前做出相应处置。按人体工程学原理设计的操纵机构，使驾驶人便于操作、反应迅速、不易疲劳，可以提高汽车行驶安全性能。

2.1 汽车的制动性

汽车制动性能的优劣直接关系到行车安全性。实际中，许多重大的交通事故都是由于制动距离过长、紧急制动时丧失方向稳定性等因素造成的。因此，保持良好的汽车制动性能是汽车安全行驶的重要保障之一。

2.1.1 汽车制动性能的评价指标与制动原理

汽车的制动性是指汽车在行驶中能强制地降低行驶速度以至停车且维持行驶方向稳定性，或在下坡时保证一定行驶速度的能力。制动效能越好的机动车，高速行驶的安全性也越高，而制动效能差的机动车，在行驶过程中其安全性是无法得到可靠保证的。现代汽车属于高速机动车辆，运动惯性大，一旦制动性能不良，很容易引发交通事故。有关统计结果表明：因汽车制动原因引起的交通事故约占事故总数的30%，对我国而言，近些年每年此类事故在 10 万起以上。

作用于汽车车轮上的驱动力、制动力、侧向力示意图如图 2.1 所示。

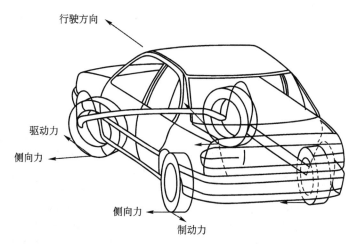

图 2.1 作用于汽车车轮上的驱动力、制动力、侧向力示意图

1. 制动性能的评价指标

(1) 制动效能：汽车在良好路面上以规定的初始车速和规定的踏板力制动到停车时的制动距离或制动时汽车的减速度。一般用制动距离和制动减速度表示，是制动性能最基本的评价指标。

(2) 制动效能的恒定性：制动过程中制动器的抗热衰退性能和抗水衰退性能等。其中，制动器的抗热衰退性能是指汽车在高速行驶条件下或下长坡过程中连续制动时，制动器温度升高后与未升高前即冷态时相比，其制动性能保持的程度；制动器的抗水衰退性能是指汽车在涉水时制动性能保持的程度。

汽车在一些特定的工作条件下如连续下长坡(如图 2.2 所示的八达岭高速公路坡道)工况下制动时，制动器因长时间承受高强度连续制动，大量的动能通过制动器摩擦副转变为热能使得制动器工作温度迅速上升(可达 600～700℃)，制动器工作温度升高后的直接结果则是制动时摩擦系数下降，摩擦力矩减小，制动性能降低，这种现象通常称为制动器的热衰退现象。

制动器的抗热衰退性能就是针对热衰退现象建立的专门评价项目，一般用一系列连续制动的制动效能保持程度进行评价。其要求是汽车以规定车速连续制动 15 次，每次制动减速度为 $3m/s^2$，最后的制动效能应在制动踏板力相同的条件下不低于规定的冷试验效能($5.8m/s^2$)的 60%。

热衰退现象是山区行驶车辆不可避免的问题。一些国家规定货车必须装备各种类型的辅助制动器。在我国一些山区，部分运输车辆采用对制动鼓喷洒冷却水的措施来降低其工作温度，以保证汽车良好的制动性能从而确保行车安全。实际行车中，减小及降低制动器热衰退的措施主要包括：下长坡时应断续踩制动踏板，并尽量利用发动机制动，必要时对制动鼓采取额外降温冷却措施；加装辅助制动器(缓速器)，下长坡时主要利用辅助制动器，以减轻行车制动器的工作负荷；避免行车速度过高。为有效改善轿车的热衰退现象，目前轿车制动器广泛采用钳盘式结构形式。

汽车涉水(图2.3)过程中,制动器摩擦片表面浸湿后因水的润滑作用使制动器摩擦副的摩擦系数降低,从而使制动器制动效能暂时下降,这一现象称为制动效能水衰退现象。制动器的抗水衰退性能就是针对水衰退现象建立的专门评价项目。汽车涉水后制动性能的恢复试验可在干燥平坦的路面上进行。为了保证行车安全,驾驶员在汽车涉水后应踩几次制动踏板,利用制动蹄对制动鼓产生的热量使制动器迅速干燥,以使制动器的制动效能恢复到正常状态。

图2.2 八达岭高速公路坡道状况实景图

图2.3 汽车涉水情景

(3) 制动时的方向稳定性:汽车在制动过程中按预定轨道(直线或预定弯道)行驶,不发生跑偏、侧滑、失去转向能力的性能。汽车在制动过程中一旦发生跑偏、侧滑或失去转向能力,行驶轨迹将偏离正常行驶路径,极易引发交通事故。汽车制动方向不稳定性现象主要表现为制动跑偏、制动侧滑和转向轮失去转向能力。

制动性能是汽车的重要性能之一,各国都对各种车型制动性能的相关指标做出了具体规定,只有满足规定指标要求的车辆才能上路行驶。在汽车安全检测项目中,制动性能为强制性安全检验项目。

2. 汽车的制动原理

汽车的制动过程,实际上就是人为地增加汽车的行驶阻力使行驶中的汽车的动能或势能转化为热能的过程。汽车制动系统的工作原理是利用与车身(或车架)相连的非旋转元件——制动蹄(或制动钳)和与车轮(或传动轴)相连的旋转元件——制动鼓(或制动盘)之间的相互摩擦阻止车轮的转动或转动的趋势,实现减速,目前技术条件下主要通过车轮制动器实现。利用车轮制动器对行驶中的汽车实现制动是通过两对摩擦副完成的。

第一对摩擦副是车轮制动器,当驾驶人踏下制动踏板时,通过制动传动机构使车轮制动器中非旋转的制动蹄与旋转的制动鼓(或非旋转的制动钳与旋转的制动盘)相互作用,对运动中的车轮产生摩擦力矩。图2.4所示为钳盘式制动器摩擦副工作原理示意图。

第二对摩擦副是车轮轮胎与地面,由于轮胎与路面间的附着作用,车轮产生的摩擦力矩通过车轮与路面的接触点给路面一个向前的切向力,而路面同时给车轮一个与行驶方向相反即向后的切向反作用力作用于轮胎,以阻止汽车前进,迫使汽车减速直至停止行驶。汽车制动时车轮的受力状况如图2.5所示。空气阻力虽然对行驶中的汽车也具有一定的制动效果,但因在常用车速下效果比较弱通常忽略不计。

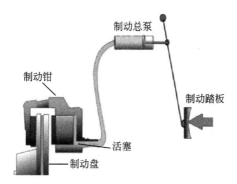
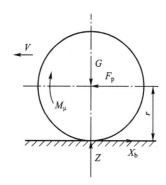

图 2.4　钳盘制动副工作原理示意图　　图 2.5　汽车制动时车轮的受力状况

图 2.5 中，V 为汽车的前进方向，M_μ 为制动器产生的摩擦力矩，F_p 为车轴对车轮的推力，G 为车轮上的垂直载荷，Z 为地面对车轮的法向反作用力，r 为车轮半径，X_b 为地面对车轮的切向反作用力即地面制动力（也就是图 2.1 中的制动力）。

2.1.2　滑动率与路面附着系数

1. 汽车制动过程中车轮的两种运动状态及滑动率

汽车制动过程中，其车轮的运动存在减速滚动和抱死拖滑两种状态。当制动踏板力较小时，因制动器摩擦力矩也较小（未达到抱死状态），此时车轮边滚边滑，为减速滚动，此状态下地面制动力等于制动器制动力，并且随踏板力的增长而增长（图 2.6）。由于地面制动力是滑动摩擦的约束反力，其数值大小不能超过附着力，即

$$X_b \leqslant F_\varphi = G\varphi \quad (2-1)$$

当制动踏板力升至一定值（图 2.6 中为制动系液压力 p_a）时，地面制动力达到附着力，车轮抱死不转而出现拖滑现象。此后，随着制动踏板力增加，制动器制动力由于制动器摩擦力矩的增加而成正比地增加，而地面制动力不再随制动器制动力增加而增加。

由此可知，汽车的地面制动力首先取决于制动器制动力，但同时又受到地面附着条件的限制。只有在汽车具有足够的制动器制动力，同时地面又能提供高的附着力时，才能获得足够的地面制动力。

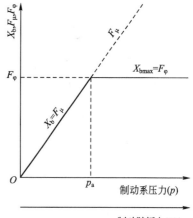

图 2.6　制动过程中地面制动力 X_b、制动器制动力 F_μ 及附着力 F_φ 之间的关系

实际的汽车制动过程表明，随着制动强度的不断增加，车轮的运动逐渐由滚动向滑动变化，其轮胎胎面留在地面上的印痕从车轮滚动到抱死拖滑是一个渐变的过程。图 2.7 是汽车制动过程中随着踏板力逐渐加大轮胎留在地面上的印痕。

由图 2.7 可以看出，整个印迹变化过程可以分为

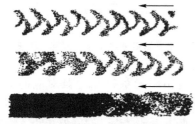

图 2.7　制动时轮胎地面印痕变化过程

3个阶段：第一阶段(图2.7最上面部分)，印痕的形状与轮胎胎面花纹基本一致，车轮基本接近纯滚动状态；第二阶段(图2.7中间部分)，轮胎花纹的印痕可以辨认出来，但花纹逐渐模糊，这反映出车轮处于边滚边滑的状态；第三阶段(图2.7最下面部分)，为一条粗黑的印痕，花纹已无法看出，此时车轮已被抱死，在路面上作完全的拖滑。汽车在制动过程中由滚动向滑动的变化情况通常采用滑动率(滑转率)s描述滑动与滚动所占百分比的状态，滑动率的定义如下：

$$s = \frac{v - r\omega}{v} \times 100\% \tag{2-2}$$

式中，v 为车轮平移的线速度(m/s)；ω 为车轮滚动的角速度(rad/s)；r 为车轮滚动半径(m)。

由式(2-2)知，车轮的运动随滑动率的不同存在下述3种典型运动状态(图2.8)。
① 当 $r\omega = v$ 时，$s = 0$，此时车轮处于纯滚动即自由滚动状态。
② 当 $r\omega < v$ 时，即 $0 < s < 100\%$，此时车轮处于边滚动边滑移状态。
③ 当 $\omega = 0$，即车轮完全抱死时，$s = 100\%$，此时车轮处于纯滑移(滑动)状态。

滑动率的数值大小说明了在汽车制动过程中滑移成分所占的比例。滑转率数值越大，表明汽车制动过程中滑移成分越多，而汽车制动过程中滑移成分越大，制动过程的可控性就越差。

2. 路面附着系数

路面附着系数 φ 是描述汽车运动过程中轮胎抓地能力的重要参数，有纵向附着系数和侧向附着系数之分。纵向附着系数是地面纵向力与垂直反力的比值；侧向附着系数是侧向力与垂直反力的比值。事实上，附着系数越大，表明汽车运动过程中轮胎抓地的能力越强，在其他条件一定时，则越有利于行车安全。

对于汽车制动过程而言，其最大路面纵向附着系数值状态不是理论上的纯滚动状态，而是在滑动率 $s = 15\% \sim 20\%$ 的部分滑动状态。附着系数 φ 随滑动率的变化关系曲线如图2.9所示。

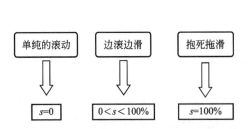

图2.8 车轮随滑动率不同形成的3种典型运动状态

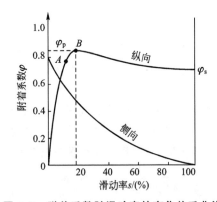

图2.9 附着系数随滑动率的变化关系曲线

图2.9中，纵向附着系数在 B 点达到最大值，称为峰值附着系数 φ_p，其对应的滑动率 s 为 $15\% \sim 20\%$，滑动率 $s = 100\%$ 对应的附着系数称为滑动附着系数 φ_s。道路路面不同的干湿状态对滑动附着系数 φ_s 有明显影响，在干燥路面上，φ_s 与 φ_p 的差值很小，而在

潮湿路面上差值则明显。

侧向附着系数随滑动率 s 的变化关系是随着滑动率的增大，侧向附着系数不断降低，当滑动率 $s=100\%$ 时，侧向附着系数趋于零。

对于汽车制动效果而言，滑动率 s 在 $15\%\sim20\%$ 时制动效果最佳，这是因为此滑动率能使汽车同时获得较大的纵向附着系数和侧向附着系数，即汽车纵向制动性能最好，侧向稳定性也同时比较好；而滑动率 $s=100\%$ 即当制动使车轮完全抱死时，由于纵向附着系数较小，横向附着系数几乎为零，能承受的侧向力很小，车轮很容易侧滑，制动时方向稳定性很差，极易引发交通事故，因而，实际中要尽力防止汽车制动时车轮完全抱死。

具有一般制动系统的汽车很难在制动时使其滑动率 s 保持在 $15\%\sim20\%$，已成为汽车标准配置的防抱死制动系统（ABS）能够比较好地满足此要求，并可以显著地改善汽车制动时的制动效能和方向稳定性。

路面附着系数数值的大小主要取决于道路的材料、路面状况与轮胎结构、胎面花纹、材料及汽车的行驶速度等因素。不同路面的附着系数见表 2-1。

表 2-1 不同路面的附着系数

路面类型	峰值附着系数	滑动附着系数	路面类型	峰值附着系数	滑动附着系数
沥青或混凝土（干）	0.8～0.9	0.75	土路（干）	0.68	0.65
沥青（湿）	0.5～0.7	0.45～0.6	土路（湿）	0.55	0.4～0.5
混凝土（湿）	0.8	0.7	雪（紧）	0.2	0.15
砾石	0.6	0.55	冰	0.1	0.07

由表 2-1 可知：

① 路面质量越高，则附着系数越大，如沥青或混凝土路面的附着系数就明显高于砾石路面、土路路面。

② 对于同样材料的路面而言，路面处于干燥状态时的附着系数明显高于处于潮湿状态时的附着系数。路面状态包括干燥、潮湿、灰尘、油污等。

对于行车安全而言，在其他条件一定时，附着系数越大越有利于行车安全；而附着系数越低即路面越湿滑或路面质量越差，就越不利于行车安全，如一辆小轿车在干燥的柏油路面上以 50km/h 初速度紧急制动的制动距离可能只有 11m，但雨后在相同的情况下其制动距离可能达到 18m。因此，在雨雪天气行车时，一定要注意行驶车速，当地面附着系数降低 50% 时，相应的车速应降低 70%，并保持足够的安全距离，以防紧急制动时出现安全事故。

汽车行驶过程中，有两种情况因附着系数会很低可能会诱发交通事故：一是刚下雨时，水和路面上的尘土、油膜形成高黏度的水液膜；二是高速滚动时的"滑水"现象，即在持续大雨或路面有积水条件下，当行驶的车辆其车速达到一定值时，其轮胎会浮在水面上，出现轮胎与地面因水而隔离的现象，导致车轮不着地，汽车失去附着力，方向无法控制。

此外，当车辆超载时，即使在干燥良好的路面上，车辆紧急制动时也会出现制动距离变长，引发交通事故。在这种情况下，制动器产生的摩擦力矩无法使车轮受到的地面制动力达到最大值（地面附着力），即不能充分利用地面附着系数，相当于在附着系数较低的路面制动，导致制动距离加长。统计数据表明，大多数特大交通事故与车辆超载密切相关，给人民的生命和财产造成了巨大的损失。

2.1.3 汽车制动过程与制动距离

1. 汽车制动过程

汽车的制动过程如图 2.10 所示。

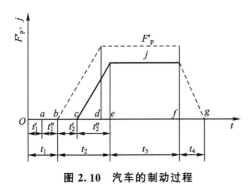

图 2.10 汽车的制动过程

图 2.10 中，纵坐标上 F'_p 为制动踏板力，j 为汽车制动减速度；横坐标为制动时间 t。制动时间 t 进一步细分为如下 4 个时间段。

驾驶人反应时间 t_1：驾驶人从接收（感知）到紧急情况的信息至开始出现反应动作将右脚移动到制动踏板上所经历的时间。当驾驶人接收到进行紧急制动的信号时（图 2.10 中的 O 点）并没有立即行动，而要经过时间 t'_1 后（图 2.10 中的 a 点）才意识到应进行紧急制动，并移动右脚，再经过 t''_1 后（图 2.10 中的 b 点）才踩着制动踏板，从 O 点到 b 点所经历的时间为 t'_1 与 t''_1 之和，即 $t_1=t'_1+t''_1$。其中，t'_1 是驾驶人的感知、判断、决策时间，t''_1 是驾驶人的脚移动时间。

制动系统协调时间 t_2：驾驶人从踩下制动踏板到汽车制动减速度达到最大值时所经历的时间，包括制动系统传递迟滞时间 t'_2 与制动力增长时间 t''_2 两部分，即 $t_2=t'_2+t''_2$。

持续制动时间 t_3：驾驶人在使汽车保持最大制动减速度 j 条件下，即汽车以最大制动效能进行制动直至汽车完全停止所经历的时间。

制动解除时间 t_4：驾驶人放松制动踏板至制动力消失的时间，此时制动减速度为零，即 $j=0$。

实际中，由于驾驶人个体差异及操作方法和汽车制动装置结构上的不同，上述各段时间的长短有所不同。驾驶人反应时间 t_1 一般为 0.3~1.0s，该时间长短与驾驶人个体生理特性（年龄大小、反应时间长短）、熟练程度、驾驶经验等因素相关。制动系统协调时间 t_2 的长短主要取决于驾驶人踩制动踏板速度的快慢、制动系统的结构类型和技术状况。在驾驶人以正常速度踏踩制动踏板的条件下，对于液压传动结构，$t_2=0.2$~0.25s；对于气压传动结构，$t_2=0.4$~0.9s。在持续制动时间 t_3 时间段，制动减速度 j 基本保持不变，汽车以最大制动效能进行制动，当车轮抱死拖滑时，t_3 时间长短只取决于制动时初始车速的大小和路面附着系数的高低。在制动解除时间 t_4 时间段，制动减速度为零（$j=0$），t_4 的长短虽然对制动距离没有影响，但对汽车的动力性和操纵稳定性存在影响，因此 t_4 的范围为 0.2~1.0s。

以上是汽车制动过程的 4 个不同阶段。就此 4 个阶段而言，在驾驶人生理条件正常及驾驶技术熟练的前提条件下，反应时间相对稳定，因而对行车安全影响最大的是制动系统协调时间 t_2 和持续制动时间 t_3，而这两项时间均与汽车制动系统结构、制动系统性能密切相关。

2. 汽车制动距离及其影响因素

实际中,一般讨论汽车制动性能时所说的制动距离是指给定的初速条件下,驾驶人从踩到制动踏板至汽车停住为止所驶过的距离,即汽车在(t_2+t_3)时间段内所驶过的距离。若汽车制动时的车速v_a以单位km/h表示,时间以单位s表示,则制动距离S(m)可近似用式(2-3)计算。

$$S=\frac{1}{3.6}\left(t_2+\frac{t_3}{2}\right)v_a+\frac{v_a^2}{25.92 j_{\max}} \qquad (2-3)$$

式中,$j_{\max}$为最大制动减速度,其大小与地面附着系数有关,对于防抱死制动系统,$j_{\max}=\varphi_p g$(φ_p为峰值附着系数,g为重力加速度),对于普通制动系统,$j_{\max}=\varphi_s g$(φ_s为滑动附着系数)。

由式(2-3)知,影响汽车制动距离的主要因素包括制动初速度、制动器起作用的时间、路面附着系数等。在制动初速度、路面附着系数一定的条件下,制动系统协调时间t_2对制动距离有着重要影响,显然,制动系统协调时间越短,汽车的制动距离也越短。液压制动系统和气压制动系统相比,由于液压制动系统的反应时间明显短于气压制动系统,因而,在车辆技术状况正常及相关条件相同的情况下,液压制动系统的制动距离明显短于气压制动系统,这也正是实际中轿车的制动系统普遍采用液压制动系统的原因所在。

式(2-3)中相关各因素对汽车制动距离影响的变化如下。

① 制动初速度。在其他因素一定时,汽车制动初速度越大,制动距离越长。

② 作用在制动踏板上的力。作用在制动踏板上的力及制动减速度越大,则制动距离越短。

③ 路面附着系数。在其他因素一定的条件下,附着系数越大,制动减速度越大,制动距离越短。实际中,天气(下雨)状况及路面条件对路面附着系数影响较大。

④ 制动系统型式。由于液压制动系统的反应时间明显短于气压制动系统,在相同工作条件下,液压制动系统的制动距离要短于气压制动系统。

⑤ 制动器的热状况。在其他因素一定时,制动器的散热能力强,其热衰退性能好,制动减速度大,制动距离短。

由于汽车使用过程中的制动性能随着使用时间(或行驶距离)的增加而不断劣化,而制动性能的优劣又直接影响行车安全,为此,国家标准 GB 7258—2012《机动车运行安全技术条件》中对在用车辆的制动性能要求给出了明确的规定。对于不同类型机动车,其制动距离和制动稳定性的检验标准见表 2-2。

表 2-2 制动距离和制动稳定性的检验标准

机动车类型	制动初速度/ (km/h)	空载检验制动 距离要求/m	满载检验制动 距离要求/m	试验通道 宽度/m
三轮汽车	20	≤5.0		2.5
乘用车	50	≤19.0	≤20.0	2.5

（续）

机动车类型	制动初速度/(km/h)	空载检验制动距离要求/m	满载检验制动距离要求/m	试验通道宽度/m
总质量不大于3500kg的低速货车	30	≤8.0	≤9.0	2.5
其他总质量不大于3500kg的汽车	50	≤21.0	≤22.0	2.5
其他汽车	30	≤9.0	≤10.0	3.0

注：进行制动性能检验时的制动踏板力或制动气压应符合以下要求：
① 满载检验。
气压制动系统：气压表的指示气压≤额定工作气压；
液压制动系统：踏板力，乘用车≤500N；
　　　　　　　其他机动车≤700N。
② 空载检验。
气压制动系统：气压表的指示气压≤600kPa；
液压制动系统：踏板力，乘用车≤400N；
　　　　　　　其他机动车≤450N。

3. 车速对制动距离的影响

起始制动车速对制动距离的影响最直接。有研究机构对大量交通事故进行了统计分析后发现，与车速有关的交通事故约占交通事故总数的80%，当车速大于60km/h后，车速每提高5km/h，事故的发生概率约为原来的两倍。另外，事故的严重程度也随着速度的提高快速增长。运动车辆的动能与其速度的平方成正比，速度的少许提高，就能导致车辆动能发生较大改变，发生碰撞时，对乘员造成的伤害也就变大。在高速公路上行车时，要特别注意根据车速控制好本车与前方车辆的安全距离。大量的安全驾驶经验表明，一般以行驶的时速千米数，按米数计算把握安全距离为最佳，如时速80km时应保持80m的安全距离。在冰雪路和遇风雨雾天气时，还需要适当加大安全距离。部分车型的制动距离见表2-3。

表2-3　部分车型的制动距离　　　　　　　　　　（单位：m）

车型	60～0km/h	100～0km/h
2010款　普拉多4.0L TX	15.10	43.70
2011款　POLO 1.6AT 至酷版	15.10	40.60
2012款　长城腾翼C50 1.5T MT	15.53	40.03
2012款　迈腾2.0T 至尊版	17.12	41.36
2012款　君威2.4L SIDI旗舰版	16.90	42.12
2012款　福克斯三厢1.6L MT舒适型	14.70	40.52
2012款　哈弗H6 1.5T MT 两驱尊贵型	18.15	42.97
2013款　华晨宝马335Li	13.30	37.64
2013款　一汽大众宝来1.4T AT豪华版	14.73	41.52
2013款　桑塔纳1.6L AT豪华版	14.09	39.47
2013款　凯越1.5L AT 尊享型	14.47	40.30

注：数据来源于汽车之家www.autohome.com.cn。

以制动效能为对象的评判指标一般为：制动初速度从 100km/h 到停车即 100km/h→0km/h 的制动距离，小于 42m 为制动性能优秀；42～45m 为制动性能合格；大于 45m 则制动性能较差。

2.1.4　制动时汽车的方向稳定性

汽车在制动过程中维持直线行驶或按预定弯道行驶的能力，称为制动时汽车的方向稳定性，即汽车制动过程中抗跑偏、抗侧滑和保持转向能力的性能，常用制动时汽车按预定弯道行驶的能力进行评价。如果汽车在制动过程中不能维持原来的行驶方向，失去操控性，则极易诱发道路交通事故。因而，汽车制动时方向稳定性的优劣是影响道路交通安全的重要因素。

1. 制动跑偏

制动跑偏是指汽车在制动过程中当转向盘居中且保持不动时车辆自动向左或向右偏驶的现象，图 2.11(a)所示为汽车制动跑偏时轮胎在路面留下的痕迹。汽车制动跑偏常造成本车进入对向车道引起撞车、冲出车道发生掉沟、翻车等事故，需要予以足够的重视。

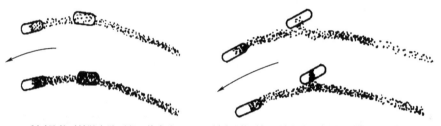

(a) 制动跑偏时轮胎在路面留下的痕迹　(b) 制动跑偏引起后轴车轮轻微侧滑时轮胎在路面留下的痕迹

图 2.11　汽车制动前后轮跑偏时轮胎在路面留下的痕迹

引起制动跑偏的原因如下：

(1) 因制造或调整误差造成汽车左、右车轮特别是前轴左、右轮制动器制动力不相等。

(2) 前轮定位失准、车架偏斜、装载不合理或受路面的影响。

(3) 因结构原因使制动时悬架导向杆系与转向杆系在运动学上不协调或互相干涉。

其中前两条原因是因为制造、调整的误差或使用不当造成的。汽车制动时究竟向左或向右跑偏要根据具体情况而定，因而这两条原因是非系统性的。原因三是由设计造成的，制动时汽车总是向左或向右一方跑偏，因此是系统性的。原因二中包含的 3 条因素，不但会使制动跑偏，也会造成汽车行驶跑偏。对于因调整的误差或使用不当等原因造成的制动跑偏，可通过维修调整予以消除；对于因设计、制造等原因造成的制动跑偏，难以通过维修调整予以消除。

2. 制动侧滑

制动侧滑是指汽车制动时某一轴的车轮或两轴车轮同时发生横向滑移的现象。图 2.11(b)为汽车制动跑偏引起后轴车轮轻微侧滑时轮胎在路面留下的痕迹。最危险的情况是高速行驶中的汽车制动时后轴车轮发生侧滑，这时汽车常发生不规则的急剧回转运动而使汽车部分或完全失去操控。理论分析和实验结果均表明：制动时若后轴车轮比前轴车轮先抱死拖滑，就可能发生后轴车轮侧滑。后轴侧滑将引起汽车剧烈的回转运动，严重时可使汽车调头，十分危险。汽车制动时发生侧滑直接对汽车的行驶安全构成威胁。一些国家对交通事故资料的统计分析表明，在发生人身伤亡的交通事故中，潮湿路面上约有1/3的事故与侧滑有关；冰雪路面上有70%～80%的事故与侧滑有关，由制动引起的交通事故约占侧滑类交通事故的50%。

影响制动侧滑的因素：路面附着系数；制动时车轮抱死的程度及前后轮抱死的顺序；制动初速度；荷载及荷载转移；侧向力源；制动跑偏。实际中，在一般良好道路上汽车行驶速度不高时，制动侧滑现象并不严重，但在潮湿路面或冰雪路面上、高速行驶状态下实施紧急制动时则很容易发生制动侧滑及侧翻。图2.12所示为路面湿滑引发车辆侧翻的现场。

汽车高速行驶时失控也是诱发交通事故的一个重要因素。所谓失控，实际上就是汽车的轮胎失去了抓地能力，此条件下驾驶人对汽车做出转向或制动操作行为时汽车不能按照既定轨迹或路线运动，这种情况是非常危险的。造成高速行驶时失控的原因主要有两个：一是车轮被抱死，与路面产生滑动摩擦；二是转向速度过快产生了较多的转向不足或转向过度。

3. 丧失转向能力

丧失转向能力是指弯道制动时，汽车不再按原来的弯道行驶而是沿弯道切线方向驶出，以及直线行驶时转动转向盘汽车仍按直线方向行驶的现象。当制动过程中前轮出现抱死时，因侧向附着力接近零，不能产生汽车转向所需的地面侧向反作用力，汽车丧失转向能力。图2.13所示为一轿车前轮失去转向能力的事故情景。

图2.12　路面湿滑引发车辆侧翻的现场

图2.13　前轮失去转向能力的事故情景

由于汽车丧失转向能力是由前轮制动时抱死直接引起的，所以在弯道制动时应尽量避免车轮抱死。对于没有安装ABS的车辆而言，紧急制动时车轮抱死是不可避免的，因此，唯一可行的办法是，在通过弯道时尽可能降低车速、尽量不采用紧急制动，一定要紧急制动时，也要采用"点刹"的方式，这一点对在山区公路驾驶车辆尤为重要。山区公路坡长而陡、路窄弯急，如果使用紧急制动，前轮一旦因抱死而失去转向能力，造成车辆方向失控，就有可能直接冲出路基，出现车毁人亡的重大交通事故。

汽车制动技术的进步，汽车制动性能的进一步改善和提高，使得汽车在主动安全方面有了很大的提升，总的来说，汽车制动性能的提高对交通安全有着积极意义。但是，汽车制动技术再先进、制动性能再如何提高并不等于绝对的安全，并不意味着驾车人就可以随心所欲地驾驶车辆。实际中，如果汽车行驶速度过快，制动距离就随之增加，使制动的非安全区扩大，一旦发生突然情况，会使驾驶人措手不及，很容易引发交通事故。此外，在车辆使用过程中驾驶人要经常对制动系统进行检查、维护和保养，及时发现问题并解决问题，不留安全隐患。

2.2 汽车操纵稳定性及其评价

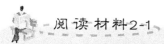
阅读材料2-1

操纵稳定性不好的汽车在行驶过程中的主要表现

汽车在行驶过程中受到外界的干扰是客观存在的，并且是难以避免的，而外界的干扰将引起汽车运动参数的变化，如果当外界干扰消失后车辆的运动参数能恢复到原来的状态则为稳定运动状态；如果当外界干扰消失后车辆运动参数的偏差越来越大，直至无法控制，则为不稳定运动状态。处于不稳定运动状态的汽车其操纵稳定性必然不佳，行驶中极易引发交通事故。操纵稳定性不好的汽车在行驶过程中的主要表现如下：

① 发飘。当汽车以较高速度行驶时，在驾驶人未发出任何改变当前运动状态指令的情况下，车辆自行地不断变换运动方向使驾驶人及乘员感到漂浮不定。

② 反应迟钝。在驾驶人对汽车实施转向操作后，车辆或是没有及时的响应，或是转向动作迟缓。

③ 丧失路感。操纵稳定性良好的汽车，在转弯时驾驶人能通过转向盘及车身的侧倾及时感知转弯状态，而操纵稳定性不好的汽车，在车速较高或急剧转向时会使驾驶人丧失这种感知性，从而会影响驾驶人对汽车转弯瞬时运动状态的准确判断。

④ 失去控制。操纵性差的汽车在车速超过某一临界值后，可能会出现驾驶人完全不能通过转向盘指令控制汽车行驶方向的情况。

对于任何一辆汽车，无论是汽车的设计者、制造商还是汽车的使用者都希望汽车在行驶过程中具有良好的操纵稳定性。这是因为良好的操纵稳定性可以保证车辆在各种行驶工况下能够按照驾驶人的意图调整方向，转弯和躲避障碍物，从而避免因出现失稳现象而发生交通事故。

汽车在行驶过程中，会碰到各种复杂的情况：有时沿直线行驶，有时沿曲线行驶；在出现意外情况时，驾驶人还要做出紧急的转向操作，以尽可能避免交通事故；此外，汽车还要经受来自路面不平、坡道、大风等各种外部因素的干扰。面对不同道路线性、不同道路结构及干湿状况、不同交通流量及行驶过程中的多种外部因素干扰，汽车能否正确地按照驾驶人通过转向操纵机构所给定的方向行驶，并具有抵抗力图改变其行驶方向的能力，这就是汽车操纵稳定性需要解决的重要内容。

2.2.1 汽车操纵稳定性的意义

汽车的操纵稳定性是指在驾驶人不感到过分紧张与疲劳的条件下，汽车能按照驾驶人通过转向系统及转向车轮给定的方向(直线或转弯)行驶，而且当遭受到外界干扰时，汽车能抵抗干扰而保持稳定行驶的能力。这里，"外界干扰"通常包括不平路面、左右车轮附着差异、侧向风作用、弯道离心力、货物或乘客偏载等状况。汽车的操纵稳定性不仅影响到汽车驾驶过程的操纵方便程度,而且也是决定汽车高速行驶安全性的一项重要性能。

汽车的操纵稳定性具体包括"操纵性"和"稳定性"两个方面。其中,操纵性是指汽车在行驶过程中能够确切地响应驾驶人指令的能力;稳定性是指汽车在行驶过程中受到外力扰动后恢复原来运动状态的能力。实际中汽车的操纵性和稳定性两者相互联系、相互影响,密不可分,操纵性的丧失将导致汽车的侧滑和侧翻,稳定性的丧失往往使汽车失去操控性而处于危险状态,因而,汽车保持良好的操纵性和稳定性对于确保行车安全非常重要。

2.2.2 轮胎的侧偏特性

1. 轮胎侧偏力与侧偏现象

汽车在行驶过程中,由于路面的侧向倾斜、侧向风或曲线行驶时的离心力等的作用,车轮中心 Y 轴方向将作用有侧向力 F_y,相应的地面上产生地面侧向反作用力 F_Y,F_Y 也称为侧偏力,如图 2.14 所示。当车轮有侧向弹性时,即使 F_Y 没有达到附着极限,车轮行驶方向也将偏离车轮平面的方向,这就是轮胎的侧偏现象,即弹性轮胎在侧向力的作用下,即使侧向力未达到附着极限,车轮行驶方向也发生偏离车轮平面的现象。

2. 轮胎侧偏特性定义

轮胎的直线行驶特性直接影响汽车的操纵稳定性,轮胎的直线行驶性能主要取决于轮胎的侧偏特性。轮胎的侧偏特性是指侧偏力及回正力矩与侧偏角之间的关系。若要使汽车在受到横向风和道路坡度引起的侧向力作用而仍能保持其直线行驶的方向不变,那么就要求轮胎在一定侧偏角下的侧偏力和回正力矩较大,也即轮胎具有较大的侧偏刚度和回正刚度。

车轮滚动过程中,当存在侧向力作用时,轮胎接触印迹的中心线与车轮平面之间会产生一个夹角 α,称为轮胎侧偏角。侧偏角 α 的数值是与侧向力 F_y 的大小相关的。图 2.15 给出了一条由试验测出的侧偏力-侧偏角关系曲线,即轮胎侧偏特性。该曲线表明,侧偏角不超过 5°(图 2.15 中灰色区域)时,侧偏力 F_Y 大致与侧偏角 α 成正比增加。

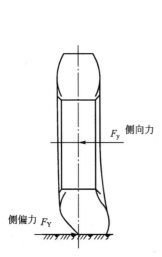

图 2.14 轮胎侧偏力与侧偏现象

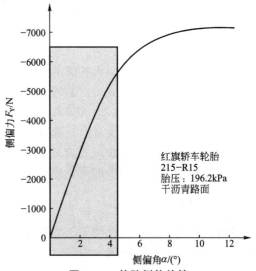

图 2.15 轮胎侧偏特性

汽车正常行驶时，侧向加速度不超过 0.4g，侧偏角不超过 4°~5°，可认为侧偏角与侧偏力呈线性关系。F_Y-α 曲线在 $\alpha=0°$ 处的斜率称为侧偏刚度 k，单位为 N/rad 或 N/(°)。F_Y 与 α 的关系式为

$$F_Y = k\alpha \tag{2-4}$$

在侧偏力较大时，侧偏角以较大的速率增长，即 F_Y-α 曲线的斜率逐渐减小，这时轮胎在接地面处已发生部分侧滑。最后，当侧偏力达到附着极限时，整个轮胎侧滑。显然，轮胎的最大侧偏力取决于附着条件，即垂直载荷、轮胎胎面花纹、材料、结构、充气压力、路面材料、结构、潮湿程度及车轮的外倾角等。一般而言，最大侧偏力越大，汽车的极限性能越好，如按圆周运动的极限侧向加速度就越高。

侧偏刚度是决定汽车操纵稳定性的重要轮胎参数。为保证汽车在高速下直线行驶的稳定性，轮胎应具有较大的侧偏刚度（在 F_Y 一定时希望侧偏角越小越好）。侧偏刚度大的轮胎侧偏性能好，即转弯能力、抗侧滑能力强。

3. 轮胎的结构形式、结构参数对侧偏特性的影响

(1) 轮胎的结构形式对侧偏刚度的影响。轮胎的不同结构形式对侧偏刚度的影响如图 2.16 所示。由图 2.16 可以看出，在同样侧偏角下，子午线轮胎的侧偏力较斜交轮胎大，这说明子午线轮胎的侧偏刚度较斜交轮胎高，即相同尺寸下，子午线轮胎的侧偏刚度比斜交轮胎高，这是由于子午线轮胎接地面宽的缘故。实际中，钢丝子午线轮胎的侧偏刚度比尼龙子午线轮胎要高。轮胎的结构形式对回正力矩-侧偏角特性也有影响。在同样侧偏角下，尺寸大的轮胎一般回正力矩较大，子午线轮胎的回正力矩比斜交轮胎大。

(2) 扁平率对侧偏刚度的影响。轮胎扁平率是指轮胎断面高与轮胎断面宽之比，如图 2.17 所示。部分车型轮胎的型号及扁平率见表 2-4。

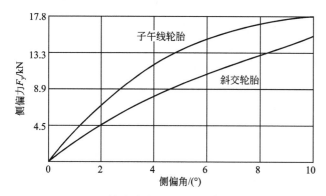

图 2.16 轮胎结构形式对侧偏刚度的影响

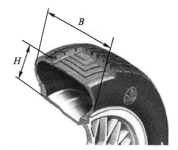

图 2.17 轮胎扁平率图示

表 2-4 部分车型轮胎的型号及扁平率

车型	轮胎型号	扁平率/(%)
本田新雅阁	普利司通(205/65R15)	65
奔驰 S320	米其林(225/60R16W)	60
奔驰 Lorinser	米其林(275/30ZR19)	30

扁平率小使得轮胎接地面积变宽，胎面与地面间的接触面积增大，侧偏刚度成反比提高。故采用扁平率小的宽轮胎是提高侧偏刚度的主要措施。目前，子午线轮胎因接地面积大、单位压力小、滑移小、胎面不易损耗，制动力系数较高等明显优点在现代轿车上获得了广泛应用。

就使用因素而言，轮胎垂直载荷（承载量）、轮胎的充气压力、路面种类及干湿状况、行驶速度对轮胎侧偏刚度（侧偏力）也有不同程度的影响。

2.2.3 汽车操纵稳定性的评价项目

汽车操纵稳定性涉及的内容比较广泛，需要采用多个物理量从多个方面进行评价。主要包括稳态响应、瞬态响应、转向回正性和直线行驶性、转向轻便性、急剧转向能力及侧向风稳定性等。

1. 稳态响应

对于在行汽车而言，等速直线行驶状态和等速圆周行驶状态都分别是一种稳态。等速圆周行驶状态通常是在汽车等速直线行驶时，急剧转动转向盘至某一转角后停止转动转向盘并维持此转角不变，汽车经过短暂的过渡过程后形成的行驶状态。汽车在稳态下由于"干扰"（如转动转向盘、路面不平、横向风作用）因素而引起的响应称为汽车的稳态响应。

汽车等速圆周行驶的稳态响应也称为汽车的稳态转向特性。汽车的稳态转向特性分为不足转向、中性转向、过度转向3种类型，如图2.18所示；以运动轨迹形式表示的3种稳态转向特性如图2.19所示。

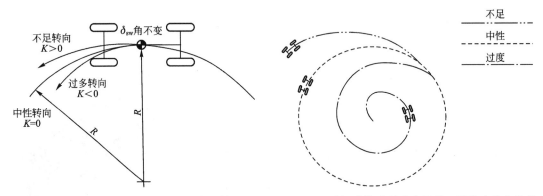

图2.18 汽车的3种稳态转向特性示意图　　图2.19 以运动轨迹形式表示的3种稳态转向特性

在转向盘保持一固定转度 δ_{sw0} 下，缓慢加速或以不同车速等速行驶时，随着车速的增加，具有不足转向特性的汽车在转向过程中的转向半径 R 不断增大，并且始终大于起始转向半径 R_0，由于在转弯过程中随转向半径不断增大其离心力相对减小，对安全行驶有利；具有过度转向特性的汽车在转向过程中的转向半径 R 小于起始转向半径 R_0，并且随着车速的增加，转向半径的不断减小其离心力不断增大，对安全行驶不利；具有中性转向特性的汽车虽然转向半径不随车速变化，但在使用条件变化时有可能变为过度转向特性而失去稳定，一般是在侧向加速度较小时表现出不足转向特性，而在侧向加速度较大时则表现为过度转向特性，行驶中易出现甩尾现象。

操纵稳定性良好的汽车应具有适度的不足转向特性。

2. 瞬态响应

在等速直线行驶与等速圆周行驶两个稳态运动之间的过渡过程就是一种瞬态，相应的瞬态运动响应称为转向盘角阶跃输入下的瞬态响应。汽车行驶中快速变换车道行驶、避让障碍物行驶及对意外情况的处理都需要驾驶人在急打转向盘后迅速回正，这些驾驶操作都涉及汽车的瞬态响应特性。

汽车的操纵稳定性同汽车行驶时的瞬态响应密切相关，图 2.20 所示的是一辆直线等速行驶的汽车在 $t=0$ 时，驾驶人急速转动转向盘至角度 δ_{sw0} 并维持此角度不变时的瞬态响应曲线。

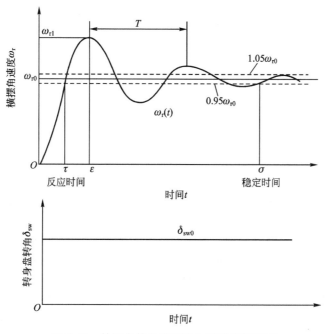

图 2.20 转向盘转角阶跃输入下的瞬态响应

由图 2.20 可以看出，给汽车以转向盘转角阶跃输入后，汽车横摆角速度经过一过渡过程后达到稳态横摆角速度 ω_{r0}，此过渡过程即为汽车的瞬态响应。汽车的瞬态响应既与反应时间 τ（横摆角速度由 0 到第一次达到稳态横摆角速度 ω_{r0} 的时间）相关，也与进入稳态所经历的时间 σ（横摆角速度达到稳态值 95%～105% 之间的时间）相关。对于反应时间 τ 而言，τ 越短，给驾驶人的感觉是转向响应越迅速、及时，否则就会感觉迟钝；对于进入稳态所经历的时间 σ 而言，σ 越短，说明横摆角速度收敛性越好，汽车能很快达到新的稳定状态。

汽车的瞬态响应运动状态随时间变化应快速及时，否则当驾驶人已经转动了转向盘，而车辆却迟迟没有反应，会使驾驶人感到转向不灵敏，不能"得心应手"。当突遇紧急情况时会因转向不灵而难以有效积极应对从而引发交通事故。

3. 转向回正性和直线行驶性

汽车转向回正性能是指汽车在一定的场地、环境及车速下从曲线行驶回复到直线行驶的一种过渡过程能力。实际中汽车在完成变道、避让、转弯等行为后必须能够自动回正，以使汽车重新保持直线行驶状态。回正能力差的汽车不但使操纵变得困难，又增加了驾驶人的工作强度，还容易引发交通事故。根据 GB/T 6323—2014《汽车操纵稳定性试验方法》，采用撒手的方法来测定，记录其横摆角速度随时间的变化曲线，如图 2.21 所示。

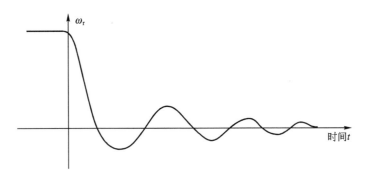

图 2.21 转向回正性能试验的横摆角速度曲线

衡量和评价转向回正性能的主要指标包括撒手后汽车横摆角速度达到新的稳态值的稳定时间、残留横摆角速度、横摆角速度波动频率、横摆角速度超调量、相对阻尼系数、横摆角速度总方差等相关参数。图 2.21 所示的残留横摆角速度为零，表明汽车在受到转向操纵后，能够自主地从曲线行驶状态回复到直线行驶状态。

汽车直线行驶性是指车轮处于直行状态，而且转向盘不转动时汽车保持直线行驶的能力。直线行驶性比较差的汽车的表现是：在驾驶人并未转动转向盘的条件下，当车速达到或超过某一数值后，甚至偶遇路面不平便会左右反复摆动即出现摆头现象。汽车摆头不仅加剧零部件的磨损，也增大驾驶人的工作强度，加速驾驶人疲劳速度，更严重的是使驾驶人感觉汽车的操纵性和行车安全感差，对安全行驶不利。

为使正常行驶状态下的汽车具有良好的操纵稳定性，除要求其具有良好的稳态转向特性外，还要求汽车对转向盘角的输入响应要灵敏，具有良好的回正性能和直行性。

4. 转向轻便性

转向轻便性是评价转动转向盘轻便程度的特性，包括原地转向轻便性、低速行驶转向轻便性、高速行驶转向轻便性。转向轻便性也是评价汽车操纵稳定性的指标之一。GB 7258—2012《机动车运行安全技术条件》中明确要求转向时施加于转向盘外缘的最大切向力不得大于 245N，当机动车转向桥轴载质量大于 4000kg 时，必须采用转向助力装置。

任何一辆汽车的转向力必须保持在规定的范围内，转向力过大或过小对安全行驶都不利。转向力过大直接引发转向沉重，在增加驾驶人劳动强度的同时特别是在急转弯或紧急避让时会造成转向困难或不能有效完成转向动作，直接对安全行驶构成威胁；转向力过小会使转向发飘，降低驾驶人的路感，对安全行驶也不利。

根据 GB/T 6323—2014《汽车操纵稳定性试验方法》的规定，转向轻便性试验是汽车低速沿双纽线（图 2.22）绕行一周，根据记录的转向盘转角和作用力矩整理成图 2.23 所示的转向盘转矩-转角曲线。

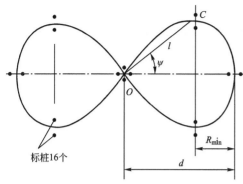
图 2.22 测定转向轻便性的双纽线

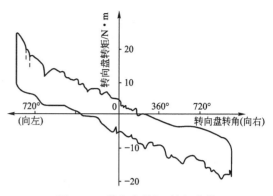
图 2.23 转向盘转矩-转角曲线

转向轻便性主要依靠转向系统的结构与转向轮的定位来保证。由于转向时转向轮定位所引起的回正力矩是阻碍转向轮转向的，因此转向轻便性与转向回正性在此成为一对矛盾，所以确定转向轮定位参数时需要两者兼顾。

现代轿车都装有转向助力系统，如电控动力转向系统(EPS)，因很好的兼顾各种车速下行驶时的转向轻便性，实际中进行转向操纵都是比较轻便的。就汽车行驶安全而言，汽车高速行驶时，转向盘上应有足够的操纵力，即保持所谓的"路感"，否则容易引发交通事故；而汽车低速行驶时，转向阻力较大，需要提供较大助力，以保证转向的轻便性。

5. 急剧转向能力

汽车在紧急避让时的急剧转向能力通常用蛇行试验方法来检验。蛇行试验是评价汽车操纵稳定性的一种重要试验方法，能够考核汽车在接近侧滑或侧翻工况下的操纵性能，综合评价汽车急剧转向工况下乘员的舒适性和安全性。

GB/T 6323—2014《汽车操纵稳定性试验方法》规定的蛇行试验是一种二次换道试验的改型，这种试验方法可反映出车辆进行急剧转向的能力。试验中标杆以相等的距离排成一直线，设置 10 根标杆(图 2.24)。汽车以近似基准车速的二分之一稳定车速驶入试验路段，蛇行通过测试段而不触及标杆，提高车速(最高车速不超过 80km/h)重复进行 10 次。此试验除了驾驶人的主观评价标准外，还以蛇行车速、平均转向盘转角、平均横摆角速度、平均车身侧倾角、平均侧向加速度作为客观评价标准。

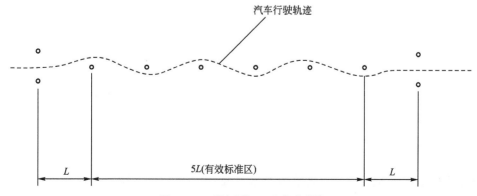
图 2.24 "蛇行"工况试验路线

6. 侧向风稳定性

高速行进中的汽车经常受到侧向风的袭扰作用,如车辆高速驶经城市街道两旁高大建筑物、山体隧道、大桥桥墩,高速公路上会车、超车时,都会有速度很高的侧风作用于车身。侧风产生的侧向气动力会引起轮胎侧向偏移和非稳态转向,致使汽车偏离行驶方向,从而降低汽车的操纵稳定性。这种偏离由驾驶人调整转向盘来修正,驾驶人连续调整转向盘会导致极度过早疲劳和增加危险性。

汽车的直线行驶性能是评价汽车操纵稳定性的另一个重要方面。其中,侧向风敏感性与路面不平敏感性是汽车直线行驶时在外界侧向干扰输入下的时域响应。

侧风敏感性试验是表征汽车侧风稳定性的一个重要方法。美国 ESV(Experimental Safety Vehicle)规范中对其有明确规定:试验在平坦的道路上进行;自然风速不超过 2m/s;路旁放置侧向风发生装置,产生的侧向风速度为 (80 ± 8)km/h;汽车分别以 50km/h、80km/h、110km/h 的不同车速通过侧向风发生装置,转向盘固定不动,侧向风作用长度 $q=6$m。以侧风作用后 2s 汽车到达地点的侧向位移为评价标准。

该试验过程可分为 4 个时间阶段:车身驶入侧风带($0\sim t_1$);车身完全处于侧风带($t_1\sim t_2$);车身开始驶出侧风带($t_2\sim t_3$);车身完全离开侧风带(t_3 时刻以后),如图 2.25 所示。

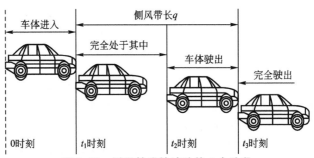

图 2.25 侧风敏感性试验的 4 个阶段

上面所述几种汽车操纵稳定性的主要评价方法,其基本出发点就是确保汽车的操纵稳定性满足相应条件下安全行驶的要求。

2.3 驾驶室人机环境与安全性

汽车的制动性能与操纵稳定性能也与驾驶人的操作行为密切相关,而驾驶人的操作行为直接受到驾驶室人机环境的影响。对驾驶室人机环境的要求是应保证驾驶人具有良好的视野与符合人体生理特点的驾驶操作环境。对驾驶室人机环境有重要影响的因素主要有汽车视野、汽车灯光、汽车操纵机构。

2.3.1 汽车视野

汽车视野是指驾驶人行车时眼睛所能看得见的空间范围。驾驶人在驾驶过程中,有 80% 的信息是靠视觉得到的,因而,保证驾驶人驾车过程中良好的驾驶视野特别是保持前方视野开阔对预防交通事故具有重要意义。

汽车驾驶视野的宽窄与驾驶室结构密切相关。驾驶员在驾驶过程中约80%的信息是靠视觉感知的，因而，保证驾驶员驾车过程中良好的驾驶视野特别是保持前方视野开阔对预防交通事故具有重要意义。

按视野获得方式的不同，汽车视野可分为直接视野和间接视野。直接视野是指驾驶人在驾驶状态时，直接透过前风窗玻璃、车门玻璃和后风窗玻璃，所能直接、清晰地看到道路范围的大小，简言之，是指不用任何辅助装置看到的视野，如图2.26所示；间接视野是指驾驶人通过内外后视镜观测到的车辆后方情况的清晰图像所反映的视野范围，简言之，是指借用辅助装置看到的视野，如图2.27所示。

图 2.26　汽车直接视野（前方视野）效果

图 2.27　汽车间接视野（后方视野）效果

按行车的方向，汽车视野可分为前方视野和后方视野。前方视野是驾驶人在正常驾驶位置，透过前风窗玻璃和侧面的车门玻璃所能清晰看到的过眼点铅垂面（该面垂直于车辆的纵向中心线）前方180°的道路、车辆、行人等情况的能力。此外，在有些大型车辆中，装有观察车辆前下方的"下视镜"，由此提供给驾驶人的视野也归为前方视野。后方视野是从后视镜所看到的部分，也称为间接视野。

1. 汽车驾驶人眼椭圆

眼椭圆这一术语最先由美国汽车工程师协会车身工程委员会人体模型分会提出，并制定成标准SAEJ941，用于描述驾驶人以正常驾驶姿势就座时眼睛在车内坐标系中的活动范围，后来被国际标准化组织（ISO）所采用，变成标准 ISO 4513《道路车辆—视野性能—关于驾驶人眼睛位置眼椭圆的确定方法》。驾驶人眼睛在车内坐标系中的位置是进行视野设计与校核的基准，它是视野设计的工具。驾驶人眼椭圆的确立为研究汽车视野性能提供了科学的视野原点基准。

眼椭圆是指汽车驾驶人以正常驾驶姿态就坐在座椅上时，眼睛在车身坐标中的统计分布范围。由于驾驶人的身体、坐姿及驾驶习惯等方面的差异，所有汽车驾驶人的眼睛位置不可能是某同一固定点，而是呈某种形态的曲线。通过对数以千计的男女驾驶人进行实测与统计分析，得出汽车驾驶人的眼睛位置分布范围呈椭圆形的结论，如图2.28所示。

在人机工程学中，人体测量的数据通常以百分位数 P_K 来表示人体尺寸的等级，一个百分位数将总体或样本的全部测量值分为两部分，有 $K\%$ 的测量值等于或小于此数，有 $(100-K)\%$ 的测量值大于此数。眼椭圆代表了汽车驾驶人在正常驾驶操作时眼睛位置的分布范围，分为第90百分位（P_{90}）、第95百分位（P_{95}）及第99百分位（P_{99}）3种投影图，分别代表对应百分比驾驶人的眼睛位置。眼椭圆包络线由无数划分眼睛位置的平面所围成，因此，

对百分位数 P_K 的眼椭圆而言，有 $K\%$ 的眼睛位置在平面的靠椭圆中心一侧，而 $(100-K)\%$ 的眼睛位置则在另一侧。因此，眼椭圆是进行视野设计、校核与研究的出发点。

利用眼椭圆，可以较为满意地设计出驾驶人的眼睛位置，并能校核仪表板、后视镜、刮水器和除霜器布置的合理性，从而获得最佳的设计效果。

2. 前方视野

1) 前方视野重要性及细分

汽车前方视野，直接关系到驾驶人对道路情况的观察和对车辆的操作，是影响驾驶安全的重要因素。优良的前方视野，有利于驾驶人行车过程中对视野范围内相关信息的收集和判断，可提高驾驶人预测危险行为和应对突发事件的能力。为提高驾驶和乘坐汽车的安全性，各汽车工业发达国家先后制定和实施了相应的技术法规。目前我国汽车强制性标准中包含多项有关汽车前方视野方面的标准，包括 GB 11562—1994《汽车驾驶员前方视野要求及测量方法》、GB 11555—2009《汽车风窗玻璃除霜和除雾系统的性能要求及试验方法》。

前方视野可进一步细分为单眼视野、双眼视野和双边视野 3 种，如图 2.29 所示。其中，单眼视野是指驾驶人只用左眼或右眼单独观察时所能看到的视野；双眼视野是指用左、右眼同时观察时两眼都能看到的视野，即左右单眼视野重叠的部分区域；双边视野是指分别用两只眼睛所能看到的总的视野，其大小等于两个单眼视野减去双眼视野。

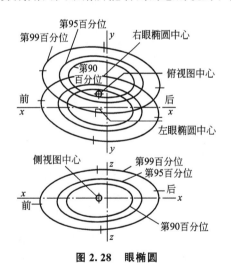

图 2.28 眼椭圆

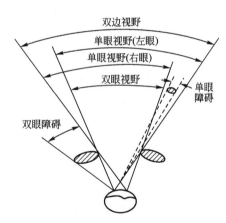

图 2.29 单眼视野、双眼视野和双边视野不同视野图示

2) 视野盲区

挡住驾驶人视线的物体称为视野障碍。视野障碍进一步分为单眼障碍和双眼障碍（图 2.29）。单眼障碍是仅一只眼能看到的，并且其后有该眼不能看到的区域的物体；双眼障碍是指在双眼视野中的、使得在其后用一只左右眼都不能看到的区域的物体。盲区是指驾驶人处于正常驾驶位置，并且当其眼睛和头部在正常活动范围内时，因视野障碍而看不到的区域。按照眼的使用情况，盲区有单眼盲区、双眼盲区之分。在车身总布置中，需要考虑的盲区主要有仪表板盲区，A、B、C 柱盲区等。其中 A 柱盲区，尤其是左 A 柱所形成的盲区是左置转向盘汽车前视野盲区中最主要的部分。由于左 A 柱对驾驶人视野的障

碍，驾驶人往往要转动眼睛和头部来观察左前方交通情况，因此容易引起疲劳，不利于行车安全。国家标准规定每根 A 柱双目障碍角不得超过 6°。

视野盲区的意义是指驾驶人在驾车过程中因汽车结构或设计方面的原因形成的障碍物遮挡，使其视线不能直接到达的区域。观察失误的意义是指驾驶人在驾车过程中因自身原因对已出现于驾驶视野内的信息未能感知到或未能及时感知到而出现的失察现象。要特别指出的是，驾驶人因观察失误与因视野盲区引发的交通事故是两回事，两者不可混为一谈。显然，一起交通事故若是因驾驶人的观察失误而引起，则属于驾驶人自身的责任；若是因视野盲区而引起，则主要是汽车生产厂商设计不周的责任，需从设计方面进行改进。

实际中，车型不同，视野盲区也不同，如普通轿车与车身较高的 RV 车的盲区范围就不同，对于驾驶人而言，除了认识存在车辆视野盲区外，还需深入了解不同车型之间盲区的差异。

3) 影响前方视野的主要因素

汽车前方视野主要取决于驾驶室前风窗的尺寸大小、形状、A 柱的结构、发动机舱盖的形状、前挡泥板形状、驾驶室座椅的高度与靠背的倾角等。显然，驾驶室前风窗的尺寸、形状、A 柱的结构、发动机舱盖的形状、前挡泥板形状、驾驶室座椅的高度与靠背的倾角的不同，将使汽车的前方视野发生变化。其中，驾驶室前风窗的上、下部窗框位置对汽车前方视野的影响最重要。

在前方视野中，前风窗垂直方向上的视野性受驾驶室前风窗上横梁和前风窗下横梁或发动机舱盖的限制。国家标准规定：驾驶人以正常驾驶姿势能看见汽车前方 12m 处的高 5m 的标杆（交通信号灯高度），如图 2.30 所示，其标准见表 2-5。

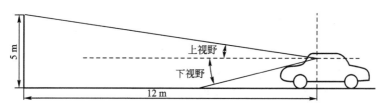

图 2.30 前视野垂直方向上国标示意图

表 2-5 前方视野垂直校核标准

校核指标	很好	良好	尚可	不好
上视野对 5m 标杆的视距/m	<10	10～12	12～13	>13
下视野可视距离/m	<4	4～6	6～10	>10

汽车前下方视区的合适值应综合考虑车速、车辆类型、使用条件等方面的影响因素来确定。研究表明，汽车行驶速度越高，越不希望前下方视野大；但前下方视野过小，会使盲区扩大，不利于驾驶人对前方障碍物的观察，而且会使速度感变差。在高速公路上，车速一般高达 100km/h 以上，此时最合适的前下方视区界限为最近可见路面点位于车前方 8.2m 处；在山区道路上平均车速为 50km/h 时为 3.2m；市区道路上平均车速为 40km/h 时为 2.8m。

风窗玻璃的清洁性直接影响到驾驶人视野清晰度，在雨、雪天气行车时，通过除霜、除雾系统的运行除去玻璃外表面上的霜或冰、除去玻璃内表面上所覆盖的雾，保证驾驶人视野具有足够的清晰度。风窗玻璃的除霜、除雾面积应满足 GB 11555—2009 的规定。

4）视野随车速的变化

驾驶人动态视野与行车速度密切相关。随着汽车行驶速度的提高，注视点前移，视野变窄，周界感减少，如图2.31所示。对于驾驶活动而言，虽然静止时视野未发生变化，但行驶时视野的深度、宽度、视野内画面都在不断变化，驾驶人正是根据不断变化的视野内容操作车辆的。

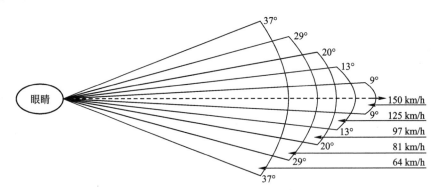

图2.31 视野随车速变化图

驾驶人动态视野也是影响安全行车的重要因素之一。控制事故发生的主要对策是控制行车速度，汽车在公路上的最高允许安全行驶速度与公路宽度、车身长度和车宽、车与人行道边沿最小安全距离、驾驶人动态视野行为可靠度、驾驶人反应时间、交通信息复杂度等因素有关。

3. 后方视野

后方视野是一种依靠内、外后视镜实现的间接视野，旨在扩大驾驶人的视野范围。汽车后视镜反映汽车后方、侧方和下方一定区域范围的视野状况，使驾驶人可以间接看清楚这些位置的情况，起着"第二只眼睛"的作用。

1）后视镜的分类与要求

后视镜按安装位置的不同，可分为外后视镜、内后视镜、下后视镜。就用途而言，外后视镜反映汽车后侧方一定区域范围的视野，内后视镜反映汽车后方及车内情况，下后视镜反映汽车前下方一定区域范围的视野。后视镜镜面结构随用途不同主要有两种类型：平面镜和凸面镜。平面镜用术语表述就是"表面曲率半径 R 无穷大"，与一般家庭镜一样，可得到与目视大小相同的映像，常作为内后视镜使用；凸面镜的镜面呈球面状，具有大小不同的曲率半径，其映像比目视小，但视野范围大，好像相机"广角镜"的作用，常用作外后视镜和下后视镜。

轿车及其他轻型乘用车上一般只装配外后视镜和内后视镜，大客车和大货车等大型商用汽车通常装配外后视镜、内后视镜、下后视镜。从车辆安全运行的要求来看，后视镜应满足以下要求：

① 在公路，特别是高速公路多车道超车或换道行驶时，通过内外后视镜（包括补盲外后视镜）可向驾驶人提供左、右两侧及后方的交通状况信息。

② 在繁华市区行驶时，车内外后视镜可向驾驶人提供汽车周围行人、自行车、摩托车、各种障碍物及其交通情况的信息。

③ 汽车倒车时，驾驶人通过内外后视镜可观察到汽车后部、侧面的障碍物及其交通状况。

2) 5 类不同后视镜及其视野要求

由于后视镜在汽车行驶安全中所处的位置举足轻重,世界上主要汽车生产国或地区都明确出台了相应的强制性标准或法规,以充分保证优良的后方视野。美国 MVSS111、欧盟 ECE R46、澳大利亚 ADR14 等标准及条款对汽车左右外后视镜和内视镜的视野进行了详细的规定。

GB 15084—2013《机动车辆 间接视野装置 性能和安装要求》中对于 M 和 N 类车辆左右外后视镜和内后视镜的双眼总视野进行了详细的规定,并且是强制性的。后视镜分为 5 类,其中,Ⅰ类为内后视镜,Ⅱ～Ⅴ类为外后视镜,各类后视镜的视野要求如图 2.32～图 2.36 所示。

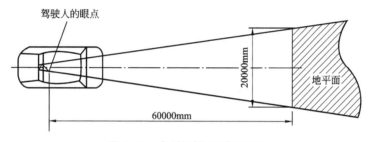

图 2.32 内后视镜(Ⅰ类)视野

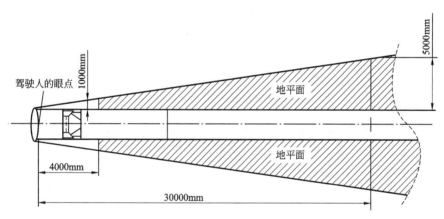

图 2.33 左右外后视镜(Ⅱ类)视野

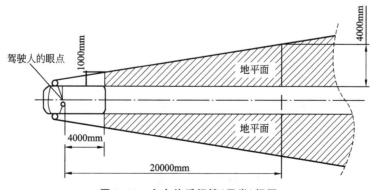

图 2.34 左右外后视镜(Ⅲ类)视野

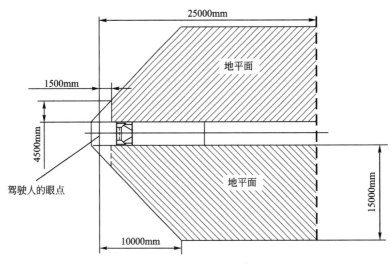

图 2.35　广角后视镜（Ⅳ类）视野

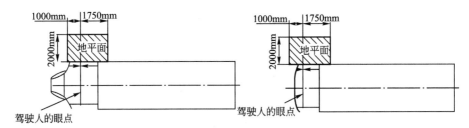

图 2.36　补盲外后视镜（Ⅴ类）视野

车身设计通常根据汽车的间接视野要求，以驾驶人能充分确认后续车辆、侧方后续车辆及车前下方路况为前提，来设计后视镜及确定后视镜的布置安装位置。后方视野的视角大小和方位主要取决于后视镜的尺寸和布置位置，轿车车外后视镜的安装位置如图 2.37 所示。

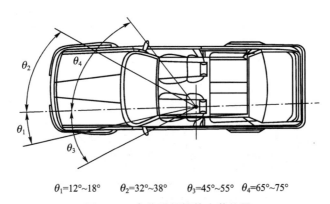

$\theta_1=12°\sim18°$　　$\theta_2=32°\sim38°$　　$\theta_3=45°\sim55°$　　$\theta_4=65°\sim75°$

图 2.37　车外后视镜的安装位置

确定后视镜的布置位置应充分考虑驾驶人的人眼视野角度。由于后视镜越靠近直前视线，越容易看清楚。因此，后视镜的位置应以接近直前视线为宜。

后视镜的大小、镜面曲率与视野角度密切相关。镜面面积和曲率越大，视野角就越大，但镜面面积过大时物像会产生畸变失真；镜面曲率过大，难以判断物像的距离并在后车快速接近时造成物像急剧变化的炫目感，不利于驾驶安全。因此应在镜面面积与曲率之间求得平衡，保证视野和物像二者都有较好的效果。

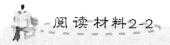

行车过程中如何正确使用后视镜

① 行车前驾驶人要调整好后视镜的位置和角度。行车中，由于车辆的行驶振动，易引起后视镜的位置和角度变化，对此应注意观察并及时调整。

② 在一般道路上停车、起步、超车、转弯、调头等行驶路线将要发生变化时，要先给出相应的行车信号，同时一定要注意观察后视镜，及时了解车辆两侧和后方的交通情况，防止出现突然情况时措手不及，造成交通事故。

③ 在通过集市、交叉路口等行人、车辆较多的地方时，要缓慢行进，注意观察后视镜。

④ 在通过两边有非机动车或行人的窄路、窄桥时，要减速慢行，并随时观察后视镜；要和非机动车或行人保持必要的横向间距。

⑤ 在高等级公路上行车时，不仅要注意和前车保持必要的安全距离，还要通过后视镜观察、判断后面车辆的跟车距离，以免发生追尾事故。

⑥ 在预见性制动前，要观察车后视镜，注意后面车辆的位置和相对行驶速度，再决定可采取的制动措施，以防止制动时追尾。

4. 倒车雷达

驾驶人在驾车过程中，倒车是经常遇到的操作行为。由于倒车时的视野效果较车辆前行明显要差，为提高倒车操作过程的安全性，目前，倒车雷达、全景倒车影像系统等辅助后视系统在汽车上获得了广泛应用。

倒车雷达全称叫"倒车防撞雷达"，也叫"泊车辅助装置"，是汽车泊车或倒车时的安全辅助装置，由超声波传感器（俗称探头）、控制器和显示器（或蜂鸣器）等部分组成。能以声音或者更为直观地显示、告知驾驶人周围障碍物的情况，解除了驾驶人泊车、倒车和起动车辆时前后左右探视所引起的困扰，并帮助驾驶人扫除了视野死角和视线模糊的缺陷，提高了倒车的安全性。

倒车雷达的工作原理是根据蝙蝠在黑夜里高速飞行而不会与任何障碍物相撞的原理设计开发的。探头装在后保险杆上，其数量有2、3、4、6、8个不等。探头可在最大水平120°和垂直70°范围发射超声波（图2.38），上下左右搜寻目标，能够准确探索到那些低于后保险杆高度而驾驶人从后窗难以看见的障碍物，如花坛、路肩及蹲在车后玩耍的小孩等，并及时报警。

倒车雷达的显示器多装在仪表台或后视镜上。倒车过程中，显示器会不停地提醒驾驶人所驾车辆距后面物体还有多少距离，到距离危险时，蜂鸣器就开始鸣叫，以鸣叫的间断/连续急促程度，提醒驾驶人不要继续靠近障碍物，应及时停车。显示器的显示方式目前使用较多的是数码显示、荧屏显示，也具有防炫目的功能。

魔幻镜倒车雷达把后视镜、倒车雷达、免提电话、温度显示和车内空气污染显示等多项功能整合在一起，并设计了语音功能，是目前市面上先进的倒车雷达系统之一。可视倒车雷达与普通倒车雷达相比添加了倒车可视功能，其性能更先进。此种倒车雷达在倒车时可以更直观地显示倒车时车后的情况，摄像头采集到的是车后的实物图像（图2.39），通过主机处理传输到安装在驾驶室内的液晶显示器上，让车后的影像如实地展现在驾驶人眼前，大大减少了因为倒车发生事故的可能性，极大地提高了倒车时的安全级别，同时此种倒车雷达也有普通倒车雷达的功能——声音提示和车后障碍物距离显示。

图2.38 倒车雷达探头发送的超声波示意图　　图2.39 可视倒车雷达显示器

全景倒车影像系统，是一套通过车载显示屏幕观看汽车四周360°全景，融合超宽视角、无缝拼接的实时图像信息（鸟瞰图像），了解车辆周边视线盲区，帮助驾驶人更为直观、安全地停泊车辆的泊车辅助系统，也称全景泊车影像系统或全景停车影像系统。

2.3.2 汽车灯光

汽车灯光是指车灯开启后发出的亮光。为了保证行车安全，在现代汽车上安装有多种灯具（灯光装置）。汽车灯光的作用主要表现在两个方面，一是在夜间或在光线较弱环境下为汽车正常行驶提供照明及标示车辆宽度、照明驾驶室内及车厢内部仪表；二是在转向、制动、倒车等行驶工况向周围其他交通参与者传递运动信号。

1. 汽车灯光类别

汽车灯光直接影响到行车安全，属于汽车主动安全的范畴，分为照明灯和信号灯（含反射器）两大类。照明灯又进一步分为外照明灯和内照明灯，外照明灯主要包括前照灯、前雾灯、倒车灯、牌照灯等；内照明灯包括篷顶灯、仪表灯等。信号灯也进一步分为外信号灯和内信号灯，外信号灯指主要包括示廓灯、转向指示灯、制动灯、尾灯、示宽灯、倒车灯、驻车灯、反射器（包括回复反射器、车身回复反光标识、反光标志牌、三角警告牌）等；内信号灯泛指仪表板的指示灯，主要有制动、转向、机油压力、充电、关门提示等仪表指示灯。要保证行车安全，必须使汽车灯光配置规范、完整，保证灯光系统工作正常，并按交通法规的要求正确使用汽车灯光。

2. 汽车灯光的安装要求

基于汽车灯光对汽车行驶安全的重要性，在汽车工业发达国家对汽车灯具的安装要求及配光性能要求等均纳入汽车法规体系。汽车灯光标准在我国是强制性国家标准，在国家汽车强制性标准体系中所占数量最多。目前我国 M、N、O 类汽车灯光强制性国家标准共有 14 项，约占我国已发布的汽车强制性标准总数的 1/5。各种汽车灯光的作用与安装要求见表 2-6，详细内容参见 GB 4785—2007《汽车及挂车外部照明和光信号装置的安装规定》。

表 2-6 各种汽车灯光的作用与安装要求

灯具名称	光色	作用	安装要求
远光灯	白色	照明车辆前方远距离道路	汽车必须配备，挂车禁止使用 数量：2只或4只
近光灯	白色	照明车辆前方道路，但对来车驾驶人或其他使用道路者不产生炫目	汽车必须配备，挂车禁止使用 数量：2只
转向信号灯	琥珀色	用于向其他使用道路者表明车辆将向右或左转向	汽车和挂车必须配备 数量随转向信号灯布局而定
制动灯	红色	向车辆后方其他使用道路者表明车辆正在制动	各类车辆必须配备 S1 或 S2 类制动灯，S3 类制动灯 M1 类车辆必须配备，其他类型车辆选装 数量：S1 或 S2 类制动灯 2 只；S3 类制动灯 1 只①
牌照灯	白色	用于照明后牌照板空间	必须配备 数量：根据牌照板的照明要求而定
前位灯	白色	从车辆前方观察，表明车辆的存在和宽度	汽车和宽度大于 1600mm 的挂车必须配备 数量：2只
后位灯	红色	从车辆后方观察，表明车辆的存在和宽度	必须配备 数量：2只
前雾灯	白色或黄色	用于改善在雾、雪、雨或尘埃情况下道路照明	汽车选装，挂车禁止使用 数量：2只
后雾灯	红色	在大雾情况下，从车辆后方观察，使得车辆更为易见	必须配备 数量：1只或2只
倒车灯	白色	照明车辆后方道路和警告其他使用道路者，车辆正在或即将倒车	汽车和 O2、O3、O4 类挂车必须配备，O1 类挂车选装 数量：1只或2只

(续)

灯具名称	光色	作用	安装要求
驻车灯	前面白色 后面红色	用于引起人们注意,在某区域内有一静止车辆存在	长度不大于6m和宽度不大于2m的汽车选装,其他车辆禁用 数量根据布局而定
示廓灯	前面白色 后面红色	安装在车辆外缘和尽可能靠近车顶,用来表明车辆宽度	宽度大于2.1m的车辆必须配备 数量:车前2只,车后2只
侧标志灯	琥珀色	从车辆侧面观察时,表明车辆的存在	除了带驾驶室底盘外,长度大于6m的车辆必须配备 每侧最少数量:满足纵向定位要求
昼间行驶灯	白色	昼间行驶时,使得车辆更为易见	汽车选装,挂车禁止使用 数量:2只

① 制动灯根据基准轴线方向上的发光强度[单位为cd(坎德拉)]分为3类:S1类制动灯的最小值为60cd;S2类制动灯的最小值,白天为130cd,夜间为30cd;S3类制动灯为25cd。

3. 汽车前照灯

前照灯是汽车上最重要的车灯之一,是为方便驾驶人在夜间或能见度较低环境下看清前方物体而设置的车灯,和行车安全有着尤为密切的联系。由于前照灯安装在汽车头部,故俗称头灯或前大灯。前照灯开启后以其灯光照亮前方道路,为汽车的安全行驶创造条件,与此同时也向其他车辆或行人显示该车的运行位置。前照灯开启后因灯光照射到前方一定距离,从而有利于其他车辆或行人提前做好避让准备。

大量的交通事故统计分析表明,夜间行车事故发生率比白天高1.5倍。由于夜间能见度较差,良好的夜间行驶视野要依靠前照灯来实现,因此,对前照灯的照明性能要求如下:

① 前照灯应保证车前有明亮而均匀的照明,使驾驶人能看清车前100m内路面上的障碍物。现代高速汽车其照明距离应达到200~250m。

② 前照灯应能防止炫目,以免夜间两车相会时使对方车辆驾驶人炫目而造成交通事故。

根据发光光源不同,前照灯分为灯丝光源前照灯、气体放电光源前照灯和发光二极管(LED)前照灯。灯丝光源前照灯是一种传统的前照灯,有卤素前照灯和白炽前照灯两种,由于白炽前照灯在使用过程中容易发黑,影响照明效果,现已基本被卤素前照灯取代。

卤素灯是在灯泡里渗入少量的碘,当灯泡点亮时,碘挥发成气体,碘蒸气遇到较冷的钨,就会与其反应,生成低沸点的化合物碘化钨,从而使灯泡外壳沉淀的钨挥发。碘化钨气体遇高温会分解,当碘化钨气体遇到白热化的灯丝(温度超过1450℃)时就分解,将钨留在灯丝上,而碘则继续以气体的形式在灯丝与外壳之间游离,当它再次来到灯泡外壳时,又会与外壳上的钨反应,一方面灯丝不停地将钨挥发到灯泡外壳上,另一方面碘又不停地把钨搬运回灯丝,这样灯丝挥发消耗的速度大大降低,使灯泡寿命得以延长,并且灯泡也不会发黑。与传统的白炽前照灯相比卤素前照灯寿命更长,亮度更大,因而,在汽车上获得广泛采用,其光照效果如图2.40所示。

现在的卤素灯玻璃采用石英制成，又称作石英卤素灯，可以承受很高的温度。

气体放电光源前照灯又称 HID（High Intensity Discharge）氙气灯，是指内部充满包括氙气在内的惰性气体混合体的高压气体放电灯。它利用配套电子镇流器，将汽车电源提供的 12V 直流电通过振荡电路转变为较高频率的交流电，启动瞬间

图 2.40　卤素灯光照效果

通过升压变压器提升到 23kV 以上的触发电压，将氙气前照灯中的氙气电离，形成电弧放电，通过灯泡里边的金属卤化物蒸发使电弧稳定发光，为汽车提供稳定的前照灯照明系统。氙气前照灯与传统前照灯最重要的区别是没有灯丝。

HID 氙气灯发射的光通常为卤素灯的 2 倍以上，同时电能转化为光能的效率也提高了 70% 以上，所以 HID 氙气灯具有比较高的能量密度和光照强度，而且运行电流仅为卤素灯的一半，节能效果明显。HID 氙气灯采用与日光近乎相同的光色，色温性好，有 4300～12000K 等（6000K 接近日光）不同色温，为驾驶人创造出更佳的视觉条件。它含较多的绿色与蓝色成分，因此呈现蓝白色光。这种蓝白色光大幅提高了道路标志和指示牌的亮度。图 2.41 为夜间氙气灯与普通灯效果对比图。

图 2.41　夜间氙气灯效果与普通灯效果对比图

HID 氙气灯使光照范围更广，光照强度更大，大大提高了驾驶的安全性和舒适性。HID 氙气灯的变压器和电子控制单元控制电弧的放电过程，保证了光亮的稳定性及连续性。由于 HID 氙气灯没有灯丝，因此不会产生因灯丝断而报废的问题，使用寿命比卤素灯长得多。更重要的一点是，HID 氙气灯一旦发生故障不会瞬间熄灭，而是通过逐渐变暗的方式熄灭，使驾车人能在黑夜行车中赢得时间，紧急靠边停车。HID 氙气灯还有一个优点，在安装正确的情况下不会产生多余的炫光，不会对迎面来车的驾驶人造成干扰。

虽然 HID 氙气灯优点很多，但在将普通前照灯更换为 HID 氙气灯时，如果改装时采用了不合格的灯具或者安装不规范，亮度过大的灯光会异常刺眼，若驾驶人会车时不按规范使用近光灯，极易造成对方车辆上驾驶人的瞬间视觉"盲区"，给行车安全埋下隐患。

因改装会更改原车的电路,一旦出现产品质量问题,很容易产生短路而引起自燃。此外,在下雨天、雪天及雾霾天气使用 HID 氙气灯也增大了行车的不安全性,强光的反射,会使驾驶人视线不清晰,容易发生交通事故。

LED 前照灯将白色 LED 作为光源,具有质量轻、安装深度小、耗能低、寿命更长、环境污染小等优点,非常适合作为下一代汽车前照灯系统的光源。LED 前照灯响应快,亮灯无需热启动时间,色温超过 5000K,更接近日光,使行车更为安全。自丰田公司在 2007 年 5 月 17 日发布的高级混合动力车雷克萨斯 LS600h 上全球首次配备了 LED 前照灯以来,LED 前照灯的研究与应用迅速发展,我国专门制定了 GB 25991—2010《汽车用 LED 前照灯》国家标准。

常规的汽车前照灯的光束方向大多与汽车纵向平面平行,不能随转向轮的偏转而偏转。这样的结果是,当汽车在夜间转弯时,因光束不能随转向轮一起偏转,而使驾驶人观察前方行驶路面的视野下降,为夜间安全行驶埋下了隐患。近年来,出现了一种自适应前照灯系统(Adaptive Front-lighting System,AFS),它能根据转向角和车速的变化自动调整前照灯光束照射方向,增加了汽车行驶前方的照射区域,从而提高了汽车夜间行驶的安全性,图 2.42 为自适应前照灯和普通前照灯夜间弯道照明效果比较示意图。

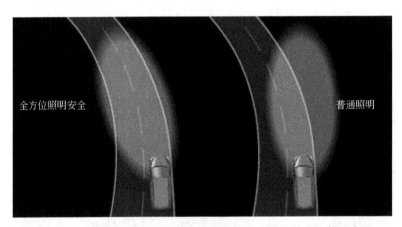

图 2.42 自适应前照灯和普通前照灯夜间弯道照明效果比较示意图

与普通近光前照灯相比,自适应前照灯可以使驾驶人更容易看到其他的道路使用者。由于自适应前照灯具有适应不同汽车行驶环境方面的显著优点,使其得到了迅速的推广和普及。

4. 智能车灯

目前车灯技术的一个重要发展方向是智能车灯。智能灯光系统包括远近光灯自动切换、亮度自动调节、照明范围自动调整等多种功能,该系统由微电脑控制,微电脑从车内的电子传感器获得信息,由传感器来辨别各种照明状况,其中,速度传感器为智能车灯提供各种数据,辅助传感器用于感知周围环境灯光及能见度、道路状况,包括干、湿、雾、直道、弯道等信息,不仅可以向照明系统提供重要数据,还能向 ABS、ASR 等其他电子控制系统提供数据,从而向驾驶人提供有效帮助。智能车灯系统的特点是能够根据车辆周围环境的亮度及车速变化实时对车灯照明的亮度和范围进行调整,使得在夜间高速驾驶时视野更加清晰。智能车灯与导航系统相连,可以对各种驾驶情况进行预见,从而实现多种照明分布，如自动动态光束/高度调节，可以旋转到另一侧的车前灯，以及用于不同照明分布的可调节反射器。

5. 车灯流行趋势

目前，轿车的前照灯总成比较流行低风阻的新型内装式灯具，外型与车身轮廓相配合，做到浑然一体融于车中；同时，灯罩采用新型聚光玻璃，能提供更远更广泛的视野区域，不易造成迎面而来的驾驶人炫目，如丰田雷克萨斯轿车就装配了这种前照灯。轿车的前后灯流行采用整体式组合，前灯是将前照灯、转弯指示灯、雾灯等组合在一起；后灯是将尾灯、制动灯、倒车灯、后转向灯、雾灯等组合在一起。前灯造型流行不等边四边形、菱形、眉形和花生形等形状，后灯形状也花式多样。

2.3.3 汽车操纵机构

汽车操纵机构是指车内供驾驶人用来操纵汽车的各种装置，可分为一级操纵装置和二级操纵装置。前者主要指有关汽车运动性能的，如转向盘、制动踏板、离合器踏板、加速踏板、换挡手柄等，后者则指车内其他操纵装置，如点火开关、刮水器开关、照明开关等，驾驶人通过这些装置控制汽车使其安全运行。

操纵机构是人与汽车相互作用的工作界面，这些装置的操作是由人来实现的，因此，布置时应充分考虑人的生理特点，符合人的操纵习惯，使驾驶人便于操作，反应迅速，不易疲劳，以提高汽车行驶安全性。

1. 汽车的实际 H 点

H 点是指二维或三维人体模型中人体躯干与大腿的连接点即胯点（Hip Point），如图 2.43 所示。由于 H 点是操作方便性、乘坐舒适性和眼椭圆在车身中定位尺寸的基准点，同时该点还影响驾驶人的手伸及界面，因此，国内外车身设计时都广泛使用 H 点。

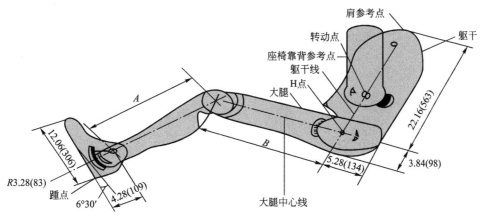

图 2.43 人体胯点位置图

在确定驾驶室内操纵机构在车身中的位置时常以 H 点作为定位基准点。根据应用场合的不同，H 点的表达也有所不同。当人体三维 H 点装置按规定步骤安放在汽车座椅中时，人体模型上左右 H 点标记连接线的中点称为实际 H 点（Actual H-Point）。它表示汽车驾驶人或乘员入座后胯关节在车身中的位置，对汽车车身总布置设计具有基础性作用：

汽车实际 H 点是与操作方便性及坐姿舒适性相关的车内尺寸的基准点；在确定眼椭圆时，汽车实际 H 点是确定眼椭圆在车身中位置的基准点，车身侧视图上眼椭圆的定位要以 H 点作为基准进行确定。

2. 人的手脚运动和必需的空间

在驾驶室进行汽车操纵机构布置时，应充分考虑如何方便人手和脚的动作要求，有关尺寸要按照运动器官的生理特点和活动范围来确定，图 2.44 是手的平均尺寸和手腕的活动范围。

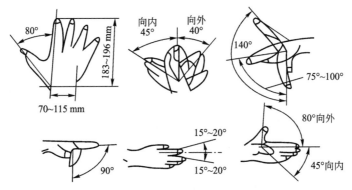

图 2.44 手的尺寸和手腕的活动范围

在汽车操纵中，除手的操作外还需用脚进行操作。用脚操作时，脚的运动主要是膝关节的运动和脚掌的运动。围绕膝关节的额状轴，可作小腿的屈伸运动，在小腿屈伸后，可绕垂直轴作微小的旋转运动。图 2.45 所示为膝关节运动的最大角度，图 2.46 所示为脚掌的活动情况。

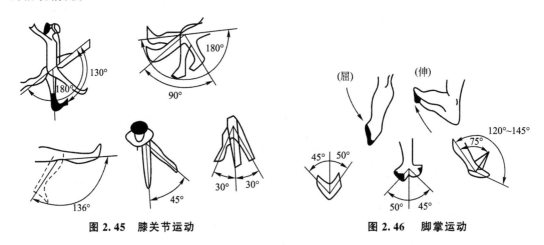

图 2.45 膝关节运动　　　　　　图 2.46 脚掌运动

3. 驾驶人为驾驶姿态时手的伸及界面

为了保证驾驶人注意力集中、操作方便、快捷、准确，仪表板及其周围的操纵杆、控制按钮、手柄及开关的位置、空间分布，以及仪表和指示、警告灯的辨认识别等都应符合人机工程学的基本要求，必须布置在驾驶人的手伸及界面以内，这样驾驶人才能在不必大幅度改变正常驾驶姿态的情况下方便地操纵这些钮件。这是保证驾乘舒适和行驶安全不可缺少的条件。

驾驶人的手伸及界面是指驾驶人以正常驾驶姿势坐在汽车座椅上，身系安全带，右脚置于加速踏板上，一只手握住转向盘时另一只手所能伸及的最大空间界面。此界面所提供的空间范围，为驾驶人的操纵范围。手伸及界面一方面与驾驶人自身的伸及能力有关，另一方面也与驾驶室的内部设计尺寸有关。驾驶人自身的伸及能力的影响可通过选择不同百分位身材驾驶人比例的办法加以考虑，但驾驶室内部设计尺寸对手伸及界面的影响需要利用多元统计分析来进行处理。研究证明，对手伸及界面有显著影响的驾驶室内部尺寸大体包括：汽车实际 H 点相对于驾驶人足部踵点坐标 H_x、H_z；转向盘中心相对于驾驶人足部踵点坐标 W_x、W_z；转向盘直径 D 和倾角 α；靠背倾角 β 及椅面与靠背的夹角 γ 等，有关参数如图 2.47 所示。

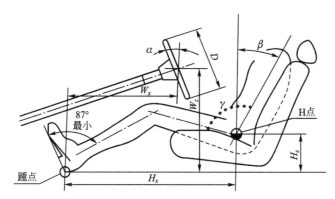

图 2.47　与手伸及界面有关的驾驶室尺寸

4. 典型操纵机构布置

1) 转向盘的倾角与直径

汽车驾驶人在对转向盘的操纵中，主要通过单手或双手抓握转向盘并对其施加一定的力，形成操控扭矩，从而达到对转向盘的控制。因此，在转向盘的布置中，应保证驾驶人能够发出较大的操纵力。实际中，不同的转向盘倾斜角度（与水平面的夹角）对驾驶人施加到转向盘上的力有明显影响，其变化特点是转向盘的倾角越小，驾驶人可以施加的力越大。转向盘施加力随倾角的变化曲线如图 2.48 所示。

由图 2.48 可知，当转向盘水平安装时，驾驶人的施加力达到最大，但考虑到驾驶人在这种角度操作时，手部腕关节处于非自然状态，极易产生疲劳，因此，转向盘一般不适宜安装成 0°。从人手腕关节的自然姿势角度考虑，当转向盘垂直安装时，人的操纵最自然，但此时人能够对转向盘的施加力很小，在要求比较大的扭矩时，操纵起来比较困难，因此也不适宜。所以转向盘的倾角通常应选在便于活动的 15°～70°，直径为 330～600mm。

对于轿车、小型货车因驾驶人座椅较低，转向盘的操纵力也较小，转向盘的倾角可为 45°～70°，转向盘直径为 350～400mm。

2) 变速杆

变速杆是驾驶人通过前后推拉、左右推拉动作以改变汽车速度的一种控制杆，它需要较大的力来进行操纵。当驾驶人在进行前后推拉或者左右推拉的时候，其施力大小会有所不同。当手作前后运动时，拉力要比推力大，往后要比往前大。在变速杆的布置中，应尽可能地将变速杆设置在人能够施力较大的位置,在驾驶人坐姿状态下,手把的位置应与肘部同高,如图2.49所示。

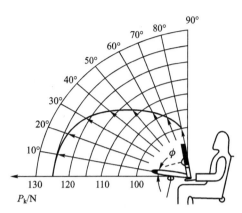

图2.48 转向盘施加力随倾角的变化曲线

图2.49 控制杆的把手位置

变速杆的手握部分的形状应符合手的生理特点,以使驾驶人手握舒适、施力方便、不产生滑动。从手掌的解剖特征来看,指球肌,大、小鱼际肌是手掌上肌肉最丰富的部位,是手部的天然减振器,而掌心是肌肉最少的部位,指骨间肌和手指部分则是布满神经末梢的部位。因此,变速杆的手柄形状应使手柄被握住的部位与掌心和指骨间肌之间留有间隙,以改善掌心和指骨间肌集中受力状态,保证手掌血液循环良好,神经不受过强压迫。

变速杆的操纵角度和位移量应在一个适宜的范围内,如果太大,不仅会占用较大的操作空间,而且使驾驶人容易产生疲劳。就变速杆的行程和操纵角度而言,对于短操纵杆(150~250mm),行程为150~200mm、左右转角不大于45°、前后转角不大于30°较合适;对于长操纵杆(500~700mm),行程为300~350mm、转角为10°~15°较合适。

3) 脚踏板

驾驶人作用在踏板上的力与坐垫和靠背的倾角及座椅高度有关。座椅越高及坐垫与靠背的倾角越小,作用力越大。当坐垫倾角很小时,驾驶人几乎是将腿伸直来踩踏板;当靠背倾角较小时(即靠背与坐垫之间的夹角接近于90°时)驾驶人的背部能获得可靠的支撑;当座椅很高时,驾驶人的腿和踏板支架几乎可形成一条线,因此,在离合器或制动器操纵机构沉重的汽车上,就应升高座椅,而座椅和靠背倾角则应选取较小值。

图2.50所示为踏板位置相对于座椅的高度及座椅对称面的横向位置对踏板力的影响关系图。由图2.50可以看出,使驾驶人可以施加最大作用力的踏板位置同时也是最舒适的位置。

(1) 制动踏板。汽车的制动踏板一般是脚悬空的,这种踏板腿与脚的舒适角度为90°,踏板的位置有图2.51所示的3种情况。

图2.51(a)所示为座位较高,小腿与地面近乎垂直的情况,脚的下压力不能超过90N。

图2.51(b)所示为座位较低,小腿倾斜的情况,这时蹬力不能超过180N。

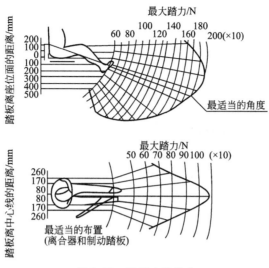

图 2.50　踏板力的分布

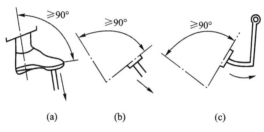

图 2.51　脚悬空踏板

图 2.51(c)所示为座位低，小腿较平的情况，这时一般蹬力能达到 600N，男性最大蹬力可达到 800N，为了便于用力，需要设置一个牢固有力的座椅支撑。

制动器与离合器两者的踏板中心线之间的距离应不小于 200mm，如果没有离合器，应将制动器踏板设置在驾驶人中心线上。加速踏板与制动踏板之间的距离通常为 64~127mm。

目前，在部分自动挡结构的乘用车上，采用了脚操纵的驻车制动，即脚控式驻车制动，如图 2.52 所示。脚控式驻车制动很好地解决了女性驾驶人使用传统式驻车制动（"手刹"）时，常常会因为力量较小而使驻车制动力不足，发生溜车的问题。脚控式驻车制动操纵很方便，左脚一脚将驻车制动踏板踩到底即可起效；左脚再用力一踩，然后松开即可释放驻车制动。传统式驻车制动仍是目前使用最为广泛的结构。

(2) 加速踏板。对加速踏板的要求是操纵轻便，由于在行驶过程中需要经常踩它，驾驶人通常总是习惯于将脚掌搁在上面，因此脚后跟应支撑在地板上，而只靠改变小腿和脚掌的角度来进行操作。为此，加速踏板均做成鞋底形状，其摆动轴在下端。为适应人的脚掌外张的特点，加速踏板上端也应适当向外张开。在相当于发动机怠速的加速踏板位置，人体脚掌踩在踏板上，应使之大致垂直于小腿。脚与小腿一般成 90°，踏板转动的角度应不大于 20°，一般控制在 15°左右。两脚与人的中线叉开 10°~15°为宜，如图 2.53 所示。

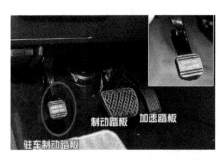
图 2.52 驻车制动踏板位置及其结构简图

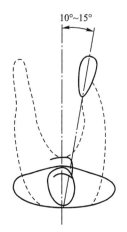
图 2.53 加速踏板与腿舒适的叉开角度

2.1 汽车制动过程为什么要两对摩擦副才能完成？汽车驱动过程也需要两对摩擦副吗？为什么？

2.2 结合图 2.10 分析汽车制动过程及影响制动距离的相关因素。

2.3 分析汽车制动跑偏、制动侧滑的原因。为什么后轴侧滑比前轴侧滑更危险？

2.4 轮胎侧偏刚度与汽车操纵稳定性有何关系？试从结构和使用两方面方向分析影响轮胎侧偏刚度的主要因素。

2.5 简述汽车操纵稳定性的评价项目及其主要内容。

2.6 汽车驾驶视野、汽车灯光变化如何影响行车安全？实际中如何改善和提高汽车驾驶环境的安全性？

2.7 为什么说汽车实际 H 点对汽车车身总布置设计具有基础性作用？汽车操纵机构及其布置对提高行驶安全性有什么作用？

第3章
汽车主动安全技术(装置)

 本章教学要点

知识要点	掌握程度	相关知识
概述	了解汽车主动安全技术的作用、特点及主要装置	汽车安全技术的发展历程，主动安全技术与被动安全技术的区别
基于改善驾驶操作性能的主动安全技术(装置)	掌握 ABS、ASR、EBD、ESP、EPS、ACC 等装置的组成、基本结构、工作原理及主要特点	ABS、ASR、EBD、ESP 等装置之间的内在联系；EPS 较机械转向系统、动力转向系统的优势；ACC 的优势
基于事故避免的主动安全技术(装置)	掌握 TPMS、PCSS、行人防碰撞系统、BAS 的组成、基本结构、工作原理及主要特点	TPMS、PCSS、行人防碰撞系统、BAS 等装置的应用及发展
汽车安全辅助驾驶技术	掌握 LDWS 的工作原理、分类、组成及特点	LDWS 的应用及发展；行车车距预警系统与预碰撞安全系统的内在关系

导入案例

ABS 失灵酿惨祸

事故经过：2005年2月7日下午，一辆雪铁龙VTS小轿车以120km/h的速度由柳州往南宁方向行驶，行至国道322线柳南高速公路550km+400m处时，驾驶人发现在超车道行驶的小轿车向左侧中心隔离栏靠近，便向右转动转向盘纠正方向，此时车辆发生了摆头，便立即采取紧急制动措施，同时向左转动转向盘，但此时车辆已无法控制方向继续失控滑行，一直由超车道滑向正常行驶道，再向右滑至紧急停车道，并与右侧台阶护栏发生碰撞，车辆随即发生顺时针方向转动，车体左侧猛烈与隔离栏碰击后，反弹到行驶道，车体左侧后轮轴承断裂，车体严重受损（图3.1），驾驶人由于系上的安全带发挥作用，在碰击时左侧肩胛骨被安全带拉裂骨折，左侧盆骨、头部、大腿受撞击和挤压伤，右腿膝盖关节因踩制动踏板受伤，若没有安全带保护肯定发生人员重大伤亡事故。

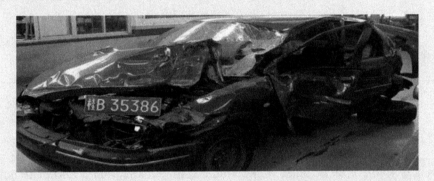

图3.1 因ABS失灵而发生事故的车辆

事故分析及责任认定：此次事故中，驾驶人采取紧急制动措施同时向左纠正方向，在具备ABS+EBD的车辆上，这样的操作是完全正确的，但车辆并未在减速过程中向左调整方向，车辆抱死同时连续失控滑行，事故现场留下一条明显的连续制动印迹，长度达23.3m，另一条制动印迹较浅，对高速行驶的车辆踩下制动踏板，具有ABS的车辆是高频的点刹过程，在道路上留下的应是如同虚线一样的制动痕迹，而在此次事故中，驾驶人采取紧急制动措施后，制动过程中方向完全失控，现场留下的车辆制动痕迹也说明ABS没有工作，车辆ABS失灵是造成此次事故的重要原因。

据了解，该车购买日期是2003年3月29日，车辆自购买之日起，在接近两年的使用过程中，ABS从未工作过。

3.1 概　　述

汽车安全问题一直受到汽车制造企业、汽车消费者及各国政府的普遍重视和关注。在汽车100多年的发展进程中，有关汽车安全性能的研究和新技术的应用已使汽车的内涵发生了深刻的变化。就汽车的结构而言，已从最初四个轮子加一个沙发的简单形式，发展到当今的以"安全车身"为基础结构和与外表流线型有机融合的现代结构形式;就汽车行驶速度而言,已从最初的最高每小时十几公里提高到目前最高每小时近二百公里或更高;就汽车安全性而言,已从最初的基于被动安全的保险杠减振系统、乘客安全带系统、安全气囊系统扩展到基于主动安全的车轮防抱死制动系统、驱动防滑系统、电子稳定程序、碰撞预警安全系统,再到无盲点、无视差安全后视镜、充气式儿童安全座椅的研究,以及基于提高被动安全性能的汽车碰撞试验技术等,汽车的安全性能正日趋完善。

汽车安全技术的功能不应仅仅是在事故发生时尽量减少乘员受伤的概率,更为重要的是使驾驶人避免事故发生及在轻松和舒适的驾驶条件下安全驾驶。过去,汽车安全设计主要关注被动安全系统,如设置安全带、安全气囊、保险杠等。20世纪60年代以来,随着电子、信息及计算机技术在汽车上的应用,以及材料和制造技术的进步,汽车安全技术取得了一系列重大突破,特别是集成电路和微处理器在汽车上应用的日趋可靠和成熟使得汽车安全技术尤其是主动安全技术得到了快速发展。现在,汽车设计师们有条件更多地考虑主动安全设计,以使汽车能够主动采取措施,避免事故发生,如在汽车上安装规避系统,包括装在不同部位的防撞雷达、多普勒雷达、红外雷达等传感器及盲点探测器等设施,由计算机进行控制。在超车、倒车、换道、大雾、雨天等易发生危险的情况下随时以声音、闪光形式向驾驶人提供周围环境信息,并可自动采取措施,以有效防止事故发生。另外在计算机的存储器内还可存储大量有关驾驶人和车辆的各种信息,对驾驶人和车辆状况进行监控。如日本丰田公司根据日本政府"提高汽车智能和安全性的高级汽车计划",研制成功的丰田高级安全汽车就具有驾驶人瞌睡预警系统、轮胎压力监测警告系统、发动机火警预报系统、前照灯自动调整系统、盲区监控系统、汽车间信息传输系统、道路交通信息引导系统、自动制动系统、紧急呼叫(SOS)停车系统、灭火系统及各向安全气囊系统等,其中有些单项设备已经投放市场。

汽车的安全性现在已不仅是纯技术问题,在某种程度上也是一个重要的社会问题。汽车的主动安全性因其定位于防患于未然,有着广阔的发展前景,越来越受到汽车生产企业、政府管理部门和消费者的重视。应用电子技术使车辆实现高度智能化是汽车主动安全技术能在世界范围内发生质的跃变的主要因素。美国20世纪70年代提出的实验安全车(Experiment Safety Vehicle,ESV)、日本20世纪90年代提出的先进安全车(Advanced Safety Vehicle,ASV)虽然是两个不同阶段提高汽车安全性的代表作,其共同点是它们都代表了汽车安全未来发展的方向。就汽车主动安全技术而言,涉及的内容主要如下。

(1) 以优良的制动性、操纵稳定性为前提要求的汽车操控性能的改进与提高。包括汽车的制动系统、转向系统、行驶系统、加速控制系统(超速时间及距离)、车身结构、灯光信号等系统或部件的结构和性能的优化与改进,安全性能的完备与提高;行驶稳定性、行驶安全性、结构安全性的改进与提高等。

(2) 以良好的视野性能、被视认性、防炫目性为前提的汽车视认特性的改进与提高。包括对前方视野、后方视野、侧方视野和寒冷、雨天及夜晚行车条件等特殊环境下视野的要求,对后视镜的性能及安装要求,风窗玻璃除霜、除雾,刮水器、洗涤器等;对各种照明及信号装置的标识、性能要求;对前照灯、雾灯、制动灯、倒车灯、转向灯、示廓灯的安装位置及要求等,对车辆示宽、紧急闪烁、报警、反射等信号装置的安装要求;防止外部光源直接照射于驾驶人的面部产生炫目的特性,如在驾驶室驾驶人前上方安装的遮阳板等。

（3）以满足汽车技术规范和人机工程学要求的汽车总体尺寸与布置优化和驾驶人工作环境及条件设计。包括汽车总体尺寸与布置优化、"人-机-环境"的协调性、驾驶室人机界面的友好性、驾驶人驾驶室操作元件的人机特性、座椅舒适性、噪声、温度和通风、操纵轻便性等；汽车驾驶室内各种操纵件、指示器及信号装置使用统一的图形标志、以避免驾驶人错误识别和操作而引发交通事故等。

目前，以汽车电子控制技术为基础的汽车安全技术正向以下方向发展：利用雷达技术和车载摄像技术开发各种自动避撞系统；利用近红外技术开发各种能够监测驾驶人行为的安全系统；高性能的轮胎综合监测系统；自适应自动巡航控制系统；驾驶人身份识别系统；安全气囊和 ABS/ASR。随着更加先进的智能型传感器、快速响应的执行器、高性能电控单元、先进的控制策略、计算机网络技术、雷达技术、第三代移动通信技术在汽车上的广泛应用，现代汽车正朝着更加智能化、自动化和信息化的机电一体化方向发展。

3.2 基于改善驾驶操作性能的主动安全技术（装置）

基于改善驾驶操作性的主动安全技术（装置）包括：车轮防抱死制动系统、驱动防滑系统、电子制动力分配、电子稳定程序、电控动力转向系统、自适应巡航控制系统等。

3.2.1 车轮防抱死制动系统

1. 车轮防抱死制动系统的优势

车轮防抱死制动系统（Anti-lock Braking System，ABS）是通过将制动器制动力调节到适应路面所能提供给轮胎的附着力状况，防止车轮在紧急制动期间抱死，以达到减少交通事故发生的目的。图 3.2 所示为安装 ABS 和未装 ABS 车辆紧急制动时的效果对比图。

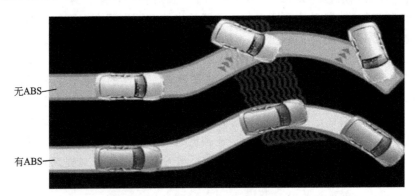

图 3.2 装有 ABS 和未装 ABS 车辆紧急制动时的效果对比

当汽车遇到紧急情况时，驾驶人一般会用力踩下制动踏板进行紧急制动，对于未装 ABS 的汽车而言，这样的操作很容易使车轮抱死，产生滑移。特别是在潮湿路面、积雪或结冰路面上实施紧急制动时，汽车容易产生侧滑，严重时会掉头、甩尾，甚至产生剧烈旋转现象，导致汽车失去运动控制能力，极易造成严重的交通事故。装有 ABS 的汽车，通过控制制动管路制动压力保持车轮处于有微弱滑移的滚动状态而不会产生抱死拖滑，从而大大提高汽车制动时的方向稳定性及在低附着系数路面条件下的制动性能,可有效克服汽车紧急制动时的跑偏、侧滑、甩尾等不安全状况,可明显改善汽车制动时的安全性。

当车轮制动抱死时,车轮相对于路面的运动不再是滚动而是滑动,特别是由于侧向附着系数趋于零,使得汽车抵抗侧向滑移的能力很弱,车轮很容易发生侧滑,并且路面附着系数越低,这种趋势越强烈。ABS为什么在汽车紧急制动时能够防止车轮抱死呢?简明地讲,就是当驾驶人对汽车实施紧急制动时,一旦某个车轮出现抱死状况,ABS的电子控制单元立即指令压力调节器对该轮的制动分泵减压,使车轮恢复转动,从而有效地防止车轮抱死。概括起来讲,ABS的优势主要如下。

(1) 提高汽车制动时的方向控制性和稳定性,防止车辆侧滑和甩尾。汽车制动时,由于4个车轮上的制动力大小常常不完全相同,紧急情况下很容易发生后轴(或前轴)车轮先于它轴车轮抱死的情况,无论是后轴(或前轴)车轮先于它轴车轮抱死,均对行车安全不利;因为ABS可大大降低车轮制动时被完全抱死现象的发生,明显提高了汽车行驶的稳定性。研究数据表明,装有ABS的车辆,可使因车轮侧滑引起的事故比例下降8%~10%。

(2) 提高制动效率,缩短制动距离。对于高附着系数路面,在紧急制动情况下ABS可以将车轮滑转率始终保持在20%左右,由于此时轮胎与地面的摩擦力最大,可有效缩短制动距离;而对于松软的沙石、雪地等低附着系数路面,由于路面能够提供的附着力小,可利用的地面制动力也变小,使制动效率相应降低,其制动距离较一般高附着系数路面明显增加,但和车轮抱死时相比还是会缩短一些。

(3) 减少轮胎磨损,降低爆胎发生率。实际中,车轮抱死拖滑会加剧轮胎磨损,同时也易使轮胎胎面磨耗不均匀,因ABS可有效防止车轮制动时被完全抱死,则能有效防止轮胎在制动过程中产生剧烈的拖痕,即可明显改善轮胎的磨损状况(实际中装备了ABS的车辆在紧急制动时轮胎与路面间仅会留下轻微的制动痕迹),也使爆胎发生率明显降低。

(4) 减轻驾驶人疲劳强度。未安装ABS的汽车在行驶中遇到紧急情况时,驾驶人在实施紧急制动的同时其自身的情绪必然也随之紧张起来,长时间如此很容易疲劳;安装ABS的汽车由于可防止车轮在紧急制动期间抱死,这在明显减轻驾驶人工作强度的同时,也使驾驶人的疲劳强度得以有效减轻和缓解。

(5) ABS使用方便,工作可靠。ABS的使用与普通制动系统的使用几乎没有区别,紧急制动时只要把脚用力踏在制动踏板上,ABS就会根据情况进入工作状态,即使雨雪路滑,ABS也会使制动状态保持在最佳点。ABS利用电子控制单元将制动器制动力调节到适应路面的状况,以充分发挥制动器的效能,提高制动减速度和缩短制动距离,并能有效地提高车辆制动的稳定性,防止车辆侧滑和甩尾,减少交通事故的发生,ABS被认为是当前提高汽车主动安全性的有效措施之一,在国内外轿车和客车上获得了广泛使用,已成为基本配置。

ABS的优点是显而易见的,对于装备有ABS的车辆而言,当ABS失效时会发生什么险情呢?本章的导入案例值得思考。

2. ABS的组成与工作原理

现代汽车无论是液压制动系统结构还是气压制动系统结构,其ABS的结构均主要由轮速传感器、ABS-ECU(电子控制单元)、制动压力调节器3部分组成,如图3.3所示,而ABS的各部分在汽车上的具体安装位置如图3.4所示。

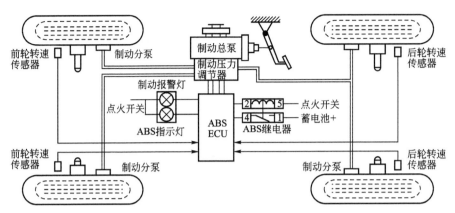

图 3.3 汽车 ABS 的组成简图

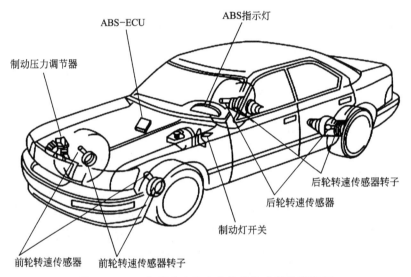

图 3.4 ABS 各部分在汽车上的具体安装位置图示

对于装备 ABS 的汽车而言,前后轴的每个车轮上各安装一个轮速传感器,将车轮的转速信号输入 ABS-ECU,ECU 根据各车轮的转速信号对各车轮的运动状态进行实时监测和判定,并形成相应的控制指令,通过执行机构对车轮的运动速度进行控制和调节,以防止车轮在紧急制动期间抱死。

ABS 的工作原理:通过安装在各车轮或传动轴上的转速传感器不断地实时检测各车轮的转速即实时感知制动轮每一瞬时的滚动状态,并由 ABS-ECU 实时计算出车轮滑转率(通过车轮滑转率的大小可判断制动状态下车轮抱死的程度),在与最佳制动效果的滑转率($s=15\%\sim20\%$)相比较后做出增大或减小制动器制动压力的决定并命令执行机构(压力调节器)及时调整制动轮缸的制动压力,以保持车轮处于最佳的制动状态。

就 ABS 与汽车常规制动系统的关系而言,带有 ABS 的汽车制动系统是对汽车常规制动系统制动功能的进一步完善与提高。带有 ABS 的汽车制动系统是由基本制动系统和制动力调节系统两部分组成的。基本制动系统主要由制动主缸、制动轮缸和制动管路等构成,用于实现汽车的常规制动控制;而制动力调节系统主要由轮速传感器、ABS-ECU、制动压力调节器等组成，用于制动过程中实时调节制动管路的制动力，使车轮滑转率始终处于合理范围内。图3.5所示为ABS装置结构图。

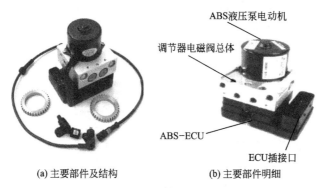

图 3.5　ABS装置结构图

3. 轮速传感器

轮速传感器是ABS控制系统感知信息的关键元件。其作用是采集车轮转速信号，并将此信号转换为电信号输入ABS-ECU。

轮速传感器整体包括传感器头和齿圈两部分。传感器头通常用支架固定在制动底板上或转向节支架上，相对于车轮和驱动轴静止不动；齿圈（或齿形转子）安装于车轮或驱动轴差速器输入端，通常热压在轮毂的油封端，并跟随车轮或驱动轴一起转动。传感器头以间歇方式对准齿圈，当齿圈转动时，传感器能产生正比于其转速的交流感应信号。

轮速传感器根据检测车速信号方式的不同可分为电磁式被动轮速传感器和霍尔效应主动轮速传感器。

（1）电磁式被动轮速传感器。电磁式被动轮速传感器由电缆、永磁体、外壳、感应线圈、极轴、齿圈6部分组成。按极轴外形结构的不同可分为凿式极轴和柱式极轴两种，如图3.6所示。

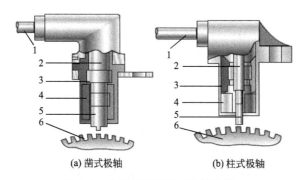

图 3.6　电磁式轮速传感器结构图
1—电缆；2—永磁体；3—外壳；4—感应线圈；5—极轴；6—齿圈

电磁式轮速传感器的信号产生原理与普通交流发电机原理相同，当随车轮一同转动的齿圈在永久磁铁产生的磁场中旋转时，齿圈齿顶和电极之间的间隙以一定的速度变化，与之相对的是齿顶和电极组成的磁路中的磁阻发生变化，引起磁通量的周期性变化或增减

(当齿圈的凸出部分接近传感器导磁体时磁通量增大；而当齿圈的凸出部分离开导磁体时磁通量减小)，其结果是在感应线圈两端产生正比于磁通量增减速度的感应电压，并将该交流电压信号输送给 ECU，电压的变化频率能精确地反映车轮转速的变化。

电磁式轮速传感器在汽车前、后轮的安装位置与形式如图 3.7 所示。实际中，一般前轮传感器头被固定在车轮转向架上，齿圈安装在轮毂上与车轮同步转动；后轮上的传感器头被固定在后车轴支架上，齿圈安装在驱动轴上与车轮同步转动。

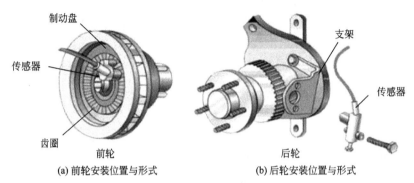

图 3.7　电磁式轮速传感器在汽车前、后轮的安装位置与形式

（2）霍尔效应主动轮速传感器。霍尔效应主动轮速传感器的理论基础是霍尔效应。霍尔效应是指在一个通电的金属或半导体薄片上，在垂直于金属或半导体薄片平面的方向上施加磁感应强度为 B 的磁场时，则在垂直于电流和磁场方向的金属或半导体两端产生一个很小的电压，该电压称为霍尔电压。这种现象的产生是因为通电金属或半导体薄片中的载流子在磁场产生的洛仑兹力的作用下，分别向金属或半导体薄片横向两侧偏转和积聚而形成一个电场，继而建立起一个稳定的电压(霍尔电压)所致。

霍尔效应主动轮速传感器由传感头(包括永磁体、霍尔元件、电子电路等)和齿圈组成，如图 3.8 所示。其工作原理是永磁体的磁力线穿过霍尔元件到达齿圈，齿圈相当于一个集磁器。当齿圈位于图 3.8(a)所示位置时，穿过霍尔元件的磁力线分散，磁场相对较弱；而当齿圈位于图 3.8(b)所示位置时，穿过霍尔元件的磁力线集中，磁场相对较强。齿圈转动时，齿圈上的凸齿与霍尔元件之间的间隙交替改变，使得穿过霍尔元件的磁力线密度发生变化，即相当于有一个变化的磁场作用于霍尔元件上，引起霍尔电压变化，霍尔元件将输出一个毫伏(mV)级的准正弦波电压，此信号再由电子电路转换成标准的脉冲电压。根据所产生的脉冲数目即可检测车轮转速。

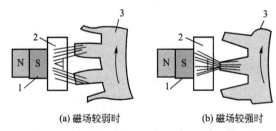

图 3.8　霍尔效应主动轮速传感器工作原理示意图
1—永磁体；2—霍尔元件；3—齿圈

4. ABS-ECU

图 3.9 所示的 ABS-ECU 是 ABS 的核心元件。其主要功用是接收各轮速传感器的输出信号,经过滤波、放大、整形后精确计算出汽车的参考车速、各个车轮的轮速、角加(减)速度及滑转率,根据设定的控制逻辑,经过相应的逻辑比较分析,判断汽车的运动状态,并以此为依据向电磁阀输出控制指令,控制压力调节器的动作,以实现对制动管路压力的调控。

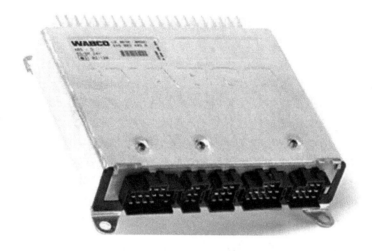

图 3.9　ABS-ECU 结构外形图

ABS-ECU 除上述功能外还有监测等功能,当系统出现异常时由警示灯或蜂鸣器向驾驶人报警,使整个系统停止工作,恢复到常规制动方式。电子控制器设置有保护电路,接通电源后自动对整个系统进行检测,当系统发生故障时,自动进入故障保护状态,全部或部分关闭失灵系统,以使受到影响的车轮仍能够按照未装置 ABS 时那样工作,与此同时给出故障原因的报警信号,即 ABS-ECU 还具有初始检测、故障排除、速度传感器检测和系统失效保护等功能。ABS-ECU 在系统中的基本作用如图 3.10 所示。

5. 压力调节器

1) 压力调节器的组成、功能及分类

压力调节器也称制动压力调节装置,是 ABS 的执行器件,主要由电磁阀、储液器、回液泵和电动机等部件组成。压力调节器的功能是接收 ABS-ECU 的控制指令,自动调节制动分泵的制动压力,即对各制动轮缸的制动压力进行实时调节。

压力调节器根据车型、结构和制造成本的不同有多种结构形式,几种主要分类方法如下。

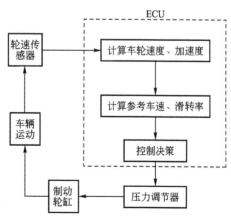

图 3.10　ABS-ECU 在系统中的作用

按动力能源不同可分为液压式和气压式及机械式等多种形式。目前,液压式主要用于小轿车和轻型载货汽车;气压式主要用于大客车和中型以上载货汽车。

按压力调节器与制动主缸之间的关系可分为整体式和分离式两种布置形式。整体式布置形式是压力调节器与制动总泵(和制动助力器)构成一个整体,具有结构紧凑、管路接头少、安全可靠性高、成本较高的特点,用于将 ABS 作为标配的轿车使用;分离式布置形式是压力调节器、制动总泵(和制动助力器)自成一体,相互间用管路连接,具有布置灵活、成本低、管路复杂的特点,适合于将 ABS 作为选配部件的轿车使用。

根据调压方式的不同分为流通式和变容式两种。流通式也称为循环流通式,其特点是通过电磁阀直接控制轮缸的制动压力;变容式也称为容积变化式,其特点是电磁阀间接改变轮缸的制动压力。目前,最常用的压力调节器结构形式是液压式。

2)液压式压力调节器

液压式压力调节器主要由供能装置(电动机、液压泵、储液器)、电磁阀和调压缸等组成。通常,压力调节器串接于制动总泵与车轮制动分泵之间,通过制动管路与制动主缸和各制动轮缸相连,采用电磁阀和液压泵产生的压力控制制动压力。

液压式压力调节器根据液压油流通路径的不同,可进一步分为循环式调压器、可变容积式调压器、回流泵式调压器 3 类。循环式调压器的调压方式是减压时让分泵中的压力油流回至控制回路以外的低压储油器,再用液压泵将储油器内的低压油加压后输送回制动主缸;可变容积式调压器的调压方式是通过改变电磁阀柱塞的位置控制活塞的移动,改变轮缸侧管路容积,利用这种变化间接地控制制动压力的增减;回流泵式调压器的调压方式是减压、保压和加压时采用回流泵将制动液输送至制动总泵。

3)循环式调压器

电磁阀是制动压力调节器的主要部件,根据调控的需要,通过电磁阀的不同动作便可控制制动管路压力的升高、保持、降低。与循环式调节器相配的电磁阀一般采用三位三通电磁阀(常写成 3/3 电磁阀),三位三通电磁阀分别处于升压、保压、降压 3 种典型位置的工作简图如图 3.11 所示。

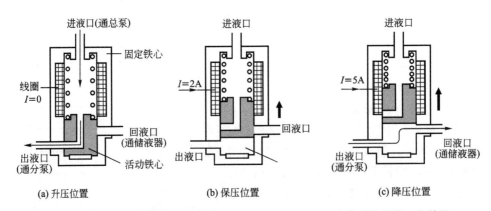

图 3.11 三位三通电磁阀分别处于升压、保压、降压 3 种典型位置的工作简图

其中,三位的含义是电磁阀在受控条件下分别处于升压、保压、降压的 3 个不同位置;三通的含义是指电磁阀上的 3 个阀口(进液口、出液口、回液口)分别与制动总泵(即

制动主缸)、制动分泵(即制动轮缸)、储液器上对应的接口连通。

三位三通电磁阀主要由阀体、电磁线圈、固定铁心、可动(活动)铁心等组成。三位三通电磁阀的工作状态由 ABS-ECU 通过控制电磁线圈中流过电流的大小进行控制。通过控制流过电磁线圈电流的大小改变电磁线圈的磁场力,控制两铁心之间的吸引力,因该吸引力的作用方向与弹簧力方向相反,从而控制柱塞的位置,达到改变 3 个阀口之间通路的目的,如图 3.11(a)~图 3.11(c)所示的 3 个不同位置。

4) ABS 循环式调压器的工作过程

ABS 循环式调压器的工作过程可以分为常规制动和压力调节制动,后者又进一步分为制动压力保持、制动压力减小和制动压力增大等不同阶段。在制动过程中,当电子控制器根据车轮转速传感器输入的车轮转速信号判定有车轮趋于抱死时,ABS 就进入防抱死制动压力调节过程。

(1) 常规制动控制过程。根据 ABS-ECU 的指令,电磁线圈不通电,因电磁线圈没有电流通过,两铁心之间不产生吸引力,电磁阀中的柱塞即活动铁心位于下部,为图 3.12 中(a)所示位置,制动主缸和各制动轮缸的管路相连通,电动机和液压泵均不工作,即调压电磁阀总成中的各进液口因电磁阀均不通电而处于开启状态,各出液口因电磁阀均不通电而处于关闭状态,液压泵也不通电运转。其特点是:ABS 不介入制动压力控制,故此条件下制动主缸和各制动轮缸的管路相连通,来自制动主缸的制动液经电磁阀直接流向各制动轮缸,各制动轮缸的压力随制动主缸的输出压力而变化,即制动主缸的压力决定着各制动轮缸的压力。此时的制动过程与常规制动系统的制动过程完全相同。

(2) 保压过程(制动压力保持过程)。随着制动压力的增加,车轮制动强度逐渐增大,如果轮速传感器检测到某车轮的制动轮缸需要"保持"制动压力时,根据 ABS-ECU 的指令,给电磁线圈通入较小电流,电磁阀的柱塞即活动铁心移至图 3.12(b)所示的位置,所有的通道(即制动通道和回流通道)都被关闭,使制动轮缸内的压力保持一定,即制动轮缸内的压力保持不变。

(3) 减压过程(制动压力减小过程)。随着制动压力的进一步增加,如果轮速传感器检测到某车轮趋于抱死时就对该制动轮缸实施减压,此时 ABS-ECU 发出指令,给电磁线圈通入较大电流,电磁阀的柱塞在电磁力的作用下移至图 3.12(c)所示的位置,此时制动主缸和制动轮缸的管路(即制动通道)被切断,而制动轮缸和储液器的管路(即回流通道)接通,制动轮缸的制动液流入储液器,使制动轮缸的压力降低;与此同时,液压泵起动,将流回储液器的制动液加压后输送到蓄能器或制动主缸,为下一个制动周期做好准备。

(4) 加压过程(制动压力增大过程)。随着制动压力降低,车轮逐渐恢复滚动状态,当较小的制动强度使车辆趋于加速状态时,制动轮缸则需要增大制动压力,ABS-ECU 发出指令给电磁线圈断电,电磁阀的柱塞又回到制动模式时的初始位置,此时制动主缸和制动轮缸的管路(即制动通道)再次相通(此时回流通道封闭),使制动主缸和液压泵的制动液再次流入制动轮缸,如图 3.12(d)所示,以增大制动压力,即制动轮缸压力升高。

上述调压方式中各工作过程对应的电磁阀的工作状态及制动主缸、轮缸、储液器之间的相互连通状态见表 3-1。

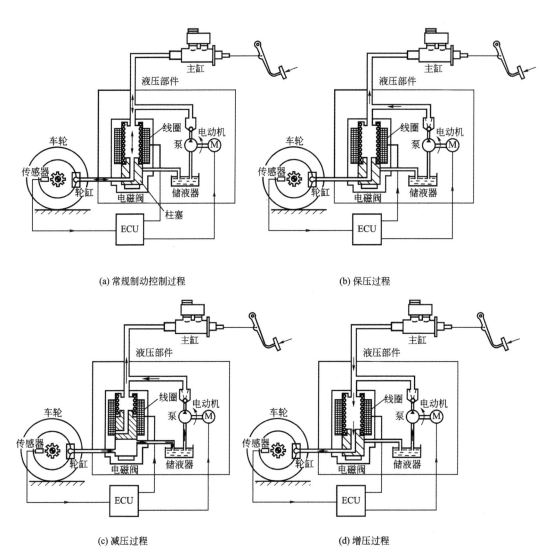

图 3.12　ABS 循环式调压器工作过程

表 3-1　循环式调压方式中电磁阀的工作状态及制动主缸、轮缸、储液器间的连通状态

工作状态	电磁阀工作状态	制动主缸、轮缸、储液器之间的连通状态
常规制动过程	断电	制动主缸与轮缸相通
保压过程	小电流(半通电)	制动轮缸与主缸、储油器的通路截止
减压过程	大电流(全通电)	制动轮缸与储油器相通
加压过程	断电	液压泵起动,制动主缸与轮缸相通

在我国轿车快速进入普通家庭的当今社会,广大汽车使用者应该充分认识到 ABS 只是装置于汽车上的一个保障安全驾驶的辅助设备,其功能并不是万能的。驾驶人高度的交通安全意识、精湛的驾驶技术才可使自己终身受益。

ABS 已经成为很多乘用车的标准配置,当前国内部分乘用车配置 ABS 的情况见

表3-2。目前国内市场在售的低端（4万元以下）车型的乘用车中，绝大多数没有加装 ABS。与之形成鲜明对比的是，近年来，一些热销的中级车乘换代的契机，将更高级的主动安全技术 ESP 加装在全系车型上。

表3-2 2014年国内部分乘用车配置 ABS 的情况

车辆类别	车型代表	ABS 的配置状况
微型车	比亚迪 F0、昌河铃木北斗星、长安奔奔、奇瑞 eq 等	标配与未装并存
小型车	广汽本田飞度、北京代瑞纳、一汽丰田威驰、雪佛兰赛欧、长安欧力威等	多数标配，少数未装
紧凑型车	本田思域、比亚迪 G3、标致 307 和 308、别克凯越等	标配
中型车	长安福特蒙迪欧、比亚迪 F6、奥迪 A4L、广汽本田雅阁、标致 508、大众迈腾等	标配
中大型车	奥迪 A6、宝马 5 系、奔驰 E 级等	标配

3.2.2 驱动防滑系统

驱动防滑系统（Acceleration Slip Regulation，ASR）是一种在汽车驱动起步或加速时能够自动控制驱动车轮的驱动力矩，使驱动轮不致过度滑转，以提高汽车的动力性和行驶安全稳定性能的汽车电子控制系统。该系统是 ABS 功能的进一步完善与发展。

当汽车在低附着系数路面上起步或急加速时，驱动轮与路面间会产生滑转，尽管此时驱动轮不停地转动，但汽车却原地不动。导致这一现象产生的重要原因是此时驱动轮的驱动力大于地面附着力。实际中由于驱动轮的滑转，会引起车轮与地面的纵向附着力下降，从而使得驱动轮上可获得的极限驱动力减小，最终导致汽车的起步、加速性能和在湿滑路面上的通过性能下降；同时，还会由于横向摩擦系数几乎完全丧失，使驱动轮出现横向滑动，随之汽车行驶过程中方向失控。这些现象对于未装备 ASR 的汽车而言，在行驶过程中特别是在低附着系数路面上起步或急加速时可能经常遇到，由于驱动轮在驱动状态滑转容易引发交通事故，对行车安全十分有害，因而实际中需要尽力避免。图 3.13 所示为装有 ASR 和未装 ASR 车辆的起步状态对比。

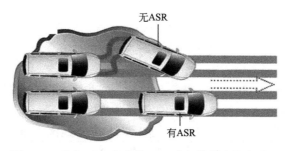

图 3.13 装有 ASR 和未装 ASR 车辆的起步状态对比

ASR 如何避免驱动轮在驱动状态滑转呢？当驱动车轮出现滑转时，ASR 通过对滑转侧的车轮施加制动力或者控制发动机输出转矩，达到对汽车牵引力的控制，以使车轮与路面间的滑移率保持在期望的目标范围内，防止汽车在加速过程中打滑，特别是防止汽车在非对称路面或转弯时驱动轮空转，同时保持汽车驱动时的方向控制能力，以保持汽车行驶方向的稳定性、操纵性，即装备 ASR 的汽车，在起步或急加速时可有效避免驱动轮滑转现象的发生。

ASR 以驱动力为控制对象，因驱动力也称为牵引力，故驱动防滑控制系统也称为牵引力控制系统(Traction Control System，TCS)。

虽然 ASR 是继 ABS 之后设置在汽车上专门用来防止驱动轮在起步、加速和在湿滑路面行驶时滑转的电子驱动力调节系统，但 ASR 和 ABS 相比两者在功能上仍存在明显差别：ABS 旨在防止车轮在制动时被抱死而产生侧滑，而 ASR 则是防止汽车在起步、加速时因驱动轮打滑而产生侧滑。ASR 与 ABS 之间的关系是 ASR 是 ABS 的完善与补充，两者相辅相成，ASR 可单独设置，但实际中大多数情况下是与 ABS 组合在一起，常用 ASR/ABS 表示。

ASR 在轿车上的装车率比 ABS 低，主要配置于 10 万元以上的部分紧凑型车、中型车及高端的轿车上，但由于 ASR 与 ABS 包含着性能及技术上的贯通性，未来一定时期 ASR 会获得快速普及。

1. 驱动轮防滑控制方式

1) ASR 的理论基础

汽车理论指出：汽车行驶时，驱动力的增大受到地面附着力的限制，当驱动力超过附着力时，驱动轮将会发生滑转。因而，汽车行驶时必须满足如下条件：

$$F_t = \frac{M_n}{r} \leqslant F_z \cdot \varphi \tag{3-1}$$

式中，F_t 为汽车驱动力(N)；M_n 为作用在驱动轮的转矩(N·m)；r 为车轮半径(m)；F_z 为车轮所受垂直载荷(N)；φ 为附着系数。

随着作用于驱动轮上转矩的不断增大，汽车的驱动力也随之增大，但当驱动力超过地面附着力时，驱动轮开始滑转。驱动轮的滑转程度用驱动轮滑转率 S_d 表示。

$$S_d = \frac{车轮速度 - 车身速度}{车轮速度} \times 100\% = \frac{r\omega - v}{r\omega} \times 100\% \tag{3-2}$$

式中，ω 为车轮旋转角速度(rad/s)；v 为车身速度(m/s)；r 为车轮半径(m)。

汽车行驶过程中，车轮的滑动存在驱动状态"滑动"和制动状态"滑动"两种情况。当汽车在行驶过程中出现车身不动而车轮转动或者驱动轮转速高于汽车移动速度时，还有当汽车在制动过程中出现车轮边滚边滑或车身前移而车轮不转时，意味着轮胎接地点与地面之间出现了相对滑动。对于滑动，为方便区别，特将汽车行驶过程中驱动轮的滑动称为"滑转"，而把汽车制动时车轮抱死而产生的滑动称为车轮"滑移"。

由式(3-2)知，当 $v = r\omega$ 时，$S_d = 0$，此时车轮处于纯滚动即自由滚动状态；当 $v = 0$ 时，$S_d = 100\%$，此时车轮在地面上处于完全滑转状态；当 $v < r\omega$ 时，即 $0 < S_d < 100\%$，此时车轮处于边滚动边滑转状态。滑转率数值的大小直接反映出车轮与路面之间的滑移状况，显然，滑转率数值越大，表明汽车驱动过程中滑转的成分越大，而汽车驱动过程中的

滑转成分越大,驱动过程的可控性就越差。

2) 驱动轮防滑控制方式

驱动轮防滑控制方式是指当其轮速检测装置检测到驱动轮发生滑转时,ASR 通过执行机构及时调节点火时间或间歇关闭喷油器减少供油以限制发动机功率输出,或对驱动轮进行制动等控制手段防止驱动轮滑移的具体方法与措施。归纳起来,驱动轮防滑控制方式主要有以下 3 种。

(1) 发动机输出转矩控制方式。简明地讲,就是在汽车起步、加速过程中,当其轮速检测装置检测到驱动轮发生滑转时,通过减少或中断燃油供应、延迟点火时刻或停止点火、控制进气量等方式控制发动机的输出转矩,以抑制驱动轮滑转。

就加速圆滑和减少污染而言,调节进气量控制方式效果最好,但速度较慢。

(2) 驱动轮制动控制方式。当单侧驱动轮打滑时,直接对发生滑转的驱动轮施加制动,此时非滑转车轮仍具有正常的驱动力,通过差速器的作用使驱动轮上驱动力增大;当两侧驱动轮均出现滑转但滑转率不同时,通过对两边驱动轮施加不同的制动力,分别抑制两侧驱动轮的滑转,从而提高汽车在湿滑及溜滑路面上的起步、加速能力和行驶的方向稳定性。

该方式反应时间最短,反应最快,是控制车轮溜滑最迅速的一种控制方式,一般作为调整进气量改变发动机输出转矩控制方式的补充。

尽管这种方式是防止驱动轮滑转最迅速有效的一种控制方法,但出于对舒适性的考虑,一般这种制动力不可太大,因此,常常作为发动机输出转矩控制方法的补充,以保证控制效果和控制速度的统一。

(3) 综合控制方式。综合控制方式是指将发动机输出转矩控制和驱动轮制动控制组合起来使用的一种控制方式。综合控制系统将根据发动机工况和车轮滑转的实际情况采取相应的控制措施,如在发动机输出大转矩的状态下,车轮滑转的主要原因往往是路面湿滑,采用对滑转车轮施加制动比较有效,而当发动机输出大功率时车轮滑转则以减小发动机输出功率的方法更有效。在更为复杂的工况下,借助综合控制方式能够更好地达到控制驱动轮滑转的目的。

该控制方式中,控制器同时启动 ASR 制动压力调节器和辅助节气门调节器,在对驱动车轮实施制动力控制的同时减小发动机的输出功率。

2. ASR 的组成、工作原理及功能

1) ASR 的组成

ASR 是在 ABS 的基础上发展起来的,其组成与 ABS 相似,也是由传感器、电子控制单元(ASR‑ECU)、执行结构 3 部分组成的,如图 3.14 所示。

与 ABS 的结构相比,ASR 的结构及组成要复杂些。ASR 除了与 ABS 共用轮速传感器、制动压力调节器外,也将 ECU 的功能进行了扩展,并增加了节气门执行器、制动执行器、电动机继电器等执行机构,图 3.15 所示

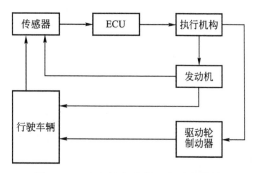

图 3.14 ASR 的组成及工作流程简图

为一典型 ABS/ASR 组成图。汽车上的 ASR 通常和 ABS 结合为一体，平时处于待命状态，不干预常规行驶，只有当驱动车轮出现滑转后才开始工作。

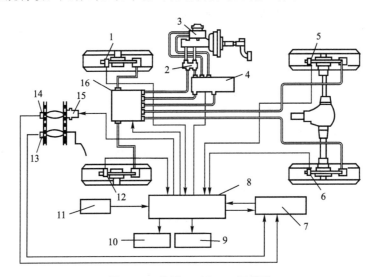

图 3.15 典型 ABS/ASR 组成图

1—右前轮速传感器；2—比例阀与旁通阀；3—主动轮缸；4—ASR 制动执行器；5—右后轮速传感器；
6—左后轮速传感器；7—发动机及自动变速器 ECU；8—ABS/ASR ECU；9—ASR 关闭指示灯；
10—ASR 工作指示灯；11—ASR 关闭开关；12—左前轮速传感器；13—主节气门位置传感器；
14—副节气门位置传感器；15—副节气门驱动步进电动机；16—ABS 制动执行器

2) ASR 的工作原理

在汽车起步、加速及运行过程中，ECU 根据轮速传感器输入的信号，判定驱动轮的滑转率超过门限值时，就进入防滑转过程：首先 ECU 通过副节气门步进电动机使副节气门开度减小，以减少进气量，使发动机输出转矩减小。ECU 判定需要对驱动轮进行制动介入时，会将信号传送到 ASR 执行器，独立地对驱动轮进行控制，以防止驱动轮滑转，并使驱动轮的滑转率保持在规定范围内。

ASR 的工作原理：利用电子装置检测（感知）各个车轮的角速度并计算驱动车轮的滑转率，如果驱动车轮的滑转率超出目标范围就会发出一个信号，通过及时调节点火时间及间歇关闭喷油器减少供油以降低发动机转速和输出转矩，从而使驱动车轮的滑转率保持在允许的范围内；在降低发动机动力输出的同时，ASR 还可以对打滑的车轮进行制动，以使汽车平稳起步。

3) ASR 的功能

ASR 的机械结构能防止车辆在雪地等湿滑路面上行驶时驱动轮空转，使车辆平稳地起步、加速，即 ASR 的功能就是改善汽车在不良路面上的驱动附着性能，具体如下。

（1）防止汽车在起步、急加速时驱动轮滑转（打滑）。

（2）防止驱动轮空转，保证汽车加速过程中的稳定性并改善其在不良路面上的驱动附着条件。

（3）防止在车速较高并通过滑溜路面又转弯时汽车后部出现侧滑现象。

3. ASR 与 ABS 的比较

就 ASR 与 ABS 两系统工作过程和调控目标而言,其共性点主要如下。
① 均以通过控制车轮的力矩达到控制车轮滑转(滑动)率为目的。
② 均要求系统具有迅速的反应能力和足够的控制精度。
③ 均要求调节过程消耗的能量尽可能低,均具有自诊断功能。

虽然 ASR 与 ABS 两系统都以控制车轮的滑转率为基本目标,但在对车轮运动状态时点的控制及期望目标上明显不同:ABS 是防止车轮制动时抱死拖滑,提高制动效果,确保行车安全;ASR 则是防止驱动车轮原地不动而不停地滑转,提高汽车起步、加速及溜滑路面行驶的牵引力,确保行驶稳定性。

两系统均是通过控制车轮制动力的大小抑制车轮与地面间的滑移,但 ABS 对所有车轮起作用,而 ASR 只对驱动车轮实施制动控制。ASR 与 ABS 的比较见表 3-3。

表 3-3 ABS 和 ASR 的比较

区别	ABS	ASR
控制原理	防止制动时制动力大于附着力引起车轮抱死拖滑,使汽车获得最佳的制动效果和方向稳定性	防止车轮驱动力大于附着力时出现车轮滑转,以提高汽车起步、加速及在湿滑路面上行驶时的牵引力,确保汽车行驶稳定
控制车轮数	对所有车轮都实施制动控制	只对驱动轮实施制动控制
各车轮之间的相互影响	各车轮之间的相互影响较小	由于差速器的作用会使驱动轮之间产生较大的相互影响
离合器状态	ABS 工作期间,离合器处于分离状态,发动机也处于怠速运转,传动系统无工作载荷	ASR 工作期间,离合器处于接合状态,发动机的惯性会对 ASR 控制产生较大影响
作用时间	制动时工作,车轮即将抱死时起作用,当车速很低(8km/h)时不起作用	在行驶过程中一直工作,在驱动轮出现滑转时起作用,当车速很高(80~120km/h)时不起作用
反应时间及控制形式	反应时间近似一定的制动控制单循环系统	由反应时间不同的制动控制和发动机控制等组成的多循环控制系统
系统结构	整体式或分离式	必须是分离式,便于管路布置

3.2.3 电子制动力分配

电子制动力分配装置(Electronic Braking Distribute,EBD)是一种能够根据汽车制动时产生轴荷转移的不同而自动调节前、后轴的制动力分配比例,提高制动效能的电子控制系统。汽车在制动过程中有时 4 个车轮附着的地面条件并不一样,如左侧车轮附着在干燥的水泥地面上,而右侧车轮却附着在湿滑路面上(或泥水中),这种情况下会导致汽车制动时因 4 个轮子与地面的摩擦力不一样而容易发生车轮打滑、车辆倾斜及车辆侧翻事故。

EBD 能够根据车辆载荷、路况及制动液压力的变化，动态地对制动状态下前后车轮及左右车轮的制动力分配比例进行分配控制，可有效预防因不同轮胎间附着条件差异引发的车轮打滑、车辆倾斜及车辆侧翻事故，明显提高汽车的制动效能，并配合 ABS 提高制动稳定性；同时，EBD 具有使在弯道上行驶的汽车进行制动操作时维持车辆稳定的功能，如图 3.16 所示。

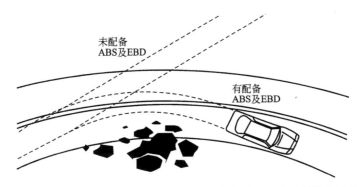

图 3.16　配置 EBD 与未安装 EBD 的车辆在弯道上制动时的效果对比

EBD 的工作原理：在汽车制动的瞬间，利用高速计算机计算出 4 个轮胎由于附着条件不同而导致的摩擦力数值差异，然后实时调整制动力大小，也就是使其按照设定的程序在运动中进行高速调整，达到制动力与摩擦力的合理匹配，从而保证车辆行驶过程的平稳与安全。

结构上，EBD 依托 ABS 的基本组成——轮速传感器、ECU、制动压力调节器总成等，其机械系统与 ABS 完全一致。功能上，通过改进、增强 ABS-ECU 软件控制逻辑，使反应更敏捷、运算功能更强大，是 ABS 功能的进一步扩展与有效补充，提高了 ABS 的功效。制动时能够根据车辆各个车轮的运动状态，智能地分配各个车轮制动力大小，以维系车辆在制动状态下的平衡、平稳与方向。当发生紧急制动时，EBD 在 ABS 作用之前，依据车身的重量和路面条件，自动以前轮为基准比较后轮轮胎的滑转率，当发觉此差异程度超过允许范围必须进行调整时，制动系统会实时调整传至后轮的制动油压，以得到更平衡且更接近理想化的制动力分布。

1. 对制动力的分配控制

由汽车理论知，当汽车载荷发生变化时，理想的前后轮制动力分配关系会随之发生变化。如果车辆制动系统采用机械式压力调节（安装机械式压力调节阀），虽然制动时可以避免出现后轮先抱死现象，但实际制动力调节曲线与理想的制动力调节曲线相差较大，导致制动效率不高。车辆制动系统采用 EBD 调节，其制动力调节曲线则可在各种载荷下均能与理想的制动力调节曲线靠近，从而获得较高的制动效率。

1) 前后轮制动力分配控制

前后轮制动力分配控制是指在汽车制动时 EBD 根据由车辆的装载条件及减速度而发生的负荷变化有效运用后轮的制动力，特别是在车辆满载时，适度增大后轮的制动力，以提高制动效果。

从获得良好制动性能的要求而言，当车辆的载重或乘员数发生变化，即汽车制动时前后轴之间的载荷比例不同时，前后轮所需的合适制动力也应是不相同的。当车辆后部无负荷时，EBD 会适当增大车辆前轮的制动力，如图 3.17(a)所示；当车辆后部的负荷重量加大时，EBD 会相应加大后轮的制动力，如图 3.17(b)所示。

2）左右轮制动力分配控制

为确保汽车在弯道上行驶时制动的稳定性，通过调节左右车轮的制动力分配方式进行左右车轮制动力的分配控制，以确保弯道上制动时车辆的稳定性和良好的制动效果。

汽车转弯时由于离心力的作用，与内侧车轮相比，外侧车轮此条件下承受较大的载荷，为减少外侧车轮的侧滑，EBD 在此条件下会适当增大外侧车轮的制动力，如图 3.18 所示，以防止制动力超过轮胎与地面间的附着力而使车辆发生滑移。

(a) 车辆后部无负荷时

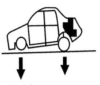
(b) 车辆后部有负荷时

图 3.17 前后轮制动力随载荷变化再分配示意图

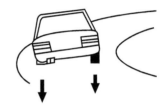

图 3.18 左右轮制动力随路况变化分配示意图

2. EBD 的优点

（1）可防止出现甩尾和侧滑，并缩短汽车制动距离，提高制动灵敏性、制动协调性，使制动更加安全。由于制动反应时间短（约为 0.3s），当紧急制动车轮趋于抱死时，EBD 在 ABS 动作之前就已经平衡了每一个车轮的有效抓地力，可以防止出现甩尾和侧滑，并缩短汽车制动距离，提高制动灵敏性和制动协调性，使制动更加安全。

（2）改善制动舒适性，并使各车轮摩擦片的磨损较均匀。由于 EBD 在一般制动情况下对制动力的调节主要考虑不同的载荷和摩擦片的磨损，因而可以改善制动过程的舒适性，并使各车轮摩擦片的磨损较均匀。

（3）ABS 只在紧急制动状态下当车轮滑转率超过门限值时才起作用，而 EBD 无论车轮处于何种状态，只要踏下制动踏板即起作用。此外，EBD 在不同的路面上都可以获得最佳制动效果，缩短制动距离，提高制动灵敏度和协调性，改善制动的舒适性。

3.2.4 电子稳定程序

电子稳定程序（Electronic Stability Program，ESP），又称汽车稳定性控制（Vehicle Stability Control，VSC），是一种可在各种行驶条件下提高车辆行驶稳定性的主动安全装置。该装置通过车载在线传感系统实时监测驾驶人的转向意图和车辆的行驶状态，通过 ECU 识别、判断车辆的转向特性及丧失操纵稳定性的趋势，综合调控发动机力矩和车轮制动等，防止汽车发生超出驾驶人操控范围的过度转向和过多不足转向等危险情况，在实现按理想轨迹行驶的同时，改善汽车的方向稳定性和操控性能。图 3.19 所示为未安装 ESP 和装备有 ESP 车辆在不足转向和过度转向两种行驶工况下的制动效果对比图。

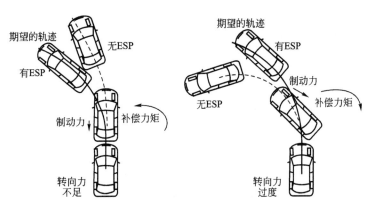

图 3.19 未安装 ESP 和装备有 ESP 车辆的制动效果对比图

ESP 主要通过比较车辆行驶的方向与驾驶人的意图是否一致,以辨识和监测汽车的运行趋向,并对危急情况立即做出反应。主要通过精确地对单个车轮直接施加制动力,如图 3.19 中转向不足时直接向内后轮施加制动力,而过度转向时直接向外前轮施加制动力(图 3.19 中所示的制动力箭头),这种选择性的制动干涉提高了汽车的操控性。ESP 还使汽车在极限状态下操控更容易,降低了汽车突然转向时的危险性,提高了方向稳定性;同时,ESP 因降低了操控过程的复杂性,故对驾驶人的要求降低。

对于车辆稳定控制系统,不同的开发商有不同的称谓,见表 3-4。

表 3-4 不同开发商对 ESP 的称谓

开发商	中文名称	英文名称
博世	电子稳定程序	Electronic Stability Program,ESP
富士重工	车辆动态控制	Vehicle Dynamic Control,VDC
德国大陆	电子稳定控制	Electronic Stability Control,ESC
宝马	动态稳定控制	Dynamic Stability Control,DSC
丰田	车辆稳定控制	Vehicle Stability Control,VSC
本田	车辆稳定助手	Vehicle Stability Assist,VSA
三菱	主动稳定控制	Active Stability Control,ASC
沃尔沃	动态稳定和牵引控制	Dynamic Stability and Traction Control,DSTC
保时捷	车身动态稳定系统	Porsche Stability Management,PSM

造成对车辆稳定控制系统多种称谓的主要原因是由于 ESP 名称首先被德国博世(BOSCH)公司注册,其他公司开发的类似系统就只能使用其他名称。尽管对车辆稳定控制系统有多种称谓,但其原理和作用基本相同。其作用主要是确保车辆行驶的稳定性,并在起动或加速时保证所有车轮具有与地面附着条件相适应的牵引力,能够探测到过度转向或不足转向的最初迹象并及时做出反应,防止车辆发生甩尾现象。

1. ESP 的组成、工作原理与工作过程

1) ESP 的组成

ESP 系统的构成包括多种传感器、ESP-ECU、执行元件、信息显示四大部分。主要

由 ABS、ASR 与 ESP 共用的控制系统即 ABS/ASR/ESP‑ECU、发动机电控系统、多种传感器(如轮速传感器、转向盘转角传感器、横摆角速度传感器、横向/纵向加速度传感器等)、制动控制器、节气门控制器及 CAN 总线与发动机管理系统通信等单元构成,图 3.20 所示为 ESP 系统的组成及相互关系示意图。

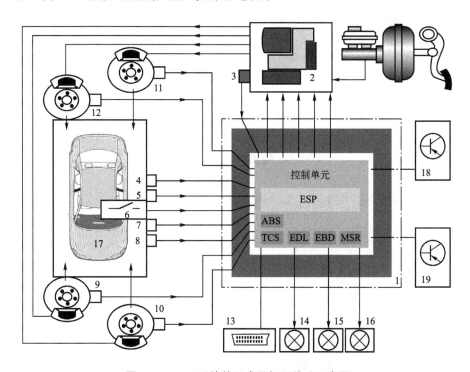

图 3.20 ESP 系统的组成及相互关系示意图
1—ESP 控制单元；2—液压控制单元；3—制动压力传感器；4—侧向加速度传感器；
5—横向偏摆率传感器；6—ASR/ESP 按钮；7—转向盘转角传感器；8—制动灯开关；
9~12—轮速传感器；13—自诊断接口；14—制动系统报警灯；15—ABS 报警灯；
16—ASR/ESP 报警灯；17—汽车及其驾驶状态；18—发动机控制调整；
19—变速器控制调整

ESP 系统的大部分元件与 ABS、ASR 共用,传感器部分增加了用于检测汽车状态的车身横摆率传感器和减速度传感器(也称 G 传感器);ECU 部分增强了运算能力;执行器部分改进了前轮的液压通道;信息显示部分增加了 ESP 蜂鸣器。

2) ESP 的工作原理

ESP 系统在车辆行驶过程中实时监测由各传感器所提供的车辆运动状态信息,以随时了解车辆的运动状况。通过对各传感器采集到的车辆行驶状态信息进行分析,并计算出保持车身稳定的理论数值,将由侧滑率传感器和加速度传感器测出的数据与理论数值比较,如果测出的数据超过许可范围,则向 ABS、ASR 发出纠偏指令,以帮助车辆维持动态平衡。

3) ESP 的工作过程

当驾驶人对制动踏板的操作力通过传动机构传递到 ESP 液压控制装置时,正常情况下系统执行常规的制动功能;当车轮在加速或减速下出现滑移时,执行 ASR 和 ABS 功能;当汽车出现侧滑时,执行 ESP 功能,将受到控制的制动液施加到每个车轮而增加车轮制动力。

图 3.21 转向盘转角传感器

汽车转弯行驶过程中，ESP 系统的工作过程按以下步骤进行。

（1）通过转向盘转角传感器（图 3.21）及各车轮轮速传感器，识别驾驶人的转弯方向（驾驶人的转弯意图）。

（2）ESP 系统通过横摆角速度传感器，识别车辆绕垂直于地面轴线方向的旋转角度；通过侧向角速度传感器识别车辆实际运动方向。

（3）按相关规则进行分析、比较与判断，当判断为出现不足转向时，制动内侧后轮，使车辆继续沿驾驶人转弯方向偏转，从而稳定车辆；当判断为出现过度转向时，制动外侧前轮，防止出现甩尾，并减弱过度转向趋势，保证行车稳定性。

ESP 系统抑制转向不和转向过度示意图如图 3.22 所示。

(a) 在转向不足时抑制前轮侧滑　　(b) 在转向过度时抑制后轮侧滑

图 3.22　ESP 抑制转向不足（左）和转向过度（右）示意图

图 3.22(a)所示为汽车发生转向不足时的情景，表现为汽车的车身向道路外侧运动，即汽车的实际轨迹曲线与理论轨迹曲线相比产生向外侧偏离的倾向，此时 ESP 系统通过对位于转向内侧后轮施加经过精确计算的脉冲瞬时制动力［图 3.22(a)中剖面线箭头所指］，以产生预定的滑转率，使该车轮受到的侧向力迅速减少而纵向制动力迅速增大，即产生了一个与横摆方向相同［图 3.22(a)中所示为逆时针方向］的横摆力矩遏制车辆因向道路外侧运动而陷入险境。

在动作实现上，ESP 系统的液压控制装置主要通过选择电磁阀和控制电磁阀把经过调节的供能部分的制动液送至 2 个后轮制动轮缸而形成不同的制动力。

图 3.22(b)所示为汽车发生转向过度时的情景，表现为汽车车身向道路内侧运动，即汽车的实际轨迹曲线与理论轨迹曲线相比产生向内侧偏离的倾向，此时 ESP 系统立即向正在转弯的外前轮施加制动力［图 3.22（b）中剖面线箭头所指］，即产生了一个与横摆方向相反［图 3.22(b)中所示为顺时针方向］的横摆力矩阻止车辆向道路内侧转向以纠正危险的行驶状态。

表 3-5 为几种典型行驶工况下汽车未装备 ESP 与装备 ESP 的使用效果比较。

表 3-5 几种典型行驶工况下汽车未装备 ESP 与装备 ESP 的使用效果比较

工况	装备情况	使用效果
在多变的路面上行驶时	未装备 ESP	① 车辆跑偏，即前轮向外侧偏离弯道，车辆失去控制； ② 一旦驶入干燥的沥青路面车辆就开始打滑
	装备 ESP	车辆表现出转向不足的趋势，在将要跑偏时，在增加右后轮制动力的同时降低发动机输出转矩至车辆保持稳定
紧急避让障碍物时	未装备 ESP	① 紧急制动，猛打转向盘，车辆转向不足； ② 车辆继续冲向障碍物，驾驶人反复转动转向盘以求控制车辆，车辆避开障碍物； ③ 当驾驶人尝试恢复正常行驶路线时车辆产生侧滑
	装备 ESP	① 紧急制动，猛打转向盘，车辆有转向不足的倾向； ② 增加左后轮制动力，车辆按照转向意图行驶； ③ 恢复正常的行驶路线，车辆有转向过度的倾向，在左前轮上施加制动力至车辆保持稳定
急速转弯时	未装备 ESP	出现甩尾，企图通过转向盘来调整方向，因为时已晚车辆发生了侧滑
	装备 ESP	① 车辆有甩尾的倾向，自动在右前轮上施加制动力至车辆保持稳定； ② 车辆有甩尾的倾向，自动在左前轮上施加制动力至车辆保持稳定

配置 ESP 的车辆能有效降低交通事故，这与 ESP 系统拥有的实时监控、主动干预、事先提醒三大功能密不可分。

2. ESP 与 ABS、ASR 的比较及发展

1) ESP 与 ABS、ASR 的关系和功能比较

ESP 系统是在 ABS、ASR 的基础上发展起来的，3 种装置之间存在紧密关系。和 ABS、ASR 相比，ESP 增加了转向盘转角传感器、纵向/横向加速度传感器、横摆角速度传感器等，是对 ABS 和 ASR 功能的继承与进一步扩展。通过调节车轮纵向力的大小及其匹配控制汽车的横摆运动，使汽车具有良好的操纵性和方向稳定性。

ESP、ABS、ASR 这 3 种装置的主要调控目的存在明显差异：ABS 用于提高紧急制动时的稳定性，ASR 用于控制车辆急加速时的循迹性，而 ESP 则是控制车辆转弯过程的循迹稳定性。就功能而言，ESP 比 ABS 和 ASR 功能更全面。ESP 系统除了具有 ABS 和 ASR 改善轮胎和路面间的附着系数利用率（即改善纵向动力学性能）及 ASR 减少轮胎无谓的磨损和功率消耗的功能外，还能识别并控制车辆的偏转力矩（改善横向动力学性能）。

2) ESP 的发展

随着汽车安全技术的发展，在汽车安全系统日益增多的情况下，在设计阶段就将各种不同功能的安全系统统筹综合考虑，实现多层面集成式的全局优化控制，即实现一体化控制，既可提高主动安全系统的工作可靠性，也有利于节约资源，也是汽车主动安全技术发展的方向。德国大陆公司研发的第二代汽车电子稳定程序即 ESPⅡ和丰田公司的汽车动力

学集成管理(VDIM)通过系统集成、技术集成等，开发出功能更强大、性能更先进、集成度更高的汽车主动安全系统。

3.2.5 电控动力转向系统

1. 概述

汽车转向系统的功能就是按照驾驶人的意愿控制汽车的行驶方向。汽车转向系统按转向能源的不同可分为机械转向系统和动力转向系统两类。机械转向系统是依靠驾驶人操纵转向盘的转向力来实现车轮转向；动力转向系统则是在驾驶人的控制下，借助汽车发动机的动力产生的液体压力或电动机驱动力来实现车轮转向。动力转向系统由于具有使转向操纵灵活、轻便，对转向器结构形式的选择灵活性大，能吸收路面对前轮产生的冲击等优点，获得了广泛应用。

随着道路条件的不断改善，汽车速度的不断提高，对转向系统操纵的安全性与舒适性也提出了更高的要求。从易于驾驶和安全性方面考虑，对转向系统的基本要求是低速时转向轻便、灵活，高速时要有适当的手感并且运行平稳。传统的液压动力转向器因其固定的放大倍率难以满足基本要求已成为动力转向系统的主要缺点，实际中，往往是满足了低速转向轻便的要求而无法满足高速转向时要求的手感，或者满足了高速转向时有良好的手感但低速时又使转向沉重。电子控制技术在汽车动力转向系统的应用为汽车驾驶性能的改善提供了机会，图 3.23 所示为机械转向系统、动力转向系统及电子控制动力转向系统的转向力随车速的变化关系曲线。

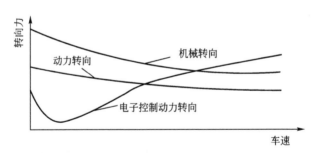

图 3.23 不同转向系统的转向力随车速的变化关系

从图 3.22 可以看出，电子控制动力转向系统的转向特性明显优于机械转向系统和动力转向系统。在汽车低速行驶时，电子控制动力转向系统因提供较大的放大倍率使驾驶人转动转向盘所需的转向力较小，当汽车在中高速区域转向行驶时，电子控制动力转向系统以保证提供最优的动力放大倍率及稳定的转向手感为条件，适当减小放大倍率使驾驶人转动转向盘所需的转向力适当增加，在获得稳定转向手感的同时，提高了高速行驶的操纵稳定性。

纵观汽车发展历程，汽车转向系统机构类型经历了 4 个发展阶段：①机械式转向系统(Manual Steering，MS)；②液压助力转向系统(Hydraulic Power Steering，HPS)；③电控液压助力转向系统(Electro Hydraulic Power Steering，EHPS)；④电动助力转向系统(Electric Power Steering，EPS)。其中，电子控制动力转向系统具有可变放大倍率、转向助力特性好、节能环保的突出优点，代表着汽车转向系统的发展方向。

机械式、液压动力式等固定放大倍率转向系统使用中存在的主要问题是：若按低速或停车状态确定合适的转动转向盘的力的助力放大倍率,则汽车高速行驶时由此助力放大倍率获得的转动转向盘的力显得过大,使驾驶人感觉转向"发飘"(感觉转向盘太轻),缺少显著的"路感",降低了高速行驶时的车辆稳定性和驾驶人的安全感;若按高速确定合适的转动转向盘的力的助力放大倍率,则当汽车低速行驶时由此助力放大倍率获得的转动转向盘的力显得过小,使得转动转向盘费劲,即转向沉重。EPS克服了上述缺点,最突出的亮点是:根据车速变化提供可变放大倍率转动转向盘力,使得转动转向盘力能够根据车速变化而改变,克服了机械式、液压动力式助力转向系统传统的固定放大倍率的弊端,EPS依靠检测发动机、转向盘、车速等信息判断并提供合适的转向助力,使得转向过程能够精确、轻松、安全地完成。

2. EPS的组成与工作原理

1) EPS组成

EPS由机械式转向装置、助力电动机、电磁离合器、减速机构、转向盘传感器(包括转矩传感器和转速传感器)、助力转向ECU等组成,如图3.24所示。

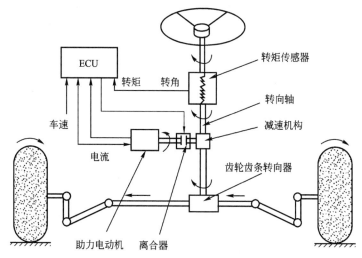

图 3.24　EPS组成示意图

2) EPS工作原理

驾驶人在操纵转向盘进行转向时,转矩传感器检测转向盘的转角(方向)及转矩的大小,并以电压信号输送到ECU,ECU根据转矩传感器检测到的转矩电压信号、转动方向和车速信号等,向电动机控制器发出指令,使电动机输出相应大小和方向的转向助力转矩,从而产生辅助动力。汽车不转向时,ECU不向电动机控制器发出指令,电动机不工作。

EPS的最大特点就是能实现"精确转向"。它能够在汽车转向过程中根据不同车速和转向盘转动的快慢,精确提供各种行驶路况下的最佳转向助力,减小由路面不平引起的对转向系统的扰动。不但可以减轻低速行驶时的转向操纵力,而且可大大提高高速行驶时的操纵稳定性,并能精确实现人们预先设置的在不同车速、不同转弯角度所需要的转向助力。

3. EPS 的不同结构形式

EPS 是通过电动机的动力直接给转向系统提供辅助扭矩的系统。根据电动机安装位置和机械结构的不同，EPS 可以分为转向轴助力式、齿轮助力式、齿条助力式 3 种类型。

（1）转向轴助力式：结构形式如图 3.25 所示。驱动电动机固定在转向轴一侧，通过减速机构与转向轴相连接，直接驱动转向轴助力转向。ECU 通过控制驱动电动机的运动状态实现对转向助力的控制。其特点是结构紧凑，易于安装，电动机助力响应性好，但输出转矩不大，主要用于前轴负荷较小的情况。

（2）齿轮助力式：结构形式如图 3.26 所示。ECU 控制驱动电动机输出端的齿轮与小齿轮相连接，直接驱动齿轮进行助力转向，可提供较大的助力值，主要用于前轴中等负荷的情况。

（3）齿条助力式：结构形式如图 3.27 所示。驱动电动机输出端通过斜齿轮与螺杆螺母相连接，与转向助力机构一起安装在小齿轮另一端的齿条处。驱动电动机带动螺杆螺母转动，使齿条-螺杆产生轴向位移，形成助力转向，能提供优良的转向特性，主要用于前轴负荷较大的情况。

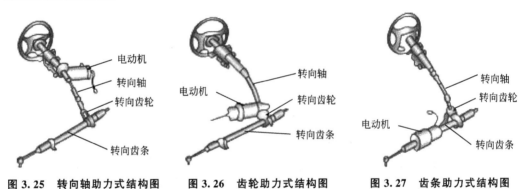

图 3.25　转向轴助力式结构图　　图 3.26　齿轮助力式结构图　　图 3.27　齿条助力式结构图

3 种电动助力转向系统相关性能的比较见表 3-6。

表 3-6　3 种电动助力转向系统相关性能的比较

系统	转向轴助力式	齿轮助力式	齿条助力式
噪声、振动	大	中	小
扭矩波动	中	中	中
低速时扭矩变动	小	小	小
扭矩不足及惯性矩	中	中	中
耐热性、防水性	小	大	大
相应功率输出	小	中	大

4. EPS 的主要特点

与传统液压动力转向系统相比，EPS 的主要优点如下。

（1）只在转向时电动机才提供助力，有利于降低车辆的燃油消耗。传统的液压助力转向系统由发动机驱动转向油泵转动，不管转向与否都要消耗发动机部分动力；而 EPS 只是在转向时才由电动机提供助力，不转向时不消耗能量，因而，EPS 可以显著降低车辆的燃油消耗。相关对比试验表明，不转向时 EPS 可以降低燃油消耗 2.5%，转向时可以降低 5.5%。

（2）可同时兼顾低速时的转向轻便性和高速时的操纵稳定性，转向助力特性好。传统的液压助力转向系统所提供的转向助力大小不能随车速的提高而改变，其结果是汽车虽然在低速时具有良好的转向轻便性，但是在高速行驶时转向盘太轻，产生转向"发飘"的现象，驾驶人缺少显著的"路感"，降低了高速行驶时的车辆稳定性和驾驶员的安全感。

EPS 提供的助力大小可通过软件方便地进行调整。在低速时，EPS 可以提供较大的转向助力，实现转向轻便性；随着车速的提高，EPS 提供的转向助力可以逐渐减小，使转向时驾驶人所需提供的转向力逐渐增大，这样驾驶人就感受到明显的"路感"，提高了车辆稳定性。

EPS 还可以施加一定的附加回正力矩或阻尼力矩，使得低速时转向盘能够精确地回到中间位置，而且可以抑制高速回正过程中转向盘的振荡和超调，兼顾了车辆高、低速时的回正性能。由于电控系统反应灵敏、迅速，使 EPS 运转平稳、准确、路感好，缓冲作用好，转向摆动和反冲降低。

（3）结构紧凑，质量轻，易于维护保养。EPS 取消了液压转向油泵、油缸、液压管路、油罐等部件，而且电动机及减速机构可以和转向柱、转向器做成一个整体，使得整个转向系统结构紧凑，质量轻，利于小型轻量化；在生产线上的装配性好，节省装配时间，易于维护保养；因为省去了油压系统油路，漏油现象明显减少，有利于环保。

3.2.6 自适应巡航控制系统

自适应巡航控制（Adaptive Cruise Control，ACC）系统是一种构想于 20 世纪 70 年代末期的汽车安全性辅助驾驶系统。该系统将汽车自动巡航控制系统（Cruise Control System，CCS）和车辆前向撞击报警系统（Forward Collision Warning System，FCWS）有机地结合起来，既有自动巡航的功能，又有防止汽车前向撞击功能，是一种智能化自动控制系统。当时，由于传感器技术、信号处理技术、汽车电子技术及交通设施等方面的因素制约着 ACC 的发展，直到 20 世纪 90 年代中期，随着各项技术的进步和对汽车行驶安全性要求的提高，特别是对有效防止追尾碰撞要求的不断提高，才使 ACC 系统迅速发展起来。沃尔沃 V60 Sports Wagon 的 ACC 系统如图 3.28 所示，大众自适应定速巡航仪表板显示信息如图 3.29 所示。

ACC 系统是在巡航控制技术基础上发展而来的。自适应巡航则是基于定速巡航对于速度的控制，进一步实现对于距离的把握。简单讲，定速巡航只做一件事，就是达到驾驶人预设的时速要求，而自适应巡航除了达到预设时速外，它还肩负着保持预设跟车距离及随着车距变化自动加速与减速的任务。ACC 系统较传统定速巡航系统相比，增加了"定距"的功能，扩大了巡航功能的适用范围，不再仅用于高速公路，城市中也可以自如使用。ACC 系统根据驾驶人设定的车间时距，通过控制本车发动机的节气门开度及车轮制动器对车速、加速度进行控制，以实现设计的目标车头距，从而进行自适应巡航控制。

ACC 系统的车速调节装置通过车距传感器测量与前方汽车的间隔距离和相对速度，如图 3.30 所示。

图 3.28 沃尔沃 V60 Sports Wagon 的 ACC 系统

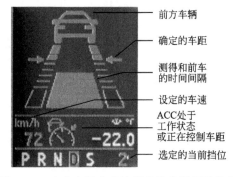
图 3.29 大众自适应定速巡航仪表板显示信息

在列队行驶或者堵车时，ACC 系统的制动功能可使汽车完全停住，之后 ACC 系统又能根据情况在 3s 内自动激活。ACC 系统在控制车辆制动时，通常会将制动减速度限制在不影响舒适的程度，当需要更大的减速度时，ACC 系统的控制单元（ACC-ECU）会发出声光信号通知驾驶人主动采取制动操作；当与前车之间的距离增加到安全距离时，ACC-ECU 控制车辆按照设定的车速行驶，图 3.31 所示为 ACC 系统的控制按钮图示。ACC 系统的主要功用如下：

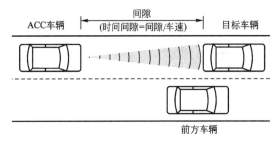
图 3.30 ACC 系统工作示意图

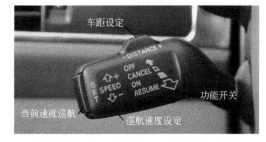
图 3.31 ACC 系统的控制按钮图示

（1）减轻驾驶人的疲劳，提高驾驶的安全性。通过雷达即测距传感器的反馈信号，ACC 系统可以根据靠近本车前方目标车辆的移动速度判断前方道路情况，并控制本车的行驶速度；通过反馈式加速踏板感知驾驶人施加在踏板上的力，ACC-ECU 可决定是否继续执行巡航控制，由于 ACC 系统在车辆行驶过程中部分替代了驾驶人的操作，在减轻驾驶人工作强度和疲劳的同时，也提高了驾驶的安全性。

（2）可使汽车低速行驶状态下也能与前车保持设定的距离。ACC 系统一般在车速大于 25km/h 时才会起作用，而当车速降低到 25km/h 以下时，就需要驾驶人进行人工控制。通过系统软件的升级，ACC 系统可以实现"停车/起步"功能，以有效应对城市道路行驶时频繁的停车和起步情况。ACC 系统的这种扩展功能，可以使汽车在低速状态下也能与前车保持设定的距离。当前方车辆起步后，ACC 系统会提醒驾驶人，驾驶人通过踩加速踏板或按下按钮发出信号，车辆就可以起步行驶。

（3）使车辆编队行驶更加轻松。ACC 系统可以设定自动跟踪的车辆，当本车跟随前车行驶时，ACC-ECU 可以将车速调整为与前车相同，同时保持稳定的车距，而且这个距离可以通过转向盘附近的控制杆上的设置按钮进行选择。

1. ACC 系统的组成与工作原理

1) ACC 系统的组成

ACC 系统由传感器、数字信号处理器及控制模块三大部分组成，各部分之间的作用及其相互关系如图 3.32 所示。

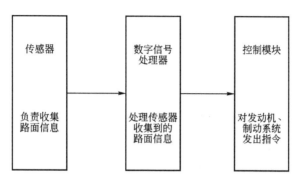

图 3.32　ACC 系统各部分之间的作用及其相互关系

其中，传感器部分包括雷达（测距传感器）、轮速传感器、方向角传感器等，控制模块包括 ACC-ECU、制动控制器、发动机节气门控制器等。雷达安装在散热器的护栅内，用以探测本车前方 200m 内的目标车辆，并向 ACC-ECU 提供本车与目标车辆间的相对距离、相对速度、相对方位角度等信息；轮速传感器安装在前后轮毂上，用以测量车辆的行驶速度；方向角传感器用以判断车辆行驶的方向；发动机节气门控制器和转矩控制器用以探测和调整发动机的输出转矩，并根据需要适时调整车辆的运行速度。各种控制器和传感器均由车内 ACC-ECU 控制。

ACC-ECU 的重要功用之一是根据驾驶人所设定的安全车距及巡航速度，再结合雷达传送来的信息确定本车的行驶状态。当本车与目标车辆之间的距离小于设定的安全距离时，ACC-ECU 计算实际车距和安全车距之比及相对速度的大小，选择减速方式，并发出控制指令，使执行机构产生动作；同时通过报警器向驾驶人发出警报，提醒驾驶人采取相应的措施。

2) ACC 系统的工作原理

装备 ACC 系统的车辆在行驶过程中，安装在车辆前部的车距传感器（雷达）持续扫描车辆前方道路，同时轮速传感器采集车速信号，当本车与前车之间的距离过小（低于安全距离）时，ACC-ECU 可以通过 ABS、发动机控制系统协调动作，对车轮适当制动，使发动机的输出功率下降，以使本车与前方目标车辆之间始终保持安全距离。当需要更大的减速度时，ACC-ECU 会发出声光信号通知驾驶人主动采取制动操作；当与前车之间的距离增加到安全距离时，ACC-ECU 控制车辆按照设定的车速行驶。

当本车通过雷达探测到前方没有汽车等其他障碍物时，本车将执行传统巡航控制，按驾驶人设定的速度行驶；当雷达探测到前方有汽车切入或减速行驶时，启动 ACC，按照驾驶人设定的车间时距，通过调节节气门作动器和制动控制器控制本车的速度和加速度，以保证计算的车头净距。实际中，ACC 系统共有匀速控制、减速控制、跟随控制和加速控制 4 种典型操作形式，如图 3.33 所示。

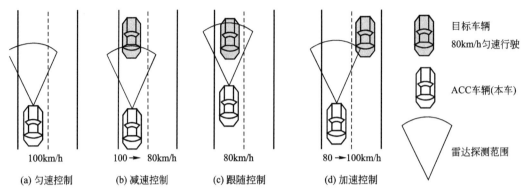

图 3.33 ACC 车辆的 4 种典型的操作形式

① 匀速控制操作形式［图 3.33(a)］。如果 ACC 车辆前方没有车辆时，ACC 车辆将处于普通的巡航驾驶状态，按照驾驶人设定的车速行驶，驾驶人只需对车辆进行方向控制。当驾驶人在设定的速度基础上加速时，ACC 车辆将按驾驶人意图行驶。当驾驶人不再加速以后，如果没有新的速度设定，ACC 车辆将继续按照原先设定的车速行驶。

② 减速控制操作形式［图 3.33(b)］。当雷达侦测到本车前方出现目标车辆，并且目标车辆的速度小于 ACC 车辆时，ACC 车辆将自动进行平滑的减速控制，以确保两车间的距离为所设定的安全距离。

③ 跟随控制操作形式［图 3.33(c)］。当雷达侦测到前方车辆进入间隙距离之内，并且 ACC 车辆与目标车辆之间的距离等于安全车距后，采取跟随控制，即与目标车辆以相同的车速行驶。

④ 加速控制操作形式［图 3.33(d)］。当目标车换道或者 ACC 车辆换道后，前方又没有其他的目标车辆，ACC 车辆恢复到初期的设定车速行驶即加速控制。

因 ACC 系统可以自动控制本车的加、减速以保持本车与前车的距离，从而大大减轻了驾驶人在驾驶时的操作强度，让驾驶人从频繁的加速和减速中解脱出来，在享受更加舒适驾驶的同时，也增加了行驶的安全性。

2. ACC 系统的特点

虽然 ACC 系统可以自动控制车速，但在任何时候驾驶人都可以主动进行加速或制动。当驾驶者在巡航控制状态下进行制动后，ACC - ECU 就会终止巡航控制；当驾驶人在巡航控制状态下进行加速，停止加速后，ACC - ECU 会按照原来设定的车速进行巡航控制。

ACC 主要有定速模式和跟随模式两种控制模式。定速模式的功能是使本车按照驾驶人设定的巡航速度行驶，此模式下只需要控制节气门；跟随模式的功能是 ACC 自动通过制动和加速来保证本车与其他车辆之间的距离始终处于设定的安全距离附近。ACC 系统可在定速模式和跟随模式间自动转换。

配置 ACC 系统的主要目的是提高驾驶人驾驶过程的舒适度、减轻工作负荷。该系统集 ABS、ASR 及强化车辆稳定性系统(VSE)于一体,即使驾驶人没有踩下制动踏板的情况下,ACC 系统也会自动完成制动。该系统的优点如下。

① 装有 ACC 系统的智能汽车,通过雷达和计算机可鉴别出靠近本车的车辆是自行车、汽车还是行人,并根据道路情况控制本车的行驶状态,完全或部分地取代驾驶人的操作。

② ACC 属主动安全技术,系统通过各种传感器,在汽车周围产生一个雷达安全区域,计算机根据雷达传输的信息,分析和判断道路情况,通过控制器调整汽车的行驶状态。

③ 汽车上的各种传感器不断收集汽车、道路和周围环境等方面的信息,通过 ECU 控制和调整汽车的运行状态。该系统能够准确地判断汽车四周的安全情况,自动采取措施回避危险或者选择安全的行车路线和工作状态。

3.3 基于事故避免的主动安全技术(装置)

基于事故避免的主动安全技术(装置)包括轮胎压力监测系统、碰撞预警安全系统、行人防碰撞系统、制动辅助系统等。

3.3.1 轮胎压力监测系统

1. 概述

轮胎气压是影响汽车行驶性能和安全性能的重要指标。轮胎气压过高,会加快轮胎的磨损,容易造成胎冠部位爆裂,同时因与地面摩擦力减小,还会影响制动性能;轮胎气压过低或漏气,会使与地面的摩擦力成倍增加,加速轮胎的磨损,同时使油耗增加。由于轮胎胎侧是轮胎的薄弱部位,在气压过低时会因不断受到挤压和拉伸,容易造成疲劳失效,发生爆胎。在行车辆爆胎常使车辆失控而引发恶性交通事故,尤其是高速公路上在行车辆一旦发生爆胎,通常引发严重交通事故。因而,对轮胎气压进行实时监控对保证在行车辆行车安全具有重要现实意义,而对轮胎气压进行实时监控则是保证轮胎行驶安全的重要手段。

汽车高速行驶过程中,轮胎故障是所有驾驶人最担心和最难预防的问题,也是突发性交通事故发生的重要原因之一。据统计,在我国高速公路上发生的交通事故中,1/3 以上事故与爆胎相关,防止爆胎已成为在行车辆安全驾驶的一个重要课题。分析表明:保持标准的车胎气压行驶和及时发现车胎漏气则防止爆胎的关键。轮胎气压智能监测系统(Tire Pressure Monitoring System,TPMS)正是基于此出发点而开发的一项提高在行汽车行车安全性的新技术,如图 3.34 所示,主要用于在汽车行驶时实时对轮胎气压进行自动监测。该系统通过对汽车轮胎的气压、温度等参数进行动态实时监测(图 3.35),在出现危险状况即轮胎漏气和低气压状态时进行报警,因而可最大限度地避免由爆胎引发的交通事故,以保障行车安全。

目前在欧美市场,TPMS 已成为新车的标准配置,与 ABS、安全气囊一起被视为汽车三大安全系统之一。在日本,TPMS 主要出现在高端车及出口至欧美市场的汽车上,在我国,目前 TPMS 主要应用在一些中高端车型上。据悉,我国 TPMS 强制性国家标准即将公布,该标准的实施将对规范和引导 TPMS 胎压监测技术的发展起到强有力的促进作用。

图 3.34　TPMS

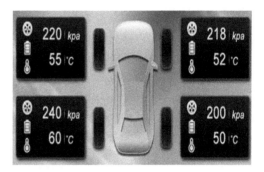

图 3.35　TPMS 的中控液晶屏显示的正常胎压状况

2. TPMS 的组成及工作原理

TPMS 的组成包括轮胎压力监测模块、接收及显示模块、线束三部分，如图 3.36 所示。

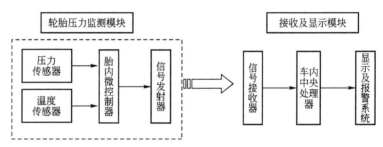

图 3.36　TPMS 组成及工作原理框图

轮胎压力监测模块主要由压力传感器、温度传感器、胎内微控制器、无线发射芯片组成，直接安装在汽车轮胎里，实时测量轮胎压力和温度，并将测量得到的信号经调制后通过高频无线电波（RF）发射出去；接收及显示模块主要由无线接收芯片、中央处理器、显示及报警系统组成，安装在驾驶室内，接收监测模块发射的信号，并将各个轮胎的压力和温度数据显示在屏幕上，供驾驶人参考。当任何一个轮胎的气压、温度出现异常状况征兆时，TPMS 即刻以声、光形式向驾驶人报警，提醒驾驶人采取必要的措施以保障行车安全；线束通过接线端子将轮胎压力监测模块与接收及显示模块有机连接，形成一个工作装置。TPMS 工作过程示意图如图 3.37 所示。

工作原理：TPMS 通过在每一个轮胎上安装高灵敏度的传感器，在行车或静止状态下，实时监视轮胎的压力、温度等数据，并通过无线方式发射到接收器，安装在驾驶室内的接收监测模块通过显示器显示各种数据变化或以蜂鸣等形式提醒驾驶人；并在轮胎漏气和压力变化超过安全门限（该门限值可通过显示器设定）时进行报警（图 3.38 中左右后轮显示的加框部分的状况），以保障行车安全。

TPMS 报警主要为 4 种情况：①胎压≤160kPa；②胎压≥270kPa；③胎温≥75℃；④轮胎快速漏气。

TPMS 按照工作原理差异可分为直接式 TPMS 和间接式 TPMS 两种。

直接式 TPMS（Pressure-Sensor Based TPMS）利用安装在每一个轮胎里的压力传感器直接测量轮胎气压，并对各轮胎气压进行显示及监视，当轮胎气压太低或有渗漏时，系统会自动报警,属于事前主动防御性;还可以监测轮胎温度和蓄电池电压。该类型系统的突出优点是所得数据精确,缺点是成本较高。

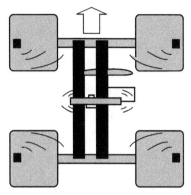

图3.37 TPMS工作过程示意图

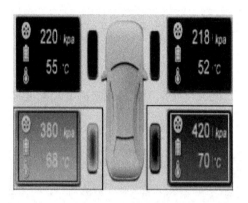

图3.38 TPMS的中控液晶屏显示的胎压异常状况

间接式TPMS(Wheel-Speed Based TPMS)通过汽车ABS的轮速传感器比较轮胎之间的转速差别以达到监测胎压的目的。ABS通过轮速传感器确定车轮是否抱死,从而决定是否启动防抱死系统。当轮胎压力降低时,车辆的重量会使轮胎直径变小,这就会导致车速发生变化,这种变化即可用于触发警报系统向驾驶人发出警告,属于事后被动型。该类型系统的主要缺点是无法对两个以上轮胎同时缺气的状况和速度超过100km/h的情况进行判断,其系统校准较复杂,故障轮胎定位不够准确,无法直观、准确地反映气压数值,使其应用受到很大限制。

因直接式TPMS的功能和性能均优于间接式TPMS,目前直接式TPMS已成为主流发展方向。

3. TPMS的主要功能和特点

(1)事前主动型安全保护。汽车上现有的一些安全装置如安全气囊等属于"事后被动"型安全保护装置,即在事故发生后才起到保护人身安全的作用,而TPMS明显属于"事前主动"型安全保护装置,即在轮胎出现危险征兆时就及时报警,可使驾驶人及时采取措施而将事故消灭在萌芽状态。

(2)延长轮胎使用寿命。统计表明:当轮胎气压超出许可范围时会使轮胎使用寿命缩短,如果轮胎气压比正常值低10%,轮胎寿命将减少15%;而TMPS的使用由于能够实时监测每个轮胎的动态瞬时气压,当轮胎气压出现异常时能及时自动报警,从而减少了车胎的磨损,延长了轮胎使用寿命。

(3)减少燃油消耗,有利于环保。实验显示:轮胎气压低于标准气压值30%,车辆油耗将上升10%。车辆油耗上升不仅增加运行费用,还增加废气排放,加大环境污染。车辆安装TPMS后,能及时发现轮胎气压异常,有效避免轮胎气压异常现象的发生,这不仅有利于降低油耗,而且还可以减轻对环境的污染。

(4)可避免车辆部件不正常的磨损。若汽车长时期在轮胎气压过高的状态下行驶,将会对底盘及悬挂系统造成损害;如果轮胎气压不均匀,会造成制动跑偏,从而增加悬挂系统的磨损。汽车安装TPMS后能有效避免上述现象的发生。

TPMS 是以先进的传感技术为先导，以信息处理和信息传输为手段收集、记录、传输与轮胎所处环境相关的多项参数的综合信息，并对这些信息做出正确判断和处理的汽车主动安全技术。先进的传感器技术、信息处理技术、传输技术在轮胎监测上的应用成为轮胎气压智能监测技术研究的热点。

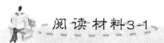阅读材料3-1

吉利集团研发的爆胎监测及安全控制系统简介

2008年，我国吉利集团研发出具有自主知识产权的爆胎监测及安全控制系统（Blow-out Monitoring and Brake System，BMBS）。BMBS采用的是人工智能主动介入技术，除了可以实时监测轮胎的气压并提供胎压过高或过低的预警外，还能够在驾驶人遭遇爆胎反应过来之前，自动接管车辆，代替驾驶人实施行车制动，从而达到降低和化解爆胎风险的目的。图3.39所示为装备BMBS的汽车后轮爆胎的试验现场。

图 3.39 装备 BMBS 的汽车后轮爆胎的试验现场

现场试验表明，装备BMBS的汽车轮胎发生爆胎后，BMBS的安全控制启动，BMBS会在0.5s的时间内实施渐进式自动制动，将车速降至40km/h的安全车速。BMBS与ABS和EBD相结合，避免车轮抱死导致汽车跑偏、侧滑和甩尾现象发生，确保行车安全。

BMBS由爆胎监测模块（分机）、微电脑智能控制器（主机）、电控行车制动器（制动设备）、显示终端（GPS、仪表）等部件组成。BMBS技术的核心是轮胎气压的实时监测和快速行车制动。该系统能在汽车爆胎后及时制动，增大车轮与地面的附着力，并在ABS的支持下使车轮滑移无法产生。在制动的同时使爆胎车轮对应一侧正常车轮产生的制动力大于或接近爆胎车轮的滚动阻力与制动力之和，有效防止爆胎方向偏航。制动更能使汽车行驶速度快速降低，彻底化解爆胎风险。

BMBS能够化解爆胎风险的技术保障：采用智能化自动控制系统，弥补驾驶人生理局限，爆胎后在驾驶人做出反应（$t \leqslant 0.5s$）前替代驾驶人实施行车制动，保障行车安全。

BMBS在轮胎爆胎后因提前做出反应，可赢得3～5s的宝贵时间，取得比驾驶人提前90～150m距离制动的实际效果。该系统提前实施制动的3～5s内，汽车动能下降幅度达到或超过75%，使爆胎危险发生概率大大降低，可以在驾驶人做出行车制动前使汽车速度大幅度降低甚至停车。显然，BMBS的性能优于TPMS。

➡ 资料来源：http://www.autohome.com.cn/tech/201109/238213.html。

3.3.2 碰撞预警安全系统

到现在为止，碰撞预警安全系统（Pre-Collision Safety System，PCSS）尚没有一个严格的定义。就汽车上装置 PCSS 的目的而言，主要有两方面：一是预防交通事故的发生；二是当交通事故不可避免时给予乘员最有效的保护。根据在汽车上装置 PCSS 的基本目的，碰撞预警安全系统可定义为：一种利用信息、通信、监测、控制等技术侦测在行车辆周围动态状况，并辅助汽车驾驶人采取措施或自动紧急制动以避免交通事故发生或减轻事故伤害程度的主动安全装置。根据汽车厂家的不同命名，与碰撞预警安全系统功能相似的装置的称谓还有预碰撞系统(Pre-Crash System)、前方碰撞预警系统(Forward Collision Warning System)、减少碰撞系统(Collision Mitigating System)、碰撞缓解制动系统(Collision Mitigation Brake System)等。图 3.40 所示为丰田公司的碰撞预警系统工作过程，可分为如下 3 个阶段。

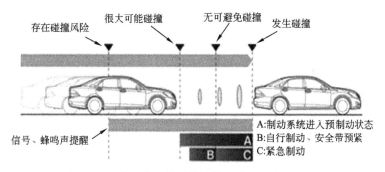

图 3.40 丰田公司的碰撞预警系统工作过程图示

① 当存在碰撞风险时，系统发出声音信号提醒驾驶人。

② 当发生碰撞的可能性很大时，制动系统进入预制动状态，并根据情况进行一定程度的制动，并且预先收紧安全带。

③ 当碰撞不可避免要发生时，进行全力紧急制动。

特别要指出的是，PCSS 并不是一个独立的装置，而是众多主动和被动安全装置的集合，包括碰撞预警制动辅助系统、紧急转向辅助系统、汽车动态综合管理系统等，必要情况下 ESP、安全带也包括在其中。

1. 装置 PCSS 的重要性

调查结果显示 70%以上的交通事故是由于驾驶人分神造成的，危险情况下，如果能提前给驾驶人半秒钟的预判时间，就能大大降低事故的发生率。PCSS 正是基于这样的理念开发的，旨在代替驾驶人提前做出预判，以避免事故的发生或减轻事故的伤害程度。

PCSS 借助于信息监测、通信、电子控制等技术措施实时监视和自动发现可能与在行车辆发生碰撞的车辆、行人及其他障碍物体。就对碰撞预警安全系统的要求而言，希望该装置能在各种天气及环境条件下、在正常行驶状态的车速范围内探测出在行汽车面临的各种危险情况并及时提醒驾驶人及早采取措施或自动实施紧急制动，以避免严重事故发生。

为了有效减少因驾驶人分神等原因造成的交通事故，NHTSA（美国国家公路交通安全管理局）从 2009 年开始，着手研究预防碰撞警示及车道偏移警示的规范；2011 年，欧盟通过一项决议，①要求所有在欧盟地区销售的新款汽车自 2013 年 11 月 1 日起必须安装预先紧急制动系统，②要求欧盟境内的所有车辆自 2015 年 11 月 1 日起必须安装预先紧急制动系统。这些规则与规定的制定及实施充分说明在汽车上装置碰撞预警安全系统的重要性和必要性。

2012年,美国非营利性研究机构公路安全保险研究所(IIHS)的人员针对碰撞预警安全系统如何影响各种形式的保险索赔的研究发现,主动制动辅助系统和主动转向头灯对驾驶人最有帮助。欧盟的研究表明,如果欧盟地区的所有汽车都配置PCSS,交通意外将减少27%,每年可以救回8000人的生命。由于PCSS的优势明显,因而,在汽车上配置PCSS将是未来汽车发展的方向。

2. PCSS的组成、工作原理及技术性能特点

PCSS主要由实时监测雷达、各种传感器、信号处理模块、报警模块及执行机构等部分组成,如图3.41所示。按功能,PCSS可分为信号采集子系统、数据处理子系统、执行机构3部分。

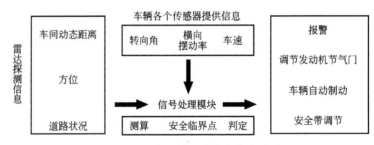

图3.41 PCSS的组成及各部分功用

PCSS的核心技术是利用安装在车辆前端的雷达装置对前方动态车辆及障碍物进行测距,并将测得的车辆及障碍物信息反馈给系统信号处理模块。其各部分的主要功能如下。

(1)信号采集子系统:起数据检测的作用。该子系统一是通过雷达、激光、摄像头等自动测出本车速度、前车速度及两车之间的距离,目前大多采用毫米波雷达、激光雷达和摄像头等实现对周围环境的监测,侦测对象为行人和车辆;二是通过装置于汽车不同部位上的传感器监测车辆的运行状况。

(2)数据处理子系统:起数据处理的作用。该子系统将雷达反馈信息与车辆不同部位传感器检测的信息统合分析,计算出本车与前方障碍物的相对距离和相对速度,并判断两车车距的安全状况,如果两车车距与速度无法满足系统预先设定的最小安全值时就会发出指令。

(3)执行机构:起执行方案的作用。负责实施数据处理子系统发来的指令,发出警报,提醒驾驶人制动,如果驾驶人没有执行指令,执行机构将采取措施,如关闭车窗、调整座椅位置、锁死转向盘、自动制动等。实际中针对安全危险做出的辅助控制步骤是:第一,调节发动机节气门开度,以减小车辆动力输出;第二,操作制动器对车辆实施制动,以避免车辆发生碰撞或减轻碰撞程度;第三,收紧安全带,以防止乘车人员受伤害。

PCSS的工作原理:通过信号采集子系统监测前方及周围交通状况,并将雷达反馈信息与车辆各传感器检测的信息传输给数据处理子系统进行分析判断,若两车车距与速度无法满足系统预先设定的最小安全值时,该子系统向执行机构发出指令,并发出警报提醒驾驶人制动,如果驾驶人没有执行指令,执行机构将自动采取措施降低危险;当系统判断碰撞不可避免要发生时,则会预先收紧前座安全带、启动制动,以最大限度地减轻碰撞所造成的损伤。

PCSS是集光、电、机、声于一体的高科技装置，其基本特点是高智能化、高适应性、高集成化，适用于各种类型汽车。其技术性能特点如下。

（1）制动性能更优。不改变原车的结构，不影响原车的制动性能。安装了PCSS的制动性能比原车的制动性能更优。

（2）信息感知能力更强。PCSS-ECU能够根据车速及天气情况的不同自动进行处理，正常天气、恶劣天气效果同等，不受影响。

（3）自动避撞前方障碍物。当汽车行驶前方出现障碍物并对本车行驶安全构成威胁时，PCSS能实施自动报警、自动减速、自动制动，尽力避免与障碍物相撞。

（4）提前预警后车追尾碰撞。PCSS在工作状态下，后制动信号灯提前点亮，以提醒后车驾驶人注意，同时本车给后车留出一定的制动距离，以避免后车追尾。

PCSS不影响车辆的起步、加速、超车性能。当PCSS工作避免事故发生后，本车自动恢复到初始状态，不影响原车的起步、加速、超车性能。实际中驾驶人可根据需要开启或关闭PCSS。

3. PCSS的应用情况

由于PCSS在事故预防方面的明显优势，世界知名汽车制造商都在大力推进该技术的应用，如奔驰的PRE-SAFE、沃尔沃的CWAB、丰田的PCS、本田的CMBS、大众的Front Assist等。

奔驰是最早进行安全研究的汽车公司之一，在碰撞预警安全系统方面取得了很高的成就，其PRE-SAFE技术已经普及到C级、E级和S级汽车上。

沃尔沃的碰撞预警安全系统称为CWAB，中文为"碰撞警告和自动制动系统"。这套系统最早运用在2006年的沃尔沃S80轿车上。目前，沃尔沃共有三套预防性碰撞系统：城市安全系统、带自动制动功能的碰撞警示系统的CWAB、带全力制动的行人监测系统。

丰田的碰撞预警安全系统称为PCS。丰田凭借其在电子技术方面的优势，不仅是最早将碰撞预警安全系统装备在量产车上的品牌之一，而且也一直居世界领先水平。丰田的PCS主要由4部分组成：预碰撞座椅安全带、预碰撞制动、预碰撞辅助制动和悬架控制。丰田的PCS已装备到雷克萨斯LX和RX、锐志、皇冠等车型上。

本田CMBS（Collision Mitigation Brake System）的研发始于2003年，最初装备于美版雅阁，随后开始在讴歌的部分车型上（包括RL、MDX和ZDX）装备。

大众公司研发的碰撞预警安全系统名称为Front Assist，也称为City Emergency Brake即城市紧急制动系统。这是一种在侦测到危险后可自行制动，从而避免或减轻碰撞的安全系统。目前国内搭载此系统的有大众CC顶配、迈腾顶配等车型。

上述不同汽车厂商推出的PCSS就工作原理而言基本相同，但具体到实现的方式和最终的效果却存在一定的差别。相比之下，奔驰、沃尔沃在这一系统上的表现更加出色，应用也更加广泛。PCSS系统主要利用雷达、激光波束扫描过程中发现的风险，在即将发生撞车事故前以转向盘抖动、警报声或闪灯等形式预警。科技的发展和技术的成熟将会使PCSS变得更加完善，随着更多汽车厂商的加入，PCSS的成本将会进一步降低，在不久的将来PCSS就会广泛用于普通家用车型上。

3.3.3 行人防碰撞系统

行人是道路交通事故中的弱势群体，最容易受到伤害。据世界卫生组织统计，全球每年约有 120 万人死于道路交通事故，其中 46% 为步行者、骑自行车者或者两轮机动车使用者，这一比例在一些低收入和中等收入国家更高。欧盟的分析数据也显示，在欧盟的道路交通事故中，行人的死亡数是车内乘员事故死亡数的 9 倍。中国是典型的以混合交通为主的国家，道路交通情况复杂，人、车并行情况多，行人伤害事故高发，自 1998 年以来，每年死于交通事故的行人均达 1.5 万人，因此行人保护是一项全世界都面临的严峻问题。

1. 行人与车辆碰撞事故的特点

车辆与行人发生碰撞的时候，绝大多数的情况是车头与行人发生碰撞。目前绝大多数乘用车车头在与行人发生碰撞时，行人的下肢和头部是最频繁受到伤害的部位。一般来说，在车头与行人碰撞时，近 45% 的腿部伤害是由于保险杠与行人下肢碰撞造成的，有近 35% 的头部伤害是由于撞击后行人与风窗玻璃碰撞造成的，有近 20% 的头部伤害是由于与发动机舱盖碰撞造成的。由此可见，车头造型的设计和发动机舱盖及风窗玻璃的设计是影响行人碰撞伤害的主要因素。另外，因头部的伤害很可能致命，而下肢的伤害绝大多数仅可能使人致残，这表明头部伤害的危害程度远远大于下肢伤害。

在人车碰撞事故中，行人被撞击是一个综合、复杂的过程，包括人与车辆的一次碰撞，以及人被撞弹出后与道路设施的二次碰撞等。人车碰撞事故的基本特点如下：

① 在大部分的人车碰撞事故中，人体是与车辆的前部发生碰撞，所以车辆前部的形状和刚度是与碰撞伤害程度非常相关的重要参数；而且在 2/3 的人车碰撞事故中，行人与车辆间的碰撞速度小于 40km/h。在车辆与行人发生碰撞的瞬间，行人头部撞击发动机舱盖及发动机舱内的坚硬部件，是造成行人头部伤害的重要原因。

② 在行人死亡的总数中，25 岁以上的人数占 79%；在行人受伤的总数中，20 岁以下的人占 40%。在我国的行人事故中，儿童所占比例远高于国外。

③ 人体头部和下肢是最容易受伤的两个部位，其次是胸部、腹部、脊椎及上肢，人体的这些部位容易受到伤害都与汽车的某些特定部位有直接关系。如人体头部受伤通常是与发动机舱盖和汽车前柱碰撞造成的；骨盆和大腿受伤是与发动机舱盖、翼子板碰撞造成的；大约 3/4 的小腿受伤和 40% 以上的膝盖受伤是与保险杠碰撞造成的。

2. 行人防碰撞保护系统

目前，行人防碰撞保护系统主要包括碰撞缓冲防护系统、主动防护发动机舱盖（罩）系统、车外行人安全气囊系统等。

1）碰撞缓冲防护系统

碰撞缓冲防护系统是一种最基本的行人保护措施，主要涉及车身吸能材料的应用，如吸能保险杠、软性的发动机舱盖材料、前照灯及附件无锐角等。其中，在发动机舱盖断面上采用缓冲结构设计是目前汽车厂商较为常见的做法。本田雅阁的车身结构采用了其最新的高级兼容性车身设计技术（ACE），全新的前部多边形框架式结构设计提高了在各种可能发生的碰撞事故中对撞击能量的吸收效果，能够有效减轻车内外人员受到的伤害。此外，其发动机舱盖、用于固定发动舱盖的铰链、翼子板等均采用了吸收撞击能量的构造，在发生碰撞时，安装于发动机舱盖末端的铰链将带动发动机舱盖下沉，产生缓冲空间，同时发动机舱盖及翼子板吸收撞击能量，能够有效保证行人头部安全；保险杠等部位采用了碰撞吸能材料，可降低对腿部的冲击。图 3.42 所示为本田公司的行人保护车身结构，包括可吸收冲击的前保险杠、可吸收冲击的发动机舱盖、可吸收冲击的发动机舱盖铰链、可吸收冲击的刮水器支架、可吸收冲击的翼子板支架等。

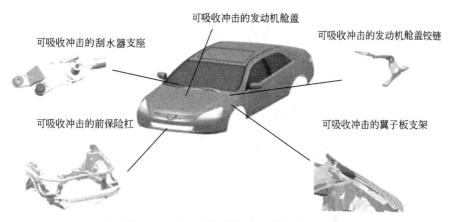

图 3.42　本田公司的行人保护车身结构

目前，碰撞缓冲防护系统技术成熟、成本也相对较低，故应用广泛，国内中级以上车型，如大众朗逸、新宝来、速腾等都采用了这种类似设计。

2）主动防护发动机舱盖（罩）系统

主动防护发动机舱盖（罩）系统是利用发动机舱盖弹升技术，在汽车与行人发生碰撞的瞬间［图 3.43(a)］使发动机舱盖升起，即在发动机舱盖与发动机舱之间形成一个缓冲区，使得被撞行人不直接与发动机舱盖及盖下面坚硬的发动机部件相撞，而与弹升悬起的具有柔性和圆滑的发动机舱盖表面接触，如图 3.43(b)箭头处所示。该系统的加速度传感器检测到碰撞行人之后，其 ECU 进行判断，当车速超过 25km/h 时，则发出指令启动发动机舱盖弹升控制模块，车内配备的弹射装置可在瞬间将发动机舱盖升高，这一过程相当于被撞行人倒下时在其下面垫上了柔性物。

(a) 控制子系统检测到碰撞行人　　　　(b) 发动机舱盖弹升

图 3.43　主动防护发动机舱盖系统

装置弹升式发动机舱盖的目的就是为了在发动机舱盖与发动机之间形成一个缓冲区，以阻止行人在被撞击后其头部直接砸到坚硬的发动机部件上。日产汽车的发动机舱盖弹升主动防护系统是在前保险杠内放置了碰撞传感器，当系统检测到碰撞行人时立即启动弹升控制模块，机械部件以爆炸的方式在瞬间举升发动机舱盖，以减少对行人的伤害。

除此之外，还辅之以一套被动缓冲系统作为补充。这种设计意在通过使用可压碎泡沫和塑料遮盖物来减轻对行人腿部的伤害。目前，类似技术在本田讴歌 RL 和 TL，日产 GTR、350Z 和 Skyline，英菲尼迪 G37，雪铁龙 C6 等车型上广泛应用。

3) 车外行人安全气囊系统

车外行人安全气囊系统以气囊为碰撞缓冲装置,为避免人体直接撞击汽车的前风窗玻璃,在发动机舱盖及前风窗玻璃附近设置安全气囊,如图 3.44 所示,两者配合使用。发动机舱盖安全气囊在保险杠上方紧靠保险杠处开始展开;车外行人安全气囊系统旨在避免人体撞击汽车的前风窗玻璃,以免在猛烈碰撞下行人受到严重伤害。

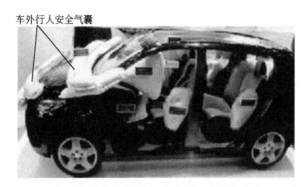

图 3.44 发动机舱盖及前风窗玻璃附近设置安全气囊示意图

行人安全气囊的工作方式与传统的汽车安全气囊一样。碰撞事故发生前由一个碰撞预警传感器激发,50~75ms 内完成充气。充气后的安全气囊在两个前照灯之间的部位展开,由保险杠顶面向上伸展到发动机舱盖表面以上,以保证儿童头部和成人腿部的安全。

福特汽车公司的行人安全措施采用了两种可在碰撞中对行人进行保护的安全气囊:一是发动机舱盖气囊,一是前围安全气囊,两者配合使用可减少最常见的行人伤亡事故。目前主要用在一些高档轿车上。

3.3.4 制动辅助系统

制动辅助系统(Brake Assist System,BAS),也称制动辅助(Brake Assist,BA),而 EBA(Emergency Brake Assist,紧急制动辅助)也有解释为电子制动辅助(Electronic Brake Assist)。无论是 BAS、BA 还是 EBA,虽然各汽车厂家在 EBA 或 BA 的名称使用或解释上各有区别,但其工作原理是相同的。图 3.45 所示为未装 BAS 与装有 BAS 的作用过程与制动效果对比。

BAS 通过对驾驶人踩踏制动踏板的速率理解制动行为,系统通过感应作用于制动踏板的制动压力大小检测紧急制动情形,然后对制动器施加最适宜的压力,这有助于减小制动距离。在车辆行驶过程中,BAS 全程监测制动踏板,一般正常制动时并不介入,会让驾驶人自行决定制动的力度大小,但当其侦测到驾驶人突然以极快的速度和力度踩下制动踏板时,会被判定为需要紧急制动,于是便会对制动系统进行加压,以产生最强大的制动力度(图 3.45 中装有 BAS 的制动系统作用于制动盘两侧的夹紧力明显大于未装 BAS 的制动系统),让车辆及驾乘者能够迅速脱离险境。相关数据分析表明,装置 BAS 的车辆比未安装该系统的车辆的制动距离可缩短 45% 左右。图 3.46 所示为带 BAS 和不带 BAS 制动时的制动力比较。

BAS 的工作原理:采用传感器探测驾驶人踩踏制动踏板的力度与速度,从而判断出驾驶人的制动意图。如果驾驶人踩踏制动踏板的力度与速度都非常大,说明驾驶人遇到了紧

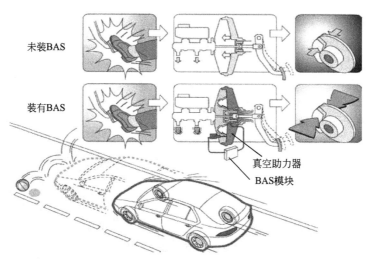

图 3.45 未装 BAS 与装有 BAS 的作用过程与制动效果对比

急情况需要全力减速制动，因此，无论驾驶人是否对制动踏板施加了足够的压力，BAS 能在几毫秒内启动全部制动力，自动提供最大的制动效果，以制止交通事故的发生。

BAS 的作用：紧急制动时自动增加制动力度，缩短制动距离，提高安全性。

BAS 与 ABS 配合使用，辅助 ABS。ABS 能缩短制动距离，并能防止车辆在制动时失控，从而减少了事故发生的可能性。但在紧急制动情况下驾驶人往往由于制动不够果断或踩踏力不足而无法快速触发 ABS

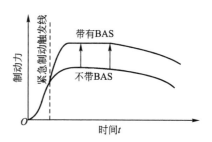

图 3.46 带 BAS 和不带 BAS 制动时制动力比较

浪费了制动时间，从而达不到预期的效果。为此，BAS 可使现有的 ABS 具有一定的智能，当踩制动踏板的动作快、力量大时，BAS 就判断驾驶人紧急制动，并让 ABS 工作，迅速增大制动力，使其在快速制动时发挥最好的效果。

BAS 的优点：即使驾驶人踩踏制动踏板的力量很弱，也能产生很大的制动力，这给老人或女性等脚踝腿部力量不足的人提供了方便；松开踏板时能自动减少辅助力量，降低制动时的不适应感。

BAS 有电子控制式和机械式两种形式。目前，电子控制式 BAS 在不同品牌的高端车型中已经比较常见，中级车的部分车型也已经配备该系统。作为车辆电子辅助系统中的一部分，与 ABS、ASR、EBD、ESP 等系统协同工作，共同保障车辆行驶过程中的安全。

需要特别指出的是，BAS 虽然具有辅助制动功能，但并不能完全避免事故（如超速转弯，在湿滑路面上行驶或滑水现象导致的事故），遇到紧急情况时，驾驶人的正确操作最为关键，其 BAS、ABS 等安全装置只起辅助作用，一切以鲁莽或危险的方式过分使用依赖 BAS 的行为，必定会危及自身和他人安全。

阅读材料3-2

汽车安全技术的集成化趋势及TRW汽车集团

TRW汽车集团（TRW Automotive，天合汽车集团）是全球领先的汽车安全系统供应商之一，集团总部设在美国密歇根州利沃尼亚市。TRW集团生产汽车制动、转向、悬挂、乘员安全方面的高科技主、被动安全产品及系统并提供售后市场作业。TRW集团的产品包括集成化车辆控制系统、驾驶辅助系统、制动系统、转向系统、悬挂系统、乘员安全系统（包括防护气囊和座椅安全带）、安全电子装置、发动机部件、工程紧固系统和零部件售后配换及技术服务。

多年来，TRW汽车集团致力于集成化开发，并早已开始对主、被动安全系统进行技术整合和运用。以TRW的预警安全系统为例，当发生意外时，系统自动在制动器摩擦片上施加足够的压力启动BAS或ESP；若感知汽车严重打滑，预警安全系统则自动激活ACR（电控座椅安全带预张紧器，即主动控制牵引器），继而把前座椅移至最佳的安全位置，在前座椅位于安全气囊保护的最佳距离的同时，ACR自动收紧座椅安全带加强乘员保护。该技术整合所采用的制动辅助系统，能在潜在碰撞发生前启动安全防护措施。TRW的ACR技术还具可逆转性，如果碰撞事故实际中得以避免，ACR则在几秒钟内自调恢复至初始状态。

随着集成化程度的进一步提高，汽车安全技术将向具有一定先知先觉感知能力、智能化反馈、全方位保护等方向发展。如具有一定先知先觉感知能力的预警驾驶辅助系统不需驾驶人操作便能自动运行和监控驾驶环境。预警技术一般建立在传感技术（如雷达、实时摄像）基础之上，传感装置随时监控相关驾驶环境。TRW集团一直研发着一系列基于雷达技术的传感系统，如ACC。驾驶辅助早期主要是为驾驶人提供驾驶便利，现已发展成为主动安全技术中不可或缺的部分。

高度集成的安全系统除了有效控制车辆、保护车内乘员外，还需兼顾车辆外部人员。TRW集团的行人保护系统能有效降低人车相撞的概率，或当碰撞在所难免时保护驾驶人和行人的安全。首先，基于雷达或摄像的感知系统能察觉道路上肉眼不易察觉的物体，如突然出现的行人，在感知系统及时提醒驾驶人的同时，制动助力系统、电子液压制动等系统同时启动，自动降低车速，从而防止碰撞发生或降低碰撞严重性。如果人车相撞不幸发生，TRW集团研发的行人安全气囊会从发动机舱盖下瞬间充气展开，减小车辆碰撞人体的力度。

➡ 资料来源：http://www.pcauto.com.cn/qcyp/xwzx/0708/473977.html.

3.4 汽车安全辅助驾驶技术

汽车安全辅助驾驶技术包括车道偏离预警系统、行车车距预警系统等。

3.4.1 车道偏离预警系统

汽车安全专家指出约有50%的交通事故是由汽车偏离正常的行驶车道引起的，究其原因主要是驾驶人心神烦乱、注意力不集中或驾驶疲劳所致。基于这一问题开发的车道偏离预警系统(Lane Departure Warning System,LDWS)有望彻底消除此类事故的发生。

LDWS是一种通过报警的方式辅助驾驶人减少汽车因车道偏离而发生交通事故的主动安全系统。该系统利用摄像机检测白色路线标记(图3.47),能够在驾驶人未打转向灯而车辆却开始偏离原车道时提供智能的车道偏离预警(约在偏离车道0.5s之前发出警报),为驾驶人提供更多的反应时间,可大大减少了因车道偏离引发的碰撞事故。预警的方式是通过声音信号警告、转向盘振动或座椅振动提醒驾驶人。此外,使用LDWS还能纠正驾驶人转向不打转向灯的习惯,该系统的主要功能是提醒过度疲劳或解决长时间单调驾驶引发的注意力不集中等情况。

图3.47 车道偏离预警系统

1. 工作原理与工作过程

LDWS的工作原理:当车道偏离时,摄像头(一般安置在车身侧面或后视镜位置)实时采集行驶车道的标识线(图3.47中的白色行车道),通过图像处理获得汽车在当前车道中的位置参数,当检测到汽车偏离车道时,传感器会及时收集车辆数据和驾驶人的操作状态,之后由控制器发出警报信号,整个过程大约在0.5s完成,为驾驶人提供更多的反应时间;而如果驾驶人打开转向灯,正常进行变线行驶,LDWS则不会做出任何提示。

LDWS的工作过程:在车辆没有启动转向指示灯而越过路标时,传感器监测到车辆的这一动作并触发ECU,ECU根据感知到的信息及时分析判定偏离车道的程度,并通过驾驶人座椅振动或转向盘振动对驾驶人进行警示,提醒驾驶人马上采取行动,以使车回到原行车道上。

2. 系统的分类和基本组成

美国国家公路交通安全管理局开展的"采用智能车辆道路系统对策的道路偏离避撞警告项目"研究将车辆偏离预警系统分为"纵向"和"横向"车道偏离警告两个主要功能。纵向车道偏离警告系统主要用于预防那种由于车速太快或方向失控引起的车道偏离碰撞,横向车道偏离警告系统主要用于预防由于驾驶人注意力不集中及驾驶人放弃转向操作而引起的车道偏离碰撞。

已经商业化使用的LDWS产品都是基于视觉的系统,根据摄像头的安装位置不同可以分为前视系统和侧视系统两种类型。前视系统中的摄像头安装在车辆前部,斜指向前方的车道;而侧视系统的摄像头安装在车辆侧面,斜指向车道。

无论是前视系统还是侧视系统,都由道路和车辆状态感知器(传感器)、车道偏离评价算法和信号显示界面3个基本模块组成。LDWS首先通过状态感知模块感知道路几何特征和车辆的动态参数,然后由车道偏离评价算法对车道偏离的可能性进行评价,必要时通过信号显示界面向驾驶人报警。

基于视觉(摄像头)方式采集数据的LDWS产品,在雨雪天气或能见度不高的路面时其采集车道标识线的准确度会下降。为解决这一难题,开发的红外线传感器提高了恶劣环境下采集车道标识线的精度和准确性。红外线传感器一般安置在前保险杠两侧,即使是恶劣的环境路况也能识别车道标志线,能在任何环境路况下及时向驾驶人提供汽车偏离道路的状态信息。

目前LDWS在大众CC、宝马5系、奔驰E级、英菲尼迪M系等车型均已配备。

3.4.2 行车车距预警系统

3.3.2节碰撞预警安全系统中其实包含了行车车距预警系统,在此不再专门讨论。

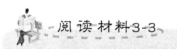

汽车主动安全技术的发展趋势

随着现代科学技术的快速发展和人类社会文明的不断进步,人们对汽车的安全性能也提出了更高更新的要求,对汽车安全技术的研究和应用也越来越重视。

20世纪80年代以前,汽车安全技术主要集中于被动安全技术方面,即在车辆发生交通事故时如何更好地保护乘员和行人的生命安全,因而,在过去相当长的时间里,提高车辆安全性都意味着提高被动安全性能。自20世纪80年代以来,随着电子技术、控制技术、传感器技术和新材料在汽车产品中的广泛应用,汽车主动安全技术获得了快速发展,与此同时,汽车主动安全性能的研究在发达国家也受到了高度重视。

现代汽车安全技术分为主动安全技术和被动安全技术。快速发展的汽车主动安全技术能否完全替代汽车被动安全技术?对此的答案是否定的。在目前科技条件下,汽车主动安全技术和被动安全技术是相辅相成的,两者相互补充,缺一不可。道路交通实践证明,汽车主动安全系统不可能完全取代被动安全系统,即使给汽车装上处理速度极高的巨型计算机,并配以灵敏度极高的传感器系统,也不可能完全避免交通事故的发生。

现如今,汽车安全技术的研究已由单一安全技术的研发,向各种安全技术相融合协同的集成化、系统化和智能化方向发展。其中,汽车安全技术集成化的意义是指将汽车的主动安全和被动安全技术融为一体,进行综合应用;汽车安全技术系统化的意义是指以系统的观点将"人-车-环境"作为一个整体来考虑,使三者相互协调,达到各自性能的最佳匹配;汽车安全技术智能化的意义是指汽车安全系统以现代探测技术、光电传感技术、计算机技术和自动控制技术为核心,具有特定的识别判断能力,能在各种复杂情况下自动协助驾驶人或自行控制汽车,确保行车安全。

当今，汽车主动安全技术与被动安全技术融合、汽车主动系统与被动安全系统集成的趋势十分明显。复杂的融合技术将近距离雷达、远程雷达、影像传感、转向及翻滚角度传感、稳定控制电子传感等诸多技术结合在一起，对驾驶环境实施全面监控，集中比较、分析多方面的数据，在必要时启动最适当的下一级系统，自动地或辅助驾驶人采取正确的防护措施。集成的主、被动系统能实现更强的安全性能，最大限度地保护车辆、乘员乃至行人的安全，其价值远远超过了各自独立、互不相干的防护系统。

汽车安全技术(装置)也是集电子、机械、材料于一体的高科技产品。未来的汽车安全技术将向着微处理机、软件技术、多通道传输技术、集成化技术、车载网络系统、光导纤维传导技术、声呐传感技术、纳米技术等更先进的技术领域发展。随着更多的新技术不断地运用到汽车上，可以相信，未来的汽车将更加安全、更加可靠、更加人性化、更加智能化。

思 考 题

3.1 汽车安全技术为什么受到越来越广泛的重视？你认为其背后的主要原因有哪些？汽车主动安全技术主要包括哪些基本内容？

3.2 ABS 是如何工作的(工作原理)？ABS 为什么能提高制动稳定性？

3.3 ASR、EBD 分别是如何工作的(工作原理)？ASR 是如何实现驱动防滑的？EBD 是如何实现制动力与摩擦力的实时平衡的？

3.4 ESP、EPS 分别是如何工作的(工作原理)？ESP 系统在车辆转弯时对行驶方向是如何进行实时调节的？EPS 有何特点？

3.5 ACC、TPMS 分别是如何工作的(工作原理)？有何特点？

3.6 PCSS、BAS 分别是如何工作的(工作原理)？简述 PCSS 的技术性能特点。

3.7 行人防碰撞保护系统主要有哪几种形式？分别是如何对行人进行保护的？

3.8 LDWS 是如何纠正车辆偏离原车道的？

第4章

汽车被动安全技术(装置)

本章教学要点

知识要点	掌握程度	相关知识
汽车被动安全性	掌握其意义、分类、特点，以及二次碰撞与一次碰撞之间的内在联系	与主动安全性的内在联系与区别
基于伤害减轻的被动安全技术(装置)	掌握安全车身的结构特点及提高车身碰撞安全性的主要结构措施；掌握座椅安全带和安全气囊的分类、工作原理、对乘员保护的特点；掌握座椅分类、组成及主要部件功用；掌握吸能防伤转向机构的工作原理、主要结构形式与吸能机理	汽车碰撞法规对被动安全性的要求；汽车被动安全技术改善和提高乘员保护效果的发展趋势
基于防止灾害扩大的被动安全技术(装置)	掌握车载灭火器、自动灭火系统的灭火原理；掌握汽车电控门锁、紧急门锁释放系统的基本结构、工作原理；掌握GPS救援系统的工作特点	灭火系统、紧急门锁释放系统、GPS救援系统的作用及对挽救伤者生命的重要性
基于提高被动安全性能的重要部件和结构	掌握鼓式、盘式两种制动器制动效能的差异、产生的原因及其主要影响因素；掌握安全轮胎的概念及不同轮胎结构对汽车安全性的影响；掌握车用玻璃的类型、特点及对安全性的影响	盘式制动器在轿车上获得广泛应用的原因；轮胎结构对汽车安全性的重要性；汽车玻璃新技术

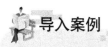

导入案例

驾驶人不系安全带遇车祸时被甩出车外

事故经过：2013年春季某日上午，某驾驶人驾驶一辆轻型厢式货车由渝湘高速某收费站上道，前往重庆方向。10时多，当车行驶至高速公路进城方向一路段时，车辆突然撞向中央隔离护栏，并原地旋转，该驾驶人被顺势甩出车外，滚到道路右侧20多米高的边坡下，身受重伤，而同车坐在副驾驶位的乘员仅受轻伤。

同坐一车，为什么驾驶人受伤如此严重？根据重庆高速公路执法人员现场勘查和高速公路监控视频显示，当时副驾驶位的乘员系着安全带，而驾驶人却没系安全带。

事故原因：执法人员说，据事后驾驶人称，上道前为躲避执法队员检查，他将肩部安全带假挂在胸前，腰部的部分则塞在背后，上道后觉得麻烦，干脆将安全带抛于身后。驾驶人不系安全带的这一行为导致事故发生瞬间，他在惯性作用下被往前抛，撞碎车辆前风窗玻璃后被甩出车外，滚到道路右侧20多米高的边坡下。

驾乘人员不系安全带很危险：汽车上的安全带到底有多重要？安全专家指出，系好安全带在事故发生时一是能使驾乘人员不致与转向盘、仪表板、风窗玻璃发生二次撞击；二是可有效防止驾乘人员被抛出车外。

高速公路执法人员指出，他们在日常检查中发现，一些驾乘人员为图方便，有意不系或不系好安全带。上高速公路行驶的车辆，尤其是私家车，有30%的驾驶人不系安全带，而坐在副驾驶位上的乘客，不主动系安全带的也不少；有的驾乘人员的安全带所系位置不当或过于宽松，使安全带在关键时刻起不到应有的作用。

高速公路上驾乘人员不系安全带逃避检查的表现方式：在高速公路入口为应付检查，把安全带斜挎于胸前，上道以后则把安全带取下；行车途中看到前方有检查，边开车边系安全带。

资料来源：http://news.cheshi.com/20130301/859417.shtml.

前已述及，汽车被动安全性是指当交通事故不可避免地要发生时，汽车本身保护乘员和行人，减轻人员伤害和货物损失的能力。汽车被动安全性既包括减轻事故车辆车内乘员受伤和货物受损的能力，也包括减轻对事故所涉及的其他人员和车辆损害的能力；既包含事故发生时的安全性，也包含事故发生后的安全性。

4.1 概　　述

汽车被动安全性按碰撞事故发生时需保护对象位于车辆内部和外部位置的不同，可进一步分为内部被动安全性和外部被动安全性。内部被动安全性是指汽车所具有的在事故中使作用于乘员的加速度和力降低到最小，事故发生后提供足够的生存空间并确保对事故车辆内被困伤员（乘员）营救起关键作用的重要部件的可操作性的能力，如事故发生过程中作用于乘员的加速度和力是否超过许可范围，乘员舱是否坚固，事故发生后车门能否方便打开等。决定内部被动安全性的主要因素包括车身变形状态、乘员舱强度、碰撞事故发生时和发生后乘员的生存空间、约束系统、乘员车内二次碰撞被撞击的面积、转向系统、乘员被营救的方便性及防火等。外部被动安全性是指事故发生过程中对行人、自行车、摩托车乘员等车外交通参与者的伤害减至最轻的能力。决定外部被动安全性的主要因素包括车身外部形状、碰撞事故发生后车身变形状态、保护车外交通参与者的辅助设施等。

因汽车的被动安全性多和广义的汽车碰撞事故联系在一起，故汽车被动安全性又被称为"汽车碰撞安全性"。就汽车碰撞事故而言，按碰撞事故过程中不同碰撞对象组碰撞发生先后顺序的不同可进一步分为一次碰撞和二次碰撞。一次碰撞是指汽车与汽车或汽车与障碍物之间的碰撞，其碰撞对象组为车-车或车-障碍物，可视为刚性物之间的碰撞；二次碰撞是指因一次碰撞后车辆车速急速降低，车内乘员因惯性力作用效果与车内结构物之间的碰撞或被甩出车外引发的碰撞，其碰撞对象组为人-车内结构物或人-车外结构物，可视为柔性体对刚性物之间的碰撞。造成二次碰撞的原因是汽车发生一次碰撞后车速急速降低（停止），因车内乘员的减速度小于汽车减速度，导致乘员停止运动的时间比汽车停止运动的时间滞后，在汽车停止运动后乘员身体因惯性力还会继续向前运动而与车内结构物（如转向盘、仪表板、风窗玻璃等）发生直接接触所形成的碰撞现象。实际中，发生二次碰撞时因汽车停止运动后乘员身体还会向前运动而与车内结构物发生直接接触或被甩出车外而造成从轻伤到致死的各种不同伤害。乘员在碰撞过程中受到损伤甚至死亡的主要原因可归纳为如下 4 方面。

① 一次碰撞过程过分剧烈，以致传递到乘员身上的加速度值超过了人体的承受极限，使人体器官受到损伤引起伤亡。

② 碰撞过程中乘员舱外部的刚硬物体侵入乘员舱内部，直接将乘员挤压伤亡。

③ 由于一次碰撞过分剧烈而引起严重回弹，致使乘员在车内遭受前后两个方向的多次"二次碰撞"而受伤直至死亡。

④ 在碰撞过程中，乘员舱变形太大，以致乘员缺乏必要生存空间而伤亡。

以上 4 方面中，除了乘员舱外部的刚硬物体侵入乘员舱内部直接将驾乘人员挤压伤亡外，其他均与一次碰撞和二次碰撞的剧烈程度有关，由此可见，减轻一次碰撞和二次碰撞的剧烈程度是提高车辆碰撞安全性的关键。

按碰撞事故发生时和发生后的危害特征及受伤对象的不同，汽车被动安全性可进一步分为事故发生时安全性和事故发生后安全性。事故发生时安全性是指事故发生过程中汽车保护乘员和行人，减轻乘员和行人伤亡及车辆损失的结构性能。事故发生后安全性是指事故发生后迅速消除事故后果并避免新的危害扩大的性能，即减轻事故后果的能力。对于后者，由于事故的突发性及事故现场交通环境的复杂性，常常伴随着二次伤害发生，作为防止事故后出现二次伤害的安全性，必须考虑防止事故车辆发生火灾及迅速疏散车内乘员的性能。

随着道路条件的改善及高速公路的网络化，汽车平均行驶速度不断提高，导致碰撞事故发生时的车速也相应提高，而碰撞事故发生时的车速越高，引起的伤害程度则会越严重。因而，降低碰撞事故过程中乘员减速度、减轻与避免碰撞伤害一直是汽车被动安全性关注的重要内容，为此，汽车被动安全技术一直从改进车身结构和提高乘员保护性两个方向研究保护措施。其中，改进车身结构主要为降低或减轻一次碰撞造成的伤害，即安全车身结构；提高乘员保护性则为减轻二次碰撞造成的乘员伤害或避免二次碰撞，主要通过限制乘员位移措施和消除车内部件（突出物）致伤因素达到其目标。提高乘员保护性的宗旨是不断完备乘员保护系统,具体措施包括装置安全带及提高安全带固定强度、装置安全气囊、采用具有防伤功能的吸能转向系统、车内仪表板及饰件软化、采用安全玻璃等。

概括起来,汽车被动安全对策涉及车身结构、座椅、车门强度和车顶、安全玻璃、转向盘和转向管柱、安全带、安全气囊、内饰件、车轮制动器、轮胎等,其主要内容如下:

① 车身结构及性能——尽量减轻乘员伤害。包括乘员舱(驾驶室)、车身结构的刚度和车顶的强度,防止前部碰撞、侧面碰撞、追尾碰撞及翻车的性能,特别是轿车的侧门强度等。

② 座椅及约束系统的安全性——保证撞车时对乘员具有良好的保护性。包括座椅强度、安全带强度、安全带固定点的强度、安全气囊、座椅头枕等。

③ 消除汽车内外凸出物致伤因素——尽可能降低撞车时凸出物对乘员的伤害。包括汽车内外凸出物平滑化处理、车内饰件软化、采用吸能转向盘、柔性转向器、防撞溃缩机构等。

④ 货车和挂车两侧及后端下部安装防护装置——防止行驶过程中与其他车辆、行人、动物发生刮擦、相撞而造成事故。包括商用汽车防钻措施、商用汽车货箱侧面及后下部的护栏等。

⑤ 制动器与轮胎——主要是改善制动器的抗热衰退性及轮胎行驶过程中的安全性。包括制动器结构形式的选用,制动器摩擦材料性能的改进与提高,采用安全轮胎,轮胎附着性能的改进等。

⑥ 事故后安全性——预防火灾发生及防止火灾扩大和使驾乘人员能够迅速从事故车辆中解脱出来的安全系统。

⑦ 汽车安全玻璃——防止被撞击破碎后伤人,增强玻璃的功能化及安全机能。

4.2 基于伤害减轻的被动安全技术(装置)

基于伤害减轻的被动安全技术(装置)包括安全车身、座椅安全带、安全气囊防护系统、汽车座椅、吸能防伤转向机构等。

4.2.1 安全车身

国外对大量汽车碰撞事故的统计研究表明,在正面碰撞、侧面碰撞、尾部碰撞、翻车等主要碰撞事故中,车辆发生前部碰撞的比例超过50%,并且乘员也大多是在这一类碰撞事故中受伤或死亡,特别在导致严重损伤和死亡的事故中,前部碰撞分别占了70%和50%。

1. 汽车的主要碰撞形式及其特点

汽车在行驶过程中,由于道路交通状况的复杂性,实际道路上车辆发生碰撞事故的类型尽管多种多样,但按其发生时所处的部位划分,碰撞形式主要有前部碰撞、侧面碰撞、尾部碰撞,另外还有车与行人的碰撞及翻车等。汽车前部碰撞是指在汽车发生碰撞事故时,主要撞击力作用于汽车的前部,并在汽车中心轴线30°范围以内,包括正面碰撞和偏置碰撞即斜碰。美国统计的各类碰撞事故伤害类型的概率分布如图4.1所示。

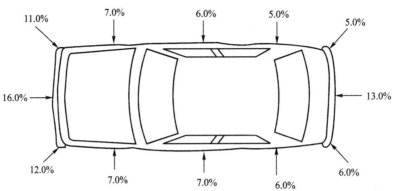

图 4.1 美国各类碰撞事故伤害类型的概率分布

前部碰撞、侧面碰撞、追尾碰撞、翻车等事故形态特点如下。

(1) 前部碰撞发生率较高,占总数的 50%～65%,其死亡人数占到碰撞事故死亡人数的 31%。前部碰撞的危害后果与碰撞事故发生时车辆运动速度的高低、车辆的质量大小、车身前部结构密切相关。实际中,碰撞事故发生时车辆的运动速度越高、车辆的质量越小,车身前部结构变形会越大,危害后果会越严重。

(2) 侧面碰撞事故形态发生率也较高,仅次于正面碰撞。由于绝大多数车辆遭受侧撞时车内结构件和装饰件能够吸收的能量有限,并且可利用的缓冲吸能区域也很小,因而侧撞时引起的车内严重变形对汽车乘客伤害的危险性很高。在汽车侧面碰撞事故中,其乘员重伤和死亡率高达 25% 以上,是造成乘员重伤和死亡的主要事故类型。其中 43%～55% 是车对车碰撞事故造成的,另外 12%～16% 是由于车体侧面撞击到柱状物造成的。

(3) 绝大多数情况下追尾碰撞由于相对碰撞速度较低,并且轿车尾部一般有足够的碰撞吸能区间(短尾车除外),较前部碰撞的伤害程度相对降低,对车内乘员的伤害主要是颈部冲击损伤。但若是轿车以高速钻入货车尾部则造成的后果会非常严重。

(4) 翻车事故可进一步分为侧翻和滚翻,侧翻事故绝大多数情况下的伤害后果较正面碰撞和侧面碰撞要轻;而滚翻事故总体上发生的比例很低,但死亡率却很高,死亡人数占到碰撞事故死亡人数的 33%,而且多数是由于乘员被甩出乘员舱造成的。因而,滚翻事故一旦发生其后果会很严重。

2. 车辆正面碰撞时车身前部变形特性

轿车前部结构在不同碰撞作用力下的变形量的 3 个不同区域划分如图 4.2 所示。其中 A 区为低速碰撞与行人保护区,B 区为碰撞能量吸收区,C 区为自我保护区。

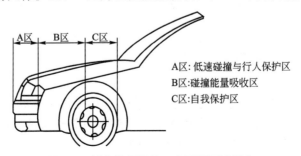

图 4.2 轿车前部结构 3 个不同区域划分

轿车车身前部变形力梯度特性如图 4.3 所示。按作用力和变形量的不同，分为行人保护、低车速保护、小撞击力共存（事故双方共存保护）、乘员自身保护、幸存空间 5 个区域。其中，行人保护、低车速保护对应于图 4.2 中的乘员 A 区；小撞击力共存（事故双方共存保护）对应于图 4.2 中的 B 区；乘员自身保护对应于图 4.2 中的 C 区。

由图 4.3 可以看出，①总体上，变形量随着作用力的增大而增大；②变形量随着作用力的增大呈阶梯状增加趋势。这样的变形特性对保护行人、车辆自身及车内乘员是有利的，即在低速碰撞条件下，车辆的变形及变形力都较小，以保护行人或车辆自身免受伤害；中速碰撞条件下变形力变化尽可能均匀平缓，以最大限度地降低撞击时车身加速度峰值；发生剧烈碰撞也就是高速碰撞条件下要求能有效阻止变形向乘员舱扩展以保护乘员舱乘员。

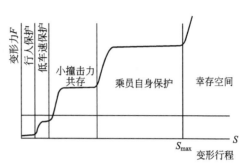

图 4.3　轿车车身前部变形力梯度特性

3. 碰撞安全的车身设计原则

纵观国内外现有技术状况，改进车身碰撞安全措施主要集中于汽车车身结构的缓冲与吸能。而保证汽车车身结构具有良好的缓冲与能量吸收特性的基本措施主要有两方面：一是优化车身结构变形区域设计，使车身前、后部结构尽可能多地吸收碰撞能量；二是控制受挤压构件的变形形式，防止车轮、发动机、变速器等刚性构件侵入驾驶室（乘员舱）。

从车辆碰撞变形及乘员保护的角度通常把整个车身划分为前部（前撞区）、中部（乘员安全区）、后部（后撞区）3 个不同区域，如图 4.4 所示。对前、后撞区的要求是"软"，就是当车辆发生碰撞时"撞区"能够以尽可能多的变形吸收撞击能量，剩余能量尽可能地传至大梁、立柱等处；对乘员安全区的要求是"硬"，以尽可能少变形，原因是车身变形会直接伤及乘员或直接影响乘员在发生事故后的逃逸性能。

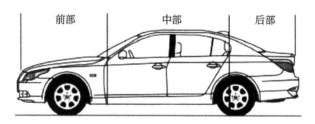

图 4.4　轿车车身的前中后 3 个不同区域划分

轿车的前部、中部、后部分别为发动机室、乘员舱（室）、行李箱。实际中也通常把这 3 个不同空间分别称为轿车的"厢"，如果这 3 个厢是相互独立的，就称为三厢车；如果驾驶舱和行李箱是结合在一起的，则称为两厢车。

碰撞安全的车身设计原则是利用车身前、后部、侧围构件的变形有效地吸收碰撞能量，车身乘员舱坚固可靠，以确保乘员的有效生存空间。就提高安全车身乘员舱碰撞安全性而言，乘员舱的设计需要重点关注两方面的问题：一是碰撞事故发生时对碰撞能量的吸收；二是碰撞事故发生时保持乘员舱的完整性，以尽可能避免乘员受到挤压和冲击。

汽车碰撞中，车身是吸收能量的主体，车身的安全设计水平主体上决定了车辆的被动安全性能。为了减轻汽车碰撞时乘员的伤亡，车身设计在着重加固乘员舱部分强度的同时，还需适当弱化汽车头部和尾部的强度（图4.5中阴影线部分），即中间"硬"前后"软"，如图4.5所示。

适度弱化汽车头部和尾部的强度有利于其在被压扁变形的过程中吸收较多碰撞能量，而重点加固乘员舱部分的强度有利于减轻变形以便保证舱内乘员生命安全。汽车发生正面碰撞时车身良好的能量吸收特性具有两方面的含义：一是当汽车发生正面碰撞时其前部结构要尽可能多地吸收碰撞能量（正面碰撞时变形吸能区与乘员舱示意图如图4.6所示），以使作用于乘员的冲击力和加速度降至规定的范围内；二是控制各受压部件的变形形式及变形量，以有效防止车轮、发动机、变速器等刚性部件受压后侵入驾驶室而对驾驶室内乘员造成伤害。

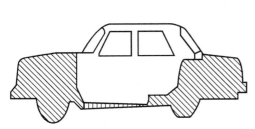
图4.5　轿车车身中间"硬"前后"软"示意图

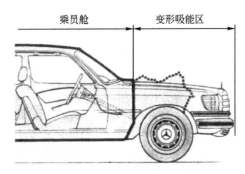
图4.6　正面碰撞时变形吸能区与乘员舱示意图

汽车车身A柱、B柱、C柱位置和结构简图如图4.7所示。目前，轿车车身结构主要是由薄壁梁型结构和接头构成的框架结构，如图4.8所示。车身结构的防撞性主要决定于该框架结构的刚度及其整体变形特性，对车身结构的基本要求是由薄壁梁型结构和接头组成的框架在碰撞过程中吸收大部分碰撞能量，并为乘员舱提供满足法规规定要求的刚度。在此框架结构中，乘员舱的框架如横梁、纵梁、A柱、B柱等重要受力部位采用高强度的材料，旨在发生碰撞时变形尽量小；而对车前部和后部为能够吸收撞击力，可以使用强度相对较低的材料，整体上就是针对车身上不同区域及不同受力状况，采用不同强度的钢材料，如图4.9所示。

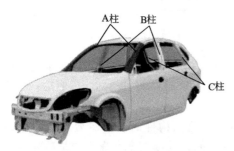
图4.7　汽车车身A柱、B柱、C柱位置和结构简图

图4.8　由薄壁梁型结构和接头构成的车身框架结构简图

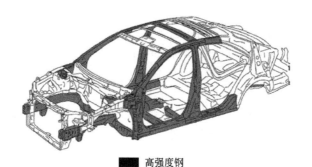

■ 高强度钢

图 4.9　针对车身不同区域采用不同强度钢

安全车身结构可通过使用普通、高强度、超高、特高等不同强度的钢梁形成的车身骨架构成前部、中部、后部等不同变形吸能区域。对于乘员舱，通过使用超高强度钢，保证其强度，并在侧面增加特高强度的加强筋，将侧面碰撞力有效地转移到车身中具有保护作用的梁、柱、地板、车顶及其他部件上，使撞击力被这些部件分散并吸收，从而最大限度地把可能造成的损害降低到最低程度。

一辆车体结构足够好即具有良好碰撞安全性的汽车在碰撞中起到的保护作用不逊色于安全带和安全气囊。那么，什么是好的车体结构呢？虽然尚无统一说法，但一般认为是坚固的笼型结构。因为其能够把驾乘人员所在的乘员舱保护得更好，所以就碰撞安全性而言，强化加固乘员舱部分的强度、适度弱化汽车头部和尾部的强度有利于提高碰撞安全性。

4. 提高车身碰撞安全性的结构措施

（1）提高车身前部碰撞安全性的结构措施。正面碰撞时碰撞作用力沿车体结构的传递路径如图 4.10 所示。由图 4.10 可以看出，正面碰撞时，作用于保险杠/前横梁上的碰撞力是经乘员舱前部的左右前侧纵梁后分别各自沿上边梁、下边梁向后传递的。显然，碰撞时车身前部结构的变形区域越大，吸收的碰撞能量则会越多，向后传递的碰撞力则会越小。

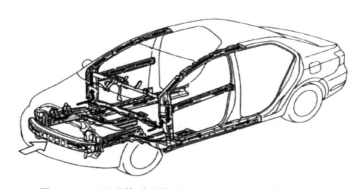

图 4.10　正面碰撞时碰撞作用力沿车体结构的传递路径

目前，提高车身前部碰撞安全性的结构措施主要为：①有效利用车身前部轴向压溃变形模式吸收能量，缓解碰撞加速度；②变形次序、强度由前至后逐渐增强；③防止车辆前部构件侵入乘员舱内。

(2) 提高车身侧面碰撞安全性的结构措施。与汽车正面碰撞相比，汽车侧面吸能构件较少，乘员与门内板之间仅存在 20~30mm 的空间，一旦受到来自侧面的撞击，乘员将受到强烈贯入的冲击载荷作用，严重时将危及生命。侧面碰撞时乘员生存空间及其变化示意图如图 4.11 所示。

侧向撞击力沿车身传递路径如图 4.12 所示。由图 4.12 可以看出，侧面碰撞时，作用于车身侧面的碰撞力即侧向碰撞力经侧门框/上边梁（包括 A、B、C 立柱在内）、下边梁分别沿多根横梁向未受到碰撞一侧传递。较正面碰撞相比，其碰撞力的作用方向与车内乘员呈垂直状态。为保证乘员舱在侧面碰撞下的完整性，增强车内乘员保护效果，除将车门、门槛和立柱设计成刚性结构外，越来越多地采用防侧碰安全气囊，以减轻乘员因二次碰撞造成的伤害。

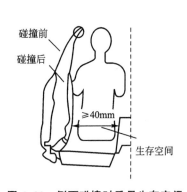
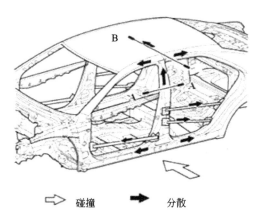

图 4.11　侧面碰撞时乘员生存空间改变示意图

图 4.12　侧向撞击力沿车身结构的传递路径示意图

实现侧面碰撞防护的基本思想是将侧面碰撞作用力有效地转移到车身具有保护作用的梁、柱、地板、车顶及其他部件，使撞击力被这些部件分散、吸收，从而最大限度地把可能造成的损害降低到最低程度。实际中一般多采取增加车门强度、增加侧围物件的强度、增加门槛梁强度、合理设计门锁及门铰链等措施。

(3) 提高车身后部结构碰撞安全性的结构措施。追尾碰撞时，车身后面碰撞作用力传递路径示意图如图 4.13 所示。由图 4.13 可以看出，追尾碰撞时，作用于车身尾部的碰撞作用力向车身前部传递的路径主要是由后保险杠及横梁经后纵梁传递给左右两边门槛梁向前方传递，对于追尾碰撞而言，后纵梁是其主要吸能元件。此外，作用于车身尾部的碰撞作用力也可由轮胎后部结构经轮胎传递给门槛梁向车身前部传递。

提高车身后面碰撞安全性的结构设计思想与正面碰撞基本相同。由于追尾碰撞时乘员产生的加速度较小，与前部碰撞相比其伤害程度减弱，并且轿

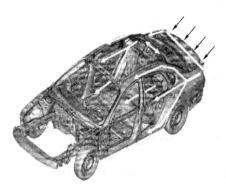

图 4.13　车身后面碰撞作用力传递示意图

车尾部一般为行李箱,碰撞吸能区间较大,因而车辆尾部的吸能设计远不如前部重要,追尾碰撞对车内乘员的伤害主要是颈部冲击损伤,所以,车辆尾部区段应尽量软化,提供300～500mm的变形行程,同时座椅头枕要起到很好的保护作用。

需要强调的是,由于轿车的燃油箱(图4.14中阴影处结构物)多布置在车身后部地板的下部,为此,应保证发生追尾碰撞时行李箱盖边缘不能穿过后窗而侵入乘员舱内,维持燃油箱的存放空间,并尽量保证燃油系统的完整性,避免因燃油箱损坏引起燃油泄漏而产生火灾。

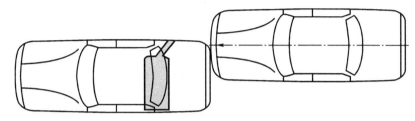

图4.14 燃油箱在轿车上的布置位置示意图

实际中,防止轿车火灾的具体结构措施如下。

① 提高车身内饰材料的耐火性——采用阻燃材料制造。

② 燃油箱布置要求——与排气管的出口端位置应相距300mm以上,燃油箱的加油口应距裸露电器接头和电器开关200mm以上。

③ 轿车碰撞时燃油箱满足泄漏规定。

对于货车而言,货车后保护装置对于保护追货车尾部的轿车乘员生命安全有着极其重要的作用。货车如果没有后保护装置,追货车尾部的轿车的顶部将与货车后车箱底部直接相撞,因轿车顶部结构的强度是整车中较为薄弱的部分,这将导致货车后车箱底部直接穿过轿车前部的风窗玻璃而侵入乘员舱,危及车内前排人员生命安全。货车安装了后保护装置,该装置则会与轿车车头发生碰撞,轿车前端的各种缓冲吸能装置就能正常发挥作用,从而保护乘员安全。

(4) 提高车身顶部结构碰撞安全性的结构措施。汽车行驶中,驾驶人因紧急情况而急打转向盘可能会导致车辆翻车。汽车侧翻、仰翻、跌落3种典型事故形态如图4.15所示。如果汽车在行驶过程中发生翻滚或跌落,车顶顶部将受到冲击载荷作用而发生相应变形。

(a) 侧翻　　　　　　　　　(b) 仰翻　　　　　　　　　(c) 跌落

图4.15 汽车侧翻、滚翻和跌落3种典型事故形态

由图 4.15 不难看出，这 3 种事故形态引起的车顶顶部的挤压变形是不相同的。由于车顶顶部的刚度相对较弱，车辆翻滚或跌落过程中的冲击载荷很容易造成乘员安全区的大变形，而乘员安全区的大变形导致的乘员生存空间严重缩小甚至丧失则是车辆翻滚事故中乘员伤害的主要原因之一。

为有效增强车顶顶部的抗挤压变形能力，确保乘员的生存空间，增大立柱和车顶边梁/横梁的弯曲、轴向刚度，减小车顶变形已成为提高车身顶部结构碰撞安全性的基本选择，增大立柱和车顶边梁/横梁的弯曲、轴向刚度在结构上主要通过强化由立柱、车顶边梁/横梁和相应结构及接头组成的框架整体实现。

5. 车身外部被动安全保护装置

车身被动安全保护装置以车身为对象划分可分为车身外部防撞装置和车身内部防撞装置两类。车身外部防撞装置包括前保险杠、后保险杠、侧围保险杠、救护网、减轻撞击行人的弹性装置、吸能车架结构、翻车保护装置等；车身内部防撞装置包括安全带、安全气囊、安全座椅、转向安全柱等。这里只讨论车身外部防撞装置。

（1）前保险杠。保险杠是安装在汽车前后部及两侧边防止轻度碰撞时损坏汽车的部件。前保险杠系统的主要作用是保证汽车在低速(车速 8km/h)条件下发生碰撞时能够对行人起到保护作用，并且车身不受损和车内乘员不受到伤害，而在较高车速条件下通过自身的损坏失效吸收碰撞能量。早期的汽车保险杠以金属材料为主并被设计成刚性的，目前普遍采用吸能式结构，旨在减少一次碰撞的伤害程度。现在轿车的保险杠除了原有的保护、吸收缓和外界冲击力基本功能外，还兼顾着与车体造型和谐统一及本身轻量化的相关功能。

吸能式保险杠按缓冲吸能的方式不同可大致分为自身吸能式、液压吸能式、带气腔式和带安全气囊式保险杠 4 类。

（2）后保险杠和侧围保险杠。后保险杠和侧围保险杠的功用与前保险杠相同，起着保护、吸收缓和外界冲击力的作用。所用材料也同于前保险杠。对于后保险杠而言，由于身处车身后部，主要是减轻倒车时对行人的伤害、与障碍物的碰撞及与其他车辆碰撞时保护车身后部；对于侧围保险杠而言，主要用于车身侧面的防撞保护，防止会车时与侧面障碍物之间的擦伤，减轻侧面碰撞冲击。

（3）救护网。救护网主要是防止受到撞击后的行人跌倒在路面继而受到车轮碾轧，多设置在车身前部。

（4）减轻撞击行人伤害的弹性装置。将弹性材料布置在发动机舱盖上部及前风窗周围，旨在减轻行人受到撞击后再次遭受冲击的程度。

（5）吸能车架结构。吸能车架结构主要是利用车架的变形吸收碰撞能量，以保证乘员必要的生存空间。图 4.16 所示为美国福特公司安全试验车的波纹管型车架结构图，该车架结构的特点是其前部左右边梁设计成波纹管型结构，以在碰撞时吸收能量。

波纹管结构是指将薄壁管/壳在外表面沿轴向制成有波纹折皱的管型结构，根据截面形状不同可分为圆柱形波纹管和方形截面波纹管。薄壁波纹管结构具有吸能能力强，加速度曲线变化均匀等优点；但其制造工艺比较复杂，制造成本较高，同时波纹管的横向刚度较弱，难以支撑较大的载荷，因而在车身结构中的应用范围较窄。

（6）翻车保护装置。为防止翻车伤害，可加强车顶纵梁及立柱的强度和刚度，以减少

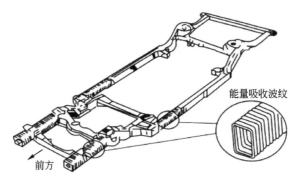

图 4.16 美国福特公司安全试验车的波纹管型车架结构图

驾驶室的变形，并可在车顶设置翻车保险杠。

4.2.2 座椅安全带

汽车座椅安全带是用于防止驾乘人员在车辆遭遇碰撞时因惯性力作用而与车内结构物相撞导致伤害的防护装置，图 4.17 所示为三点式安全带示意图。

碰撞事故车内乘员运动速度与车辆速度的关系如图 4.18 所示。汽车高速行驶过程中，一旦发生严重的撞车(即一次碰撞)事故会产生很大的减速度，往往会在极短的时间(几十毫秒至几百毫秒)内由高速运动状态变为停止运动状态。在此过程中，由于车内乘员的减速度小于汽车的减速度，使得乘员停止运动的时间(图 4.18 中 t_2)比汽车停止运动的时间(图 4.18 中 t_1)要长，即汽车停止运动后，乘员的身体还要向前运动，汽车急速停止的巨大惯性力使得车内驾乘人员无法自控而继续向前运动必然会与车内结构物如转向盘、仪表板、风窗玻璃发生二次碰撞，这种二次冲撞可能导致驾乘人员身体受到致命撞击，严重时甚至还会撞碎风窗玻璃飞出车外，与其他物体再次相撞。

图 4.17 三点式安全带示意图

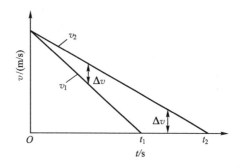

图 4.18 碰撞事故车内乘员运动速度与车辆速度的关系

v_1—碰撞后车辆速度；v_2—碰撞后乘员运动速度；
Δv—乘员与车内结构物的二次碰撞速度

安全带是通过对车内乘员的约束作用，使乘员在撞车过程中获得一个比较安全的减速度值，并限制其向前移动的距离，从而防止乘员受到二次碰撞；此外，在车辆发生翻滚时安全带还可以约束乘员不致被甩出车外。对于驾驶人而言，相同碰撞速度条件下未系安全带时的伤亡率比系上安全带时的伤亡率要约高出一倍；对于乘员而言，相同碰撞速度条件下未系安全带时的伤亡率比系上安全带时的伤亡率要高出70%~80%，即系上安全带驾驶席的伤亡率可降低50%左右；副驾驶席的伤亡率可降低40%。相关汽车事故调查结果表明，如果驾乘人员系了安全带，发生正面撞车时可使死亡率减少57%，侧面撞车时可减少44%，翻车时可减少80%。

1922年，安全带开始应用于赛车车上，而在普通汽车上的使用始于20世纪50年代(1955年)，开始是作为选装件在汽车上使用。1968年，美国规定轿车面向前方的座位均要安装安全带，随后，欧洲和日本等发达国家都相继制定了汽车乘员必须要佩戴安全带的规定，从而使得安全带在汽车上的使用制度化，并成为基本配置。我国公安部于1992年11月15日颁布通告，规定从1993年7月1日起，所有小客车(包括轿车、吉普车、面包车、微型车)在行驶时，驾驶人和前排座乘车人都必须使用安全带。

1. 安全带的分类、作用及工作原理

(1) 汽车座椅安全带的分类。

① 按固定方式划分：可分为两点式安全带、三点式安全带、四点式(全背式)3种形式，如图4.19所示。

(a) 两点式(腰带式)安全带　　(b) 两点式(肩带式)安全带　　(c) 三点式安全带　　(d) 四点式安全带

图4.19　安全带的种类

两点式安全带是一种与车体或座椅仅有两个固定点的安全带。这种安全带又进一步可分为腰带(或膝带)式和肩带式两种形式，如图4.19(a)和图4.19(b)所示。腰带式是应用最早的安全带形式，它不能保护人体上身的安全但能有效地防止乘客被抛出车外。肩带式也称斜挂式，它的一端装于汽车地板上，另一端安装在车体中心柱上。由于这种安全带在撞车时乘员受力不均匀，乘员下体容易先行挤出，若安装不当，乘员身体会从带中脱出或头部被撞。两点式安全带的优点是使用方便，乘员容易解脱；腰带的缺点是碰撞过程中乘员上身容易前倾，使其头部撞到仪表板或前风窗玻璃而导致伤害。这种安全带目前使用较少。

三点式安全带在两点式安全带的基础上增加了肩带，如图4.19(c)所示。在靠近肩部的车体上有一个固定点，可同时防止乘员身体前移和上半身前倾，提高了乘员的安全性，是目前使用最广泛的一种安全带。三点式安全带有连续型三点式安全带和分离型三点安全带两种形式。连续型三点式安全带是两点式安全腰带和安全肩带的组合形式；分离型三点安全带是将防止乘员上体前倾的安全肩带连接在两点式腰带上的任意点而成。

四点式安全带也称马甲式安全带，是在两点式安全带上连接两根肩带而构成的，如图4.19(d)所示。与其他两种安全带相比，四点式安全带对乘员的保护性最好，儿童安全座椅采用较多，因结构复杂，对于成人保护仅用于赛车或特殊用途车上。

② 按功能划分：可分为普通安全带、预紧式安全带和限力式安全带。预紧式安全带（Pretensioner Seat Belt）也称预缩式安全带，其特点是在汽车发生碰撞事故但乘员身体尚未向前移动时会首先拉紧织带，立即将乘员紧紧地绑在座椅上，达到保护乘员的效果，而普通安全带则没有预紧式安全带在乘员身体尚未向前移动时会首先拉紧织带的功能；限力式安全带的特点是将作用于安全带的力限制在一定程度内，以缓解给乘员胸部带来的冲击。

③ 按智能化程度划分：可分为被动式安全带和自动式安全带两种。被动式安全带的特点是其锁扣及解扣都需乘员人工自主操作完成，目前绝大部分汽车所配置的安全带都是此类形式；自动式安全带是一种自动约束驾驶人或乘客的安全带，即在汽车起动时，不需驾驶人或乘客操作就能自动提供保护，而且乘客上下车时也不需要任何操纵动作，其特点是锁扣及解扣在车门关闭或开启后自动进行，不需乘员人工动作，与被动式相比其结构比较复杂，目前仅应用高端轿车上。自动式安全带有全自动式安全带和半自动式安全带两种。

（2）安全带的工作原理与作用。

安全带工作原理：碰撞事故发生时，安全带在乘员人体惯性力的作用下产生向前移动，当乘员人体作用于安全带上的力使安全带的运动速度超过一定阈值后，安全带系统中的锁止结构开始工作，安全带被锁紧，不能从卷收器中继续拉出，从而将乘员约束在座椅上，使乘员的头部、胸部不至于向前撞到转向盘、仪表板及风窗玻璃上，降低乘员发生二次碰撞的风险；同时避免乘员在车辆发生翻滚等情况下被甩出车外。

安全带的作用：将乘员的身体约束在座椅上，即通过对车内乘员的约束作用，在汽车发生碰撞时使乘员获得一个比较安全的减速度值，并限制其向前移动的距离，从而防止乘员受到二次碰撞；此外，在车辆发生翻滚时，安全带还可以保护乘员不致被甩出车外。

安全带系统的工作特点：缓拉时无阻力，急拉时则锁紧。即当车辆出现紧急制动、正面碰撞或发生翻滚时，因乘员的惯性运动会使安全带受到快速而猛烈的拉伸，安全带系统中卷收器的自锁功能可在瞬间卡住安全带而不让继续被拉出，使乘员紧贴座椅，避免遭受猛烈碰撞或被甩出车外而受伤。

2. 安全带的主要部件

安全带主要由织带、锁扣、卷收器、长度调整机构、预紧器、安装固定件等部件组成，如图4.20所示。

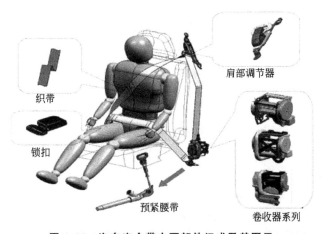

图4.20 汽车安全带主要部件组成及其图示

(1) 织带。织带是用于约束乘员身体并将其所受的力传到安全带固定点的柔性部件，其功能是对乘员起约束作用。织带是构成安全带的重要部件，用作肩带、腰带及部件锁扣与车体固定件之间的连接，多用尼龙、聚酯、维尼纶等合成纤维丝纺织成宽约48mm，厚1.1~1.2mm的带子，均由专业生产厂家生产。

各国对安全带织带的性能和试验要求都有明确的规定。生产的织带必须经过抗拉强度、延伸率、收缩率、能量吸收性、耐磨、耐寒、耐热性、耐水及不褪色性等项目的考核试验，只有符合规定后才能使用。我国对安全带织带的相关要求见国家标准GB 14166—2013《机动车乘员用安全带、约束系统、儿童约束系统ISOFIX儿童约束系统》。

(2) 锁扣。锁扣，也称带扣，是一种既能方便地把乘员约束在安全带内，又能快速使乘员解脱的连接装置，其功能是用以接合或脱开安全带。各国对安全带锁扣接合的可靠性、耐腐蚀性、耐热性都有明确的规定，为方便使用，对锁扣按钮面积和操作力等也做了规定。

锁扣按是否有舌分为有舌和无舌两类，有舌锁扣又进一步分为包围型按钮式和开放型按钮式两种。汽车前排座椅一般采用弹出式带杆锁扣。锁扣锁杆一般为金属杆或带塑料套的窄带杆，以及带塑料套的钢丝杆。按钮式锁扣多用于后排座椅使用的两点式安全带。

(3) 卷收器。卷收器的作用是在汽车正常行驶时允许织带自由伸缩，而当汽车行驶速度急剧变化时通过锁止装置卡住织带达到对乘员实施约束的目的。卷收器是安全带中最复杂的机械部件。安全带的主要区别在于卷收器的不同，卷收器按类型的不同可分为无锁式卷收器、自锁式卷收器、紧急锁止式卷收器。目前，紧急锁止式卷收器应用最广泛。

(4) 长度调整机构。长度调整机构功能是对织带的长度进行调节，以适应乘员身体体型不同的需要。

(5) 预紧器。预紧器的作用是在汽车发生碰撞一瞬间、乘员尚未向前移动时，预紧器立即回拉织带，收紧并消除织带松弛量、缠绕间隙和佩戴间隙，消除约束空行程的影响，迅速有效地将乘员"束缚"在座椅上，即预先张紧并锁止安全带，防止乘员身体的前倾，改善乘员约束性能。

安全带预紧器按作用机理不同分为机械式预紧器和烟火式预紧器两种。

(6) 安装固定件。座椅安全带系统的安装固定件是指与车体或座椅构件相连接的耳片、插件和螺栓等部件，它们的安装位置和牢固性直接影响到安全带的保护效果和乘员的舒适感，因此，各国对于安全固定件的安装位置和安装标准也做出了明确的规定。

实际中，不少汽车使用者及乘员对安全带的作用存在着不正确的认识，如把安全带当成摆设，只在遇到警察时才装模作样地系一下，概括起来，在安全带的使用上存在以下"误区"。

① 市区内行车可用可不用。
② 有安全气囊就足够了，没有必要系安全带。
③ 发生事故时会因系着安全带而被困在车内。
④ 用"虚扣"代替系安全带。
⑤ 老司机而且行驶距离不长可以不系。

《中华人民共和国道路交通安全法》第五十一条规定：机动车行驶时，驾驶人、乘坐人员应当按规定使用安全带，摩托车驾驶人及乘坐人员应当按规定戴安全头盔。

3. 先进安全带

先进安全带除了织带、锁扣、卷收器、长度调整机构、预紧器、安装固定件等部件外,还另外装有预收紧装置和拉力限制器。

预收紧装置是在安全带处于使用状态时,当汽车发生碰撞或强烈制动时将安全带锁紧在恰当的位置,在安全带处于未使用状态时储存安全带。拉力限制器的作用是在受力峰值过去后,马上降低安全带的张紧力度,它与安全带预收紧器和安全气囊结合使用,能有效减少前排乘员上半身受伤害的风险。

先进安全带的具体结构形式包括预紧式安全带、气囊式安全带(图 4.21)。

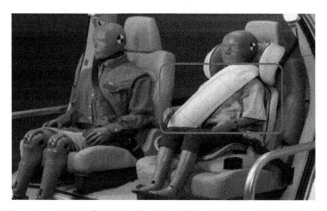

图 4.21 乘员佩戴普通织带式安全带与气囊式安全带效果比较

4.2.3 安全气囊防护系统

安全气囊防护系统[Supplemental Restraint System,SRS,直译为辅助约束(防护)系统,一般译为安全气囊],是现代轿车上的一种重要辅助乘员约束系统,与座椅安全带配合使用,可为乘员提供十分有效的防撞保护。安全气囊的作用是,当汽车遭受碰撞导致车速发生急剧变化时,安全气囊迅速膨胀,承受并缓冲乘员头部与身体上部的惯性力,避免乘员的胸部、颈部和头部强烈撞击在转向盘、仪表板或风窗玻璃上而遭受伤害。

研究表明,安全气囊能大大降低中等及严重正面碰撞事故过程中乘员受伤的风险。装备气囊装置的轿车发生正面撞车,驾驶人的死亡率,大型轿车降低了 30%,中型轿车降低 11%,小型轿车降低 14%。安全气囊自面世以来,已经挽救了数万人的生命,已经成为当今轿车上的标准配置。

虽然安全气囊和安全带一样,也是一种车内乘员保护装置,但其具有明显的高技术特点。驾驶人席安全气囊平时呈折叠态安置在轿车的转向盘中央内,如图 4.22 所示。一旦汽车前端发生了强烈的碰撞,安全气囊就会瞬间从转向盘内"蹦"出来,垫在转向盘与驾驶人之间,

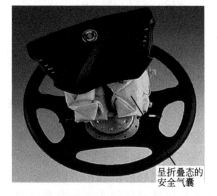

图 4.22 呈折叠态放置于转向盘内的安全气囊

起着"气垫"的作用,以防止驾驶人的头部和胸部撞击到转向盘或仪表板等硬物上。

就安全带、安全气囊对车内乘员的保护方式看,两种装置存在明显的差别:安全带主要是在碰撞等事故发生时通过约束车内乘员即尽可能使车内乘员保持在原有的位置对其进行保护;而安全气囊则是在汽车碰撞事故发生过程中通过对气囊充气使气囊迅速膨胀并快速垫在车内乘员与车内坚硬物之间达到保护乘员的目的。

1. 安全气囊的组成与工作过程

(1) 汽车对安全气囊的基本要求。

① 可靠性高,安全气囊的使用年限为7～15年。

② 安全可靠,能正确区分制动减速度和碰撞减速度的区别。

③ 灵敏度高,当汽车发生碰撞时,在二次碰撞前正确、快速打开并正确泄气,起到缓冲作用。

④ 有防误爆功能,减速度过低、轻微碰撞不能引爆,一般采用二级门限控制。

⑤ 有自诊断功能,能及时发现故障并报告驾驶人。

⑥ 电控安全气囊要有备用电源,在断电情况下气囊电路的储能元件可短时间供电,至少可以引爆气囊工作。

(2) 组成及工作过程。

安全气囊系统主要由控制装置(传感器、电子控制系统、触发装置)、气体发生器、气袋等部件组成,如图4.23所示。图4.24所示为安全气囊充气过程效果示意图。

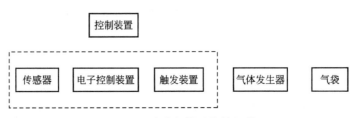

图4.23 安全气囊系统的组成

图4.24 安全气囊充气过程效果示意图

安全气囊工作过程:在发生碰撞事故的瞬间传感器侦测到车速瞬间急速降低(这是强烈碰撞的表现)后传递出信号,电子控制系统接收并处理传感器传来的信号。当经判断认为需要打开气袋时,立即由触发装置发出点火信号触发气体发生器,点燃固体燃料并产生大量气体迅速使气袋充气,在乘员的前部形成充满气体的气囊。该气囊一方面将乘员的头部和胸部与前面的车内结构物隔开;另一方面,当乘员的身体与气囊接触时,利用气囊本身的阻尼或气囊背面的排气节流作用吸收乘员惯性力产生的动能，使猛烈的车内碰撞得以缓和，从而达到保护乘员的效果。

Bosch 公司在奥迪 Audi 轿车上试验研究表明：当车速 50km/h 与前面障碍物相撞时，安全气囊与座椅上驾驶人的动作时序如图 4.25 所示。

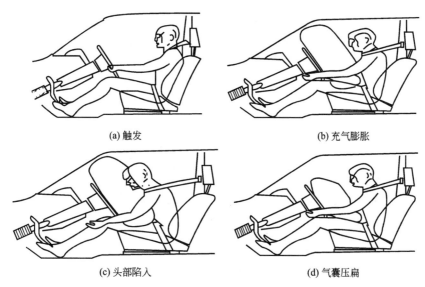

(a) 触发　　　　　　　　　　　　(b) 充气膨胀

(c) 头部陷入　　　　　　　　　　(d) 气囊压扁

图 4.25　安全气囊的工作过程

整个碰撞及气囊充、排气过程的时间极为短暂，从气囊开始充气到完全充满约为 30ms；从汽车遭受碰撞开始到气囊收缩约为 120ms，小于人眨眼的时间（人眨眼的时间为 200ms 左右），因而气囊的动作状态人的肉眼无法确认。

2. 安全气囊工作原理

汽车行驶过程中，安全气囊系统中的传感器不断向控制装置发送车速变化（或加速度）信息，由控制装置对这些信息加以分析判断，如果检测到汽车的速度、加速度变化量或其他指标超过预定值（即真正发生了碰撞），则控制装置向气体发生器发出点火命令或传感器直接控制点火，点火后发生爆炸反应，产生氮气或将储气罐中压缩氮气释放出来充满气袋。乘员与气袋接触时，通过气袋上排气孔的阻尼吸收碰撞能量，达到保护乘员的目的。

汽车遭受正面和侧面碰撞时安全气囊系统的工作原理完全相同，以正面碰撞为例，安全气囊系统控制原理简图如图 4.26 所示。

由图 4.26 可知，从碰撞开始至气囊膨胀保护乘员全过程的主要环节为：发生碰撞→碰撞传感器和防护传感器触点闭合→点火器点火→点火剂（引爆火药）爆炸→充气剂（叠氮化钠固体药片）受热分解释放氮气→气囊膨胀形成气垫→保护乘员。

安全气囊的工作原理：当汽车发生较严重的碰撞时，碰撞传感器将汽车碰撞信息（汽车减速度）转换成相应的电信号输入到电子控制器，与此同时，安全传感器内部的触点也在汽车减速惯性力的作用下闭合，接通点火器电源；电子控制器对碰撞传感器输入的信号进行分析处理后，迅速向点火器输出点火信号，点火器通电引燃点火剂并产生高温，使气体发生器产生大量气体，并经过滤与冷却后，冲入气囊使气囊快速膨胀展开，在车内乘员

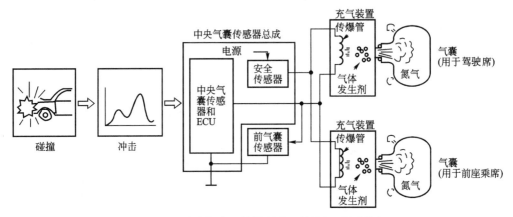

图 4.26　安全气囊系统控制原理简图(正面碰撞)

还没触及前方坚硬结构物之前,在二者之间形成弹性气垫,并及时由小孔排气收缩,吸收强大惯性冲击能量,以保护乘员头部、胸部,避免或减轻受伤害程度。

3. 安全气囊的主要部件

(1) 控制装置组成及其功用。由图 4.23 可知,安全气囊的控制装置由传感器、电子控制装置、触发装置等部件构成,是安全气囊的核心,其功能是判断汽车发生碰撞的剧烈程度,决定是否需要启动安全气囊,并在条件满足时启动气体发生器,同时对气囊系统的故障进行诊断。

① 传感器。用于感受汽车碰撞强度,并将感受到的信号传送给电子控制系统。电子控制系统通过对传感器的信号进行计算分析,以决定是否需要启动气囊充气,如果汽车碰撞足够强烈达到了启动条件,电子控制系统就给触发装置发送启动信号,触发装置接收到启动信号后便点燃气体发生器,快速产生大量气体向气囊充气,使气囊进入工作状态。

传感器按照结构的不同分为机械式传感器、机电式传感器、电子式传感器。碰撞传感器一般采用机电结合式结构或机械式结构,而安全传感器一般采用电子式结构。

② ECU。它是安全气囊系统的控制中心,接收来自前碰撞传感器的输入信号,对引爆条件进行判断,控制充气装置点火电路的接通与断开,同时还兼有对系统装置监测和对故障进行诊断的功能。安全气囊 ECU 一般由中央处理器(CPU)、只读存储器(ROM)、随机存储器(RAM)、I/O 接口、驱动器等电子电路组成;同时,安全气囊 ECU 内部还有安全传感器、备用电源、稳压电源、故障自诊断电路等。

③ 触发装置。安全气囊的触发装置控制着气体发生器点火开关的开启时刻。触发装置接收到启动信号后即刻点燃气体发生器,快速产生大量气体充入气囊,使气囊进入工作状态。

(2) 气体发生器。气体发生器也称充气器,用于在点火器引爆点火剂时,快速(30 ms 左右)产生大量气体向气囊充气(图 4.27),使气囊迅速膨胀。要求产生的气体对人体无害,并且温度不能太高,同时气体发生器有很高的可靠性和稳定性。过滤网安装在气体发生器的内表面,用于过滤充气剂和点火剂燃烧产生的渣粒。气体发生器主要有压缩气体式、烟火式和混合式 3 种形式。混合式气体发生器是压缩气体式和烟火式相结合的发生器,也是目前广泛应用一种气体发生器。

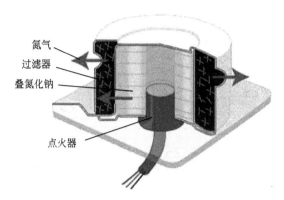

图 4.27 安全气囊气体发生器充气示意图

气体发生器的工作原理是利用反应热效应产生氮气并快速充入气囊。在点火器引爆点火剂(引爆火药)瞬间,点火剂会产生大量热量,叠氮化钠药片受热立即分解,产生大量氮气充入气囊。虽然氮气是无毒气体,但是叠化氮钠的副产品有少量的氢氧化钠和碳酸氢钠(白色粉末)。这些物质是有害的,因此在清洁膨胀后的气囊时,应保持良好的通风并采取防护措施。

(3) 气袋。气袋即气囊,用于接收来自气体发生器的气体(参见图 4.24 气囊充气过程),控制气体的压力和气囊所占据空间的位置与形状,并承受乘员的碰撞,吸收碰撞动能,从而达到减少和减轻乘员伤亡的目的。

由于习惯不同,气袋的容积目前形成了两种类型,容积为 60~80L 的大尺寸(美国采用)和容积为 35~40L 的小尺寸(欧洲采用)。驾驶人席的气囊呈折叠态装在转向盘毂内紧靠缓冲垫处(图 4.22),乘客席气囊则藏于仪表板内。在转向盘外壳或仪表板上刻有 "Air Bag" 或写有 "SRS",表明该车配置有安全气囊。折叠起来的气囊表面附有干粉,以防安全气囊粘在一起在爆发时被冲破;为了防止气体泄漏,气囊内层涂有密封橡胶;同时气囊设有安全阀,当充气过量或囊内压力超过一定值时会自动泄放部分气体,避免将乘客挤压受伤;同时气囊的排气方向不得与气囊的膨胀方向相同以免对乘员造成伤害。气囊中所用的气体多是氮气。

4. 安全气囊分类及引爆条件

目前,就轿车而言,安全气囊装置于车内前方(正、副驾驶席),侧方(车内前排和后排)和车顶等位置。

(1) 安全气囊分类。

① 按碰撞类型分:可分为正面碰撞防护安全气囊系统、侧面碰撞防护安全气囊系统、顶部碰撞防安全气囊系统。正面碰撞防护安全气囊系统以保护乘员的头部和胸部为主;侧面碰撞防护安全气囊系统以保护乘员的颈部、腰部为主;顶面碰撞防护安全气囊系统以保护乘员头部为主。图 4.28 所示为斯柯达明锐轿车上配置的前排气囊、侧气囊、侧气帘、膝部气囊等 9 个安全气囊;图 4.29 为乘员膝部气囊示意图。

② 按安全气囊安装数目分:可分为单气囊系统(只装在驾驶人席)和双气囊系统(驾驶人席和前排乘员席)、多气囊系统(装有 3 个或 3 个以上的气囊,除驾驶人席和前排乘员席安装外后排乘员也装备)。

图 4.28　斯柯达明锐轿车上配置的 9 个安全气囊

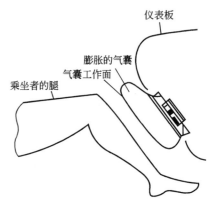
图 4.29　乘员膝部气囊示意图

③ 按传感器类型分：可分为机械式安全气囊系统、机电式安全气囊系统、电子式安全气囊系统不同类型。

④ 按保护对象和安装位置的不同分：可分为驾驶人席防撞安全气囊、前排乘员席防撞安全气囊、侧面防撞安全气囊、后排座成员防撞安全气囊等不同类型。由于后排乘员受到的伤害程度较轻，后座椅安全气囊一般只在高级轿车上使用。

此外还有窗帘式安全气囊、智能型安全气囊、多级安全气囊用充气膨胀器等不同形式。

（2）正面气囊引爆的条件。安全气囊的引爆条件是指在一定碰撞条件下安全气囊必须引爆，而在另一些条件下不得引爆，也就是要确定点爆阈值。为了保证安全气囊在规定的条件下能够打开，各汽车生产厂家都规定了气囊的起爆条件，只有当车辆碰撞时的强度达到了规定的起爆条件时，气囊才会引爆。实际中各汽车生产厂家规定气囊的起爆条件有所差异。

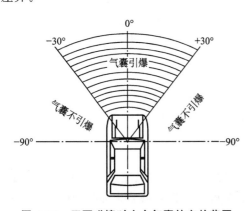
图 4.30　正面碰撞时安全气囊的有效范围

正面碰撞安全气囊引爆的条件：正前方 ±30°角（图 4.30）；纵向加速度达到某一数值（减速度阈值）。从理论上讲，只有车辆在正前方 ±30°角之间位置撞击在固定的物体上、速度高于 30km/h 时，安全气囊才可能打开。这里速度的含义是指在实验室中车辆相对刚性固定障碍物碰撞的速度（并非通常意义上所理解的车速），实际碰撞中汽车的速度高于试验速度气囊才能打开。美国规定汽车在较低的车速（12~22km/h）行驶发生碰撞时气囊可以引爆；欧洲规定汽车在较高的车速（19~32km/h）行驶发生碰撞时气囊可以引爆。

下列情况正面气囊不会引爆充气。
① 汽车遭受侧面碰撞超过斜前方 ±30°角时。
② 汽车遭受侧面或后面碰撞。
③ 汽车发生绕纵向轴线侧翻。

④ 纵向减速度未达到设定阀值。
⑤ 汽车正常行驶、正常制动,在路面不平的道路条件下行驶。
⑥ 所有传感器都未接通,ECU内部的防护传感器未接通。

为了保证安全气囊不随意起爆,汽车生产厂家都预先规定了气囊的起爆条件,只有满足了这些条件,气囊才会起爆打开。虽然在一些交通事故中,车内乘员碰得头破血流,甚至出现生命危险,车辆接近报废,但是如果达不到安全气囊起爆的条件,气囊还是不会打开。如当轿车与没有安装后部防护装置的卡车发生钻入性追尾事故,或轿车碰撞护栏后发生翻车事故,或发生车身侧面碰撞等,这样的事故因为没有发生车身前部的直接撞击(主要是车身上部和侧面发生碰撞),由于碰撞处车身部位的刚度很小,虽然乘员舱发生了很严重的变形,甚至造成了车内乘员受伤或死亡,但因碰撞部位不在使气囊引爆的区域范围,有时候气囊并不能打开。造成这种现象的原因是虽然车辆发生了碰撞,但气囊打开的条件并未完全满足。

安全带与安全气囊对驾乘人员的安全防护作用比较见表 4-1。

表 4-1 安全带与安全气囊对驾乘人员的安全防护作用比较

项目	安全带系统	安全气囊系统
安全保护范围	提供各种碰撞事故和翻滚事故的全过程保护	发生严重的正面与侧面碰撞时,对头部和胸部提供有效保护
装备的可靠性	可以随时对系统的零部件故障进行检查	依靠诊断装置进行一般性故障检查,但无法进行系统零部件的无损检查
装备的方便性	需要乘员主动佩戴和解开,对乘员的行动有很大约束	对乘员无任何约束
维修的方便性	安装、维修、更换都很方便	维修较复杂,如零部件出现大的故障则要更换全套安全气囊系统
普及性及成本	普及方便、成本低廉,基本不需要提高汽车总造价	驾驶人和前排座安全气囊正普及为汽车标准配置,但要提高汽车总造价
发展方向	电子控制式安全带预收紧(与安全气囊电子控制系统统一控制)	智能安全气囊系统;多方位、多气囊的电子控制的安全气囊系统

4.2.4 汽车座椅

汽车座椅是汽车中将乘员与车身联系在一起的重要部件,直接影响着乘员的安全性、乘坐舒适性和方便性。汽车座椅的主要功能是为驾乘人员提供便于操作、舒适、安全、不易疲劳的驾乘位置。

汽车座椅在汽车碰撞中起着保持乘员生存空间,使其他约束装置实现保护效能的作用。实际中,当座椅的安全功能失效时,可能会导致多种形式的乘员伤害,如正面碰撞中,座椅与车身连接强度不够时,座椅会脱离车体,使得乘员逸出其所处的特定空间;如果后排乘员未受到约束,前排座椅靠背强度不足,则后排乘员的惯性力将击溃前排座椅,使前排乘员受到伤害；反之，若前排座椅强度太高，又会对后排乘员在与之相撞时造成伤害。

汽车座椅系统的安全性是指汽车座椅能有效地防止汽车事故的发生，并在事故发生时能最大限度地减轻对驾驶人及乘员造成伤害的能力。汽车座椅不仅要减轻驾驶人及乘员的疲劳以满足主动安全性要求，还要与安全带和安全气囊一起对乘员定位的同时缓解碰撞的强度，使乘员的损伤指标达到最小。汽车座椅是汽车使用者的直接支承装置，作为被动安全装置的功能如下。

① 保证乘员的生存空间。在事故中，保证使每个乘员处在自身特定的活动空间内，并防止其他车载体(如其他乘员、货物)进入该空间。

② 保持乘员姿态。使乘员在事故发生过程中保持一定的姿态，以使其他的约束系统能充分发挥其保护效能。

③ 吸收能量。在乘员与其发生碰撞时，应能够吸收乘员与之碰撞产生的能量，减轻乘员受到的伤害。

(1) 汽车座椅的分类。汽车座椅的分类见表 4-2。

表 4-2 汽车座椅的分类

分类原则	类型
按使用性能	固定式、活动式、可折式、调节式
按乘坐人数	单人用、双人用、多人用、辅助座椅
按安装位置	驾驶人、前排乘员、后排乘员
按形状	分离式、斗式、半分离式、凳式

(2) 汽车座椅的组成及主要部件功用。汽车座椅主要由座椅骨架、坐垫、调节装置、靠背、头枕、与车身相连的固定部件等部件组成，如图 4.31 所示。

① 座椅骨架。汽车座椅骨架结构上既是支撑和连接座椅零部件的框架，也是座椅形状的基础，座椅弹簧或缓冲材料及蒙皮等元件直接或间接固定在骨架上，如图 4.32 所示；功能上是整个座椅的核心部件，乘员的全部重量依靠其来支撑，因而，座椅骨架必须具有足够的强度。发生事故时座椅骨架总成应能承受绕 H 点所产生的力矩，卸载后各种调整机构和骨架不能受损。

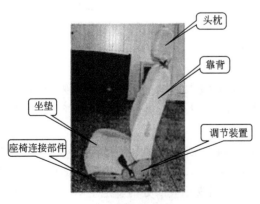

图 4.31 汽车座椅结构示意图

图 4.32 汽车座椅骨架结构示意图

② 坐垫。座椅坐垫通常由座椅弹簧、缓冲垫和蒙皮等元件组成。座椅弹簧是座椅的弹性元件，起缓冲作用，通常采用直径为 2.6~4.0mm 的弹簧钢丝或硬钢丝加工而成，也有采用橡胶弹性元件的。缓冲垫是汽车座椅弹簧和蒙皮之间的柔性物质，通常采用一层或两层棉花、毛发类物质、海绵、黄麻毡、乳胶泡沫、氨基甲酸乙酯泡沫等材料适当加工而成。蒙皮是套在座椅总成表面的软性材料，既起着保护膜的作用，同时也应体现出座椅的外观和良好的触感。座椅蒙皮材料可分为纺织纤维、粘胶纤维和天然皮革，应具有美观、强度高、耐磨、耐老化、不易燃烧等特性。目前轿车座椅坐垫广泛使用针织布料，毛织物因价格较高仅在部分高级轿车上使用。

③ 调节装置。座椅调节装置是用于对乘员的坐姿进行调节的装置，其功用主要是提高乘员乘坐时的舒适性。座椅调节装置包括座椅（前后方向、上下高度）调节装置、靠背倾斜角度调节装置，如图 4.33 所示，调节方式可分为手动调节式和动力调节式两种。

④ 靠背。靠背的功用主要是支撑人体背部，提高乘员坐姿的舒适性。

⑤ 头枕。头枕是用以在汽车发生追尾等事故时限制乘员头部相对于躯干向后移动的弹性装置，其作用是防止在发生追尾等事故时被追尾车辆内乘员的颈椎因惯性而受伤。在汽车受到追尾冲撞时，前车因受到后车向前的撞击而突然加速，坐在座椅上的乘员会随汽车一起加速，而乘员的头部则因惯性而保持原运动状态，由于乘员的头部和胸部间形成了速度差使乘员的头部会向后仰，很容易伤及颈椎。头枕装置可支持乘员头部和身体一起加速，抑制乘员头部后倾，使其整体相对静止，以防止或减轻颈部损伤。图 4.34 所示为座椅头枕调节示意图。

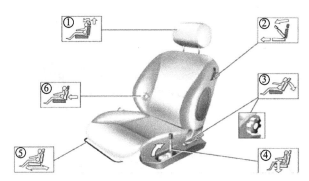

图 4.33　汽车座椅的不同调节方式

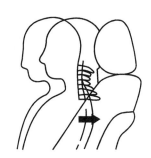

图 4.34　座椅头枕调节示意图

⑥ 座椅连接部件。座椅连接部件的强度直接影响座椅本身的安全性能，在发生碰撞时，如果连接部件先于座椅失效，很可能会造成座椅骨架的断裂、严重变形和调节机构失灵等，此时乘员的生命安全将受到极大的威胁。因此，座椅连接部件必须满足规范要求。

4.2.5　吸能防伤转向机构

汽车正面碰撞时转向管柱与驾驶人运动趋向分析如下：

汽车发生正面碰撞时，碰撞能量使汽车的前部发生塑性变形。一方面，碰撞能量使位于汽车前部的转向盘、转向柱及转向轴在碰撞力的作用下产生向后即向驾驶人胸部方向的移动，使转向盘与驾驶座椅之间的空间缩小；另一方面，驾驶人在惯性力的作用下又向前冲，使得驾驶人的胸部和头部碰撞到转向盘而受伤。图 4.35 所示为汽车正面碰撞时转向

123

管柱与驾驶人的碰撞关系示意图，图 4.35 中左下角指向向右的箭头代表正面碰撞作用在转向柱下端的碰撞力，图 4.35 中右上角指向向左的箭头代表正面碰撞驾驶人在惯性力的作用下冲向转向盘的作用力。

由于刚性转向机构在正面碰撞事故中对驾驶人的伤害程度比较突出，为此，世界多国对防止转向柱对驾驶人的伤害都制定了相关法规，如美国的安全法规 FMVSS203、FMVSS204，欧盟的安全法规 ECE R12、EEC74/297，我国的安全法规 GB 11557 等。这些法规中均规定了汽车发生正面碰撞时转向柱向后水平位移量和碰撞力的限值要求。在国家标准 GB 11557—2011《防止汽车转向机构对驾驶员伤害的规定》中，要求汽车以 48.3～53.1km/h 的速度与其他物体正面碰撞时转向管柱与转向轴在水平方向的后移量不得大于 127mm；在台架试验中，人体模块躯干以 24.1～25.3m/s 的相对速度撞击转向操纵装置时，转向操纵装置作用在人体模块上的水平力不得超过 11123N。为了满足这些法规的要求，需要在转向系统中设计并安装能防止或减轻驾驶人受伤的吸能机构，通过使转向系统的有关零部件在碰撞时发生塑性变形、弹性变形或者利用摩擦来吸收部分冲击能量。

对于一次碰撞，因碰撞能量使汽车的前部发生塑性变形不可避免，安装在汽车前部的与转向器输入端相连的转向柱及转向轴在碰撞力的作用下必然要向后运动，其运动能量可通过转向柱以机械的方式予以吸收；对于二次碰撞，驾驶人在惯性力的作用下向前冲向转向盘也不可避免，尽管驾驶人本身有约束装置如安全带、安全气囊，但仍然会有部分能量要传递给转向系统，这部分能量也要通过转向盘及转向柱系统予以吸收。在此背景下，汽车吸能防伤转向机构有利于防止和减轻驾驶人伤害。图 4.36 所示为转向溃缩机构与安全气囊共同作用示意图。

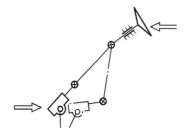

图 4.35 汽车发生正面碰撞时转向管柱与驾驶员的碰撞关系示意图

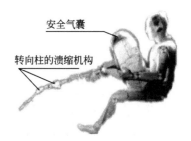

图 4.36 转向溃缩机构与安全气囊共同作用示意图

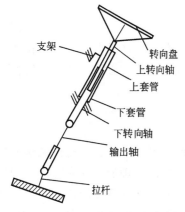

图 4.37 吸能防伤转向机构示意图

（1）吸能防伤转向机构结构及工作原理。汽车吸能防伤转向机构是一种能够在正面碰撞事故中确保驾驶人有足够的生存空间，并能够吸收冲撞能量，防止或减轻驾驶人伤害的被动保护装置。该装置主要由转向盘、上转向轴、下转向轴、转向轴上套管、转向轴下套管、转向器、万向节及当转向盘受到撞击时能够吸收冲击能量的吸能元件组成，如图 4.37 所示。常见的吸能零部件有可收缩吸能转向管柱、伸缩式转向中间轴和吸能转向盘。吸能转向机构于 1967 年首先用于美国的轿车，从 1969 年起美国的轿车全部采用，日本也从 1973 年起规定其轿车必须装设吸能转向机构。我国生产的轿车现正逐步装设吸能转向机构。

转向系统防伤机构工作原理：通过在转向系统中设计并安装防止或者减轻驾驶人受伤的机构，有效吸收汽车正面碰撞时的碰撞能量。

（2）隔绝首次碰撞影响的吸能防伤机构。根据汽车碰撞中防止转向柱对驾驶人伤害的相关法规，吸能转向柱（轴）结构得到广泛应用。由于吸能的机理和形式的不同、转向柱与车身受撞脱开方式及转向轴受撞压缩的形式不同，吸能式转向管柱（转向轴）的种类也有多种形式，如钢球滚压变形双层管式转向管柱、波纹管式或网格状转向轴、可断开式转向中间轴、两段式转向中间轴、伸缩式转向中间轴等。图 4.38 所示为钢球滚压变形双层管式转向管柱和波纹管式（网格状）转向轴结构图。

（3）保护驾驶人免受二次碰撞伤害的吸能防伤机构。吸能转向盘也是保护驾驶人免受二次碰撞伤害的一种结构形式。图 4.39 所示为通过轮缘弯曲和轮毂变形吸收碰撞能量的结构示意图。汽车正常行驶时，转向盘正常传递力矩（轮缘和轮毂不发生弯曲与变形）；当汽车发生正面碰撞且碰撞力达到某一规定值时，一方面轮缘因压缩变形吸收能量；另一方面，轮缘因折弯变形吸收能量。

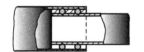

(a) 钢球滚压变形双层管式转向管柱

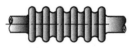

(b) 波纹管式转向轴

图 4.38　转向管柱和转向轴结构图

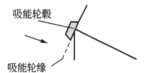

图 4.39　转向盘轮缘和轮毂吸能示意图

4.3　基于防止灾害扩大的被动安全技术（装置）

基于防止伤害扩大的被动安全技术与汽车事故后安全技术的内涵是相同的，都是旨在事故发生后保障乘员及时获得救助和减少事故后损失，避免再次伤害。其技术（装置）包括灭火系统、汽车门锁系统、GPS 救援系统等。

4.3.1　灭火系统

1. 汽车自燃

1）汽车自燃及其危害性

汽车自燃是指在用车辆在行驶或停放过程中，因自身的电器、线路、供油系统发生故障或运载货物等自身原因而不需要外界火源作用，由本身受空气氧化而放出热量或受外界影响积热不散（如夏季炎热的天气）达到自燃点而自行燃烧的现象，如图 4.40 所示。

汽车自燃，可使一辆好端端的汽车在很短时间内烧成一个空壳，因而，一旦发生，除直接对自燃车辆上乘员的生命安全构成极大威胁并导致车辆所有人面临严重财产损失外，还会影响周围其他车辆与人员的安全，同时还可能造成附近地区的交通混乱，危害性极大。

图 4.40　汽车自燃现象

虽然汽车自燃事件占汽车保有量的比例很低，但随着汽车保有量的快速增长，我国每年汽车自燃发生的绝对数量仍呈增加趋势。消防部门对机动车自燃事件的统计分析表明：在所有因汽车自燃引发的火灾中，轿车火灾居多，占40%以上；汽车行驶状态下发生火灾居多，占70%左右；火灾原因以电线短路居多，在60%以上；夏季是汽车自燃的多发季节，较其他季节高出数倍。

2）汽车自燃产生的原因及防范

归纳起来，汽车自燃的原因主要为油路出现问题、电路出现问题和外界高温影响，此外，汽车碰撞后也可能引发自燃。

(1) 油路原因。主要表现为油路出现问题造成漏油、漏液所致。导致漏油的原因有油管老化、油管接头松动、意外损伤及因非法改装对油路的改动造成管路的破损和密封损坏等。当车内存在燃油泄漏时，发生自燃的可能性和危险性大大增加。车辆在行驶过程中如果油路发生泄漏，其溢出的燃油很容易被排气系统和发动机运转时的高温点燃，造成车辆自燃起火。

(2) 电路原因。其原因是多方面的。一是线路老化，二是电路系统自身存在的隐患，三是电路改装。线路老化与使用时间密切相关。随着汽车使用时间的增加，其自身的电器及线路会老化，而电线绝缘层老化导致耐压强度不够，引起电路短路，当回路中发生短路，将会产生很大的热量，当温度升高到绝缘层或导线周围可燃物着火点时而着火引起自燃。

电路系统存在的隐患主要是指长期暴露在发动机及排气系统附近高温环境中的电缆因绝缘表皮老化脱落，电阻增大而造成电缆过载发热现象。这与系统结构设计相关。据调查，紧凑型发动机空间布置的车辆容易发生自燃，其原因是电路、油路之间间距小，随着使用时间的增加，电路老化现象不可避免，一旦电路老化出现漏电，就很容易引发车辆自燃。

汽车电路改装是指车辆所有者为了追求某种特定效果在汽车上额外增加附件导致耗电负载增大的现象，如给车辆换装高档音响、添加空调等。汽车电路改装一方面会破坏原有的负载平衡，容易造成路线短路或者熔丝功率过大，为自燃埋下隐患；另一方面因需要新增线路，而且多为非专业处理，容易造成车内电源线裸线的外露，与车身的金属材质相连或者与其他电路接触造成短路，产生火花而导致自燃。

(3) 外界高温原因。主要指夏季太阳直射车内导致积热不散形成高温引起车辆自燃的现象。在夏季太阳的炙烤下，暴晒的车辆内部温度能够达到60℃以上，车内的易燃易爆物品变得非常危险，很容易成为自燃的祸首，如放置在仪表板处的气体打火机、清新剂、灭蚊剂等物品容易受热膨胀后爆炸引起火灾。搁置在风窗附近的老花镜或放大镜等也同样是非常危险的物品，它们具有聚光的作用，能够把透进风窗的光线聚集，在焦点能产生上百摄氏度的高温，足以点燃车内的内饰部件，引起火灾。

此外，汽车在夏天长途行驶、超负荷装载会使发动机各部件在长时间内不停地运转，造成温度升高，加上天气酷热、发动机通风设备效果不好，也会造成电源线短路，引起自燃起火。还需注意的是，如果车载货物放置不当，相互碰撞、产生火花，也会引起汽车自燃。

（4）碰撞后自燃。实际中，汽车因碰撞引发自燃的现象也有发生，如图4.41所示。引起碰撞自燃的原因主要有三：一是碰撞引起电路短路起火自燃；二是碰撞使得可燃物靠近排气管等高温部位，引起可燃物起火自燃；三是碰撞引起燃油泄漏，恰遇车辆与地面摩擦起火引燃或车辆电路短路引燃。

图4.41 两车相撞起火的现场情景

对汽车自燃的预防措施，一是应加强定期检查，防止油路、电路故障及漏油、漏气等现象发生；二是若要对车辆进行改装，务必到专业改装店；三是车辆上配置车载灭火器等。

2. 车用灭火设施

为防范汽车火灾，最好的办法是安装车载自动灭火装置，但出于经济、技术等多方面的原因，在私家车上广泛安装车载自动灭火装置短时间内还难以做到，目前用于汽车消防的主要是车载灭火器。

（1）车载灭火器。车载灭火器是专门用于汽车灭火的装置。目前用于汽车消防的多为手提式灭火器（图4.42），主要有干粉灭火器、超细干粉灭火器、二氧化碳灭火器和水系灭火器等不同类型。

干粉灭火器的灭火原理为化学抑制，阻断燃烧的链式反应。此类灭火器具有灭火级别高、功能全、灭火迅速、电绝缘性能和低温使用性能好等优点，特别适宜于工厂企业、仓储

图4.42 装于乘员舱内用于灭火的车载灭火器

和室外配置使用。其不足之处是干粉灭火剂不抗复燃，会产生次生污染，使用者须经过专门的技术培训。因为价格上的优势，现在车辆配备的灭火器大部分都是手提储压式干粉灭

火器。

超细干粉灭火器的灭火原理与普通干粉灭火器相同。具有干粉灭火器的优点，同时抗复燃效果好，灭火效能高，是普通干粉灭火器的6～10倍。其价格高于普通干粉灭火器。超细干粉灭火器在车载自动灭火装置方面得到很好的发展，目前，车载超细干粉自动灭火装置已被广泛用于公共汽车消防。超细干粉车用灭火器按充装压力不同又可分为无压车用和微型储压悬挂式车用。

二氧化碳灭火器的灭火原理为窒息，通过降低燃烧物周围空气氧浓度来实施灭火。二氧化碳作为灭火剂，具有绝缘性能好的突出特点。其不足之处为灭火浓度高、灭火级别低，宜在相对密闭的空间使用，抗复燃能力差。二氧化碳是一种中等毒性的物质，当二氧化碳在空气中的浓度达到2%时，会使人产生不愉快感；当浓度达到7%～9%时，就会造成呼吸困难、呕吐，感觉麻木，神志混乱；当浓度达到10%时，人在此环境中停留1min就会失去知觉。使用二氧化碳灭火器时，其局部浓度常常超过10%的浓度，由于存在一定的危险性，在车上配备此类灭火器，要求车主有很好的使用经验。

水成膜泡沫(水基型)灭火器的灭火原理是冷却和隔离，具有灭火级别高，使用时水渍损失小，既无干粉的次生污染，又无二氧化碳的毒性等优点。目前国内生产的水成膜泡沫灭火剂的最大缺点是稀释后稳定性差，不能长期保存，而对一种实用的灭火剂来说，存放稳定性是其最主要的性能指标之一。此外，相比较而言，水成膜泡沫灭火器的价格也偏高。

汽车发生火灾，灭火器是第一消防员。对于广大私家车车主而言，应该自觉配备灭火器，防患于未然。应根据车辆的类型、大小，从经济、安全、效率几方面综合考虑，配备合适的灭火器。由于汽车自燃多发生在汽车前部发动机舱内，应将车载灭火器放置在驾驶人随手能拿到的地方，以保证发生火灾时能在第一时间内进行扑救。

(2) 自动灭火系统。汽车自动灭火系统组成简图如图4.43所示。该系统主要由火探管（温度传感器）、处理单元、喷嘴、灭火剂、语音报警器等部分组成。温度传感器实时监控车内温度变化，并将监测信息及时传输到处理单元，当监测到单位时间内温度差值超过规定极限值时，处理单元发出火灾信号、及时启动喷嘴喷洒灭火剂，同时启动语音报警器进行语音报警。当自动灭火系统失灵时，发动机舱盖锁止机构自动释放，允许从外面进行灭火。

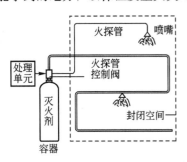

图4.43 汽车自动灭火系统组成简图

采用温度随动监测传感器，旨在能够迅速感知车上火灾的发生，即刻喷洒灭火剂，使火灾在初燃阶段熄灭；语音报警旨在及时提醒乘员逃生，有效避免火灾对乘员的伤害。当发生火灾时，对于燃用传统石化燃料——汽油、柴油的车辆而言，灭火系统应及时切断燃料系统的燃油供应，以防止油路回火引发油箱爆炸；对于电动汽车，灭火系统应及时切断总电源，避免蓄电池发生短路造成爆炸和自燃。

4.3.2 汽车门锁系统

1. 汽车电控门锁

随着轿车对乘用舒适性、操纵方便性、使用安全性要求的不断提高，现在的轿车都采用了电控门锁系统,并使用了电子技术和无线电技术,有的还接入汽车中央微电脑控制系统,与起动、点火系统相连接进行防盗控制。汽车电控门锁是采用电子电路控制的以电磁铁、微型电动机和锁体作为执行机构的机电一体化的安全装置。采用汽车电子门锁,驾驶人不仅可以不用金属钥匙就能方便地开关汽车车门,而且还能有效增强汽车门锁的安全性能。

汽车电控门锁由控制部分和执行机构两部分组成,如图 4.44 所示。

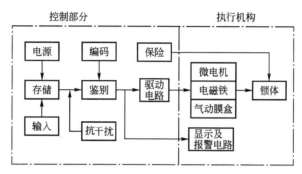

图 4.44 汽车电控门锁结构框图

(1)控制部分。控制部分包括输入、存储、编码、鉴别、抗干扰、驱动、显示、报警、保险及电源等子系统,其中,编码和鉴别是控制部分的核心。电源向控制部分和执行机构提供电能。

① 编码器。编码器的实质就是人为地设定一组 n 位二进制数或 N 位十进制数。设定该组数的原则是所编的密码不易被人识破。对编码电路的要求是容量大、换码率高、保密性、可靠性好,换码操作简单,便于日常管理。

② 输入器和存储器。它们的作用是经输入器输入一组编码,由存储器记忆后送至鉴别器。

③ 鉴别器。它的作用是对来自输入器和编码器的两组密码进行比较,仅当两组密码完全相同时,鉴别器才输出电信号,经抗干扰处理后送至驱动电路和显示装置。若用户有特殊要求,鉴别器还可以输出报警和封锁行车所需的电信号。

④ 驱动电路。该电路设置在执行机构之前,用以将鉴别器送出的微弱信号进行功率放大后,带动执行机构的电磁铁产生动作。

⑤ 抗干扰电路。为了抑制来自汽车内外的电磁干扰,保证在恶劣电磁环境下电子锁不会自行误动作而设置了抗干扰电路,由此提高汽车电子锁的可靠性和安全性。通常采用延时、限幅和定相等手段达到抗干扰目的。

⑥ 显示器和报警器。该部分是电子控制部分的附加电路,用于显示鉴别结果和报警,从而扩展了电子锁的功能。

⑦ 保险装置。主要由速度传感器、车门锁止器和紧急开启接口组成,是汽车电子锁的独特组成单元。当汽车运行超过一定时速时,车门锁止器根据来自速度传感器的信号将锁体锁止;当控制电路万一失灵时,可通过紧急开启接口直接控制锁体的开启。

⑧ 电源。对电控门锁电源的要求是不间断电源,以使存储器中的信息不发生丢失。一般是用一个大容量电容连接在存储器的供电端,当更换蓄电池时该电容可为存储器提供不间断电源。

(2) 执行机构。电控门锁的执行机构由门锁驱动装置和门锁组成，其功用是在门锁控制电路的控制及驱动下，执行门锁锁定和开启任务。常见的门锁驱动装置有电磁铁式、电动机式和气动式3种。

① 电磁铁式。通过按钮操纵，按下按钮时电磁铁线圈通电，产生磁力使铁心动作，车门开启或锁止；松开时按钮自动复位。图4.45所示为电磁铁式门锁执行机构简图。这种车门锁的优点是结构简单、内部摩擦力小、动作敏捷、操作方便；缺点是耗电量大、铁心质量大且衔铁移动时有冲击声。欧洲和日本轿车多采用这种车门锁。

② 电动机式。这种门锁由可逆直流电动机、齿轮齿条传动机构和锁体总成组成，如图4.46所示。当电动机通电正转时，带动齿条连杆左移锁门；当电动机通电反转时，带动齿条连杆右移开锁。这种形式门锁的优点是体积小、耗电少、动作迅速；缺点是当门锁已经锁定或开启时，应即时切断电源。这种形式的门锁多为美国轿车采用，日本轿车也有采用。

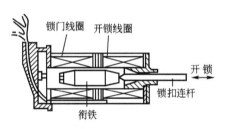

图4.45　电磁铁式门锁执行机构简图

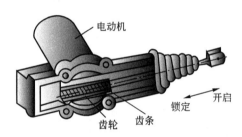

图4.46　电动机式门锁执行机构简图

③ 气动式。这种门锁是气压驱动的，工作时压力泵产生的空气输送到气压膜盒里，膜盒内的膜片通过连接杆带动门锁动作，从而实现锁止和开锁。国产红旗、捷达和奥迪轿车采用这种形式。

(3) 电控汽车门锁的操纵方法。打开或关闭电控门锁的方法有使用钥匙、使用遥控器、操作车门上的按键或拨盘、触摸车身上的某一部分等。比较常见的还是用钥匙和遥控器操纵，或者两种方法共用。

① 钥匙操纵。钥匙有普通钥匙、带密码电阻的钥匙、装有微型电子系统的钥匙等。

② 遥控器操纵。电子遥控车门锁由发射器、接收器和执行机构等组成。发射器可在5～10m内无方向性地遥控汽车门锁。

对于汽车门锁而言，在紧急情况下能够方便、顺利、快捷打开门锁是十分重要的，紧急情况下能够快捷打开门锁有时能够挽救车内伤者或被困者的生命。

2. 门锁紧急释放系统

门锁紧急释放系统的工作原理是当碰撞传感器检测的信息经控制单元确认车辆已发生碰撞时，系统立即释放门锁。

丰田和三菱公司开发的感受碰撞的自动门锁释放系统的特点是当碰撞传感器确认已发生碰撞时，系统立即自动地释放门锁。

4.3.3　GPS救援系统

车辆发生碰撞后，为了快速救助伤者，必须准确确定事故车辆的地点。GPS救援系统利用卫星导航定位，能够很快确定车辆方位，缩短救助时间，降低乘员的伤害程度。

图 4.47 为利用卫星导航定位确定车辆位置示意图。

图 4.47 利用卫星导航定位确定车辆位置示意图

事故自动报警系统是在汽车后视镜内安装了一个与移动电话和撞车传感器相连的微型摄像机,与智能汽车交通系统和全球卫星自动定位系统相配合,一旦汽车发生事故,将自动向有关安全管理部门和医疗急救部门报警,提供汽车所在位置、事故严重程度、车载人员数、系安全带人数和人员受伤的大致程度等信息,并保持联络,使事故车中的人员得到及时救护。

就发展趋势而言,事故自动报警系统将是今后汽车必备的安全装置。

4.4 基于提高被动安全性能的重要部件和结构

提高汽车被动安全性能的重要部件和结构是指影响汽车安全性的特定结构,即汽车结构安全性。汽车结构安全性是指在汽车系统结构设计及系统部件配置过程中,以提高汽车整车安全性为目标,通过运用优化理论及现代结构分析方法,将事故发生时对乘员及交通参与者的伤害程度降至最低。对汽车的安全性具有重要影响的典型部件有车身结构、汽车制动器、汽车轮胎、汽车玻璃等。因车身结构已在 4.2.1 中讨论,此处略。

4.4.1 制动器

1. 制动器结构类型与特点

目前,汽车所用的制动器几乎都是摩擦式制动器,也就是阻止汽车运动的制动力矩来源于固定元件和旋转工作表面之间的摩擦作用。按结构形式可分为鼓式制动器和盘式制动器两类。

(1) 鼓式制动器。鼓式制动器的结构如图 4.48 所示,主要由制动底板、制动鼓、制动蹄、摩擦片、制动轮缸(制动分泵)、回位弹簧、支座等零部件组成。其中摩擦副元件为随车轮一起旋转的制动鼓和安装在制动底板上面不随车轮旋转的制动蹄。制动底板安装在车轴的固定位置上,固定不动,制动蹄、摩擦片、制动轮缸、回位弹簧、支座等安装在制动底板上,底板承受制动时的旋转扭力。制动鼓安装在轮毂上,随车轮一起旋转,由铸铁做成,形状似圆鼓状。每一个制动鼓配一对制动蹄,制动蹄上装有摩擦衬片(摩擦片)。制动时，两个制动蹄及其摩擦片靠油缸(液压制动)或凸轮(气压制动)的力量向外张开，挤压在制动鼓的内圆柱表面上，产生摩擦力矩，制动鼓受到摩擦减速，迫使车轮减速直至停止转动。

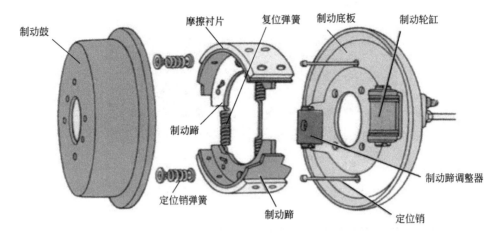

图 4.48　鼓式制动器结构图

鼓式制动器的优点是可利用制动蹄的增势效应而达到比较高的效能因数，并且具有多种可选结构形式(如增力式、双领蹄式、领从蹄式、双从蹄式等)，成本低，防尘，便于同时作为驻车制动器；缺点是尺寸大，质量大，制动产生的热量不易散发，制动稳定性较差。鼓式制动器主要用于中、重型汽车。

(2) 盘式制动器。盘式制动器是目前轿车普遍使用的制动器形式，一般都为钳盘式结构，其主要零部件有制动盘、分泵、制动钳、油管等，采用液压控制，如图 4.49 所示。盘式制动器的摩擦副元件为随车轮一同转动的制动盘和不随车轮转动的制动钳等。呈圆盘状的制动盘用合金钢制造并固定在车轮上，随车轮一道转动，其工作表面为两端面。不随车轮转动的分泵、制动钳、油管等固定在制动器的底板上。制动钳是其两股跨夹着制动盘的夹钳形部件，其上装有分泵，分泵的活塞受油管输送来的制动液作用，制动钳上的两个摩擦衬片分别装在制动盘的两侧。制动时，活塞推动带摩擦片的制动块压向制动盘(图 4.49 中相对作用的箭头)发生摩擦制动，从而产生制动力矩，迫使制动盘连同车轮减速直至停止转动。

图 4.49　盘式制动器结构图

与传统的鼓式制动器相比较,盘式制动器的优点是散热快、质量轻、构造简单、调整方便。特别是高负载时抗热衰退性好,制动效果稳定,而且不怕泥水侵袭,在冬季和恶劣路况下行车更容易在较短的时间内使车停下。有些盘式制动器为强化散热,在制动盘中间铸有通风孔道或开有多个小孔(图 4.49 中的散热孔),以加速通风散热和提高制动效率。

盘式制动器的缺点主要是对制动器和制动管路的制造要求较高,摩擦片的耗损量较大,并且由于摩擦片的面积小,相对摩擦的工作面也较小,需要的制动液压力高,要有助力装置配合,故主要用于轻型车上。

尽管鼓式制动器在盘式制动器还没有出现前已经广泛用于各类汽车上,但由于制动蹄完全置于制动鼓内腔的结构局限性,使其在制动过程中的散热性差,在持续频繁制动时容易导致制动效率下降,已越来越不能适应车辆高速行驶的使用要求;此外,涉水后其排水性能也较差,因此在近 30 年中,鼓式制动器在轿车领域已经逐步退出让位于盘式制动器。但由于其成本比较低,在部分经济类轿车上仍然有所使用,主要用于制动负荷比较小的后轮和驻车制动。

2. 制动器热衰退现象及其主要影响因素

(1) 制动器热衰退现象及抗热衰退性评价。汽车制动器的热衰退是指高速制动或下长坡制动时制动器温度迅速上升,制动器摩擦系数下降,摩擦力矩显著下降,从而使制动能力明显降低的现象。

鼓式制动器的热衰退比盘式制动器更突出,这与鼓式制动器结构形式密切相关。鼓式制动器因制动蹄完全置于制动鼓内腔中,呈现被包裹状态,连续制动时由于摩擦副中的制动鼓和制动蹄之间频繁摩擦,产生大量热量,而被包裹的结构形式因散热性差,使摩擦片温度迅速升高,造成摩擦系数下降,制动力矩及制动力也随之下降,导致制动距离增大、制动性能降低,严重时会导致制动失效。

实际中,制动初速度大、制动器摩擦副压力增大、制动频繁导致摩擦副温度升高时,将使摩擦系数降低,容易出现"热衰退";此外,制动器中制动蹄本体和摩擦片的热变形,以及摩擦片内部成分的化学变化也会导致制动器热衰退。

热衰退是目前车用制动器不可避免的现象,只是程度上有所差别。就鼓式和盘式两种制动器的结构形式而言,盘式制动器因制动盘充分暴露于空气中,散热效果好,摩擦系数的热稳定性好,热衰退轻;而鼓式制动器由于制动鼓完全将制动蹄包裹在封闭空间中,散热效果差,当持续频繁制动时,摩擦系数的热稳定性差,使得鼓式制动器的热衰退现象十分突出。

制动器的抗热衰退性能是指汽车在高速行驶条件下或下长坡过程中连续制动时制动效能的热稳定性,即制动器温度升高后与未升高前即冷态时相比,其制动性能保持的程度。制动器抗热衰退性一般用一系列连续制动时制动效能的保持程度衡量。其评价指标见 2.1.1 节中相关内容。

(2) 影响制动器抗热衰退性的主要因素。

① 制动器的摩擦副材料及工作温度。在结构一定的前提下,不同的摩擦副材料及工作温度,制动器的抗热衰退性是不相同的。一般鼓式制动器的制动鼓是以铸铁为材料、摩擦片以无石棉摩擦材料组成的。正常制动时,摩擦副的温度在 200℃左右,摩擦副的摩擦系数为 0.3~0.4,当温度高于 300℃后随着温度的升高,摩擦系数明显下降,即出现热衰

退现象。

② 制动器的结构形式。在摩擦副材料一定的前提下，不同的结构形式，制动器的抗热衰退性也是不相同的。对于鼓式制动器结构而言，因制动蹄完全置于制动鼓内腔中，呈现被包裹状态，这种结构形式在连续制动时因制动鼓和制动蹄之间的频繁摩擦会产生大量热量，使摩擦片温度迅速升高到300℃甚至更高，导致摩擦系数降低。

4.4.2 轮胎

轮胎的主要功能是支撑载荷，传递驱动力、制动力和转向力，保证车轮与路面的附着力，减轻和吸收汽车在行驶过程中的振动和冲击力。由于轮胎直接与路面相接触，它不仅对汽车的动力性、经济性、制动性、操纵稳定性、通过性产生影响，更与汽车的行驶安全性密切相关。据统计，我国高速公路发生的交通事故中约有46%是由于轮胎发生故障（如轮胎被扎钉、漏气、爆胎）引起的，引发的交通事故的比例仅次于酒后驾驶，因而，对轮胎安全必须引起高度重视，并且重点需解决好轮胎的防爆、防漏气问题。

1. 轮胎分类及特点

轮胎按胎体中帘线排列方式的不同分为斜交轮胎和子午线轮胎。斜交轮胎的特点是胎面和胎侧的强度大，并且胎侧刚度较大，使得舒适性差，由于高速时帘布层间移动与摩擦大，并不适合高速行驶。随着子午线轮胎性能的不断改进和完善，斜交轮胎已基本上被淘汰。

子午线轮胎的帘布层相当于轮胎的基本骨架，其排列方向与轮胎子午断面一致，如图4.50所示。由于行驶时轮胎要承受较大的切向作用力，为保证帘线的稳固，在其外部又有若干层由高强度、不易拉伸的材料制成的带束层（又称箍紧层），其帘线方向与子午断面呈较大的交角。

子午线轮胎与普通斜线轮胎相比，其突出优点是接地面积大，附着性能好，滚动阻力小，弹性大，耐磨性好，缓冲性能好，承载能力大，不易刺穿；缺点是胎侧易裂口，由于侧向变形大，导致汽车侧向稳定性稍差，制造技术要求高，成本高。由于子午线轮胎性能明显优于普通斜线轮胎，在轿车、货车上获得广泛采用。

汽车轮胎按是否有内胎可分为有内胎轮胎和无内胎轮胎。有内胎轮胎是在外胎的里面装有一个充有压缩空气的内胎，如图4.51所示。有内胎轮胎的主要缺点是行驶温度高，不适应高速行驶，不能充分保证行驶的安全性，使用时内胎在轮胎中处于伸张状态，略受穿刺便形成小孔而使轮胎迅速降压。

无内胎轮胎，俗称真空胎，如图4.52所示。空气直接充入外胎内腔，消除了内外胎之间的摩擦，并使热量直接从轮辋散出，比普通轮胎降温20%以上，在轿车上获得广泛应用。

图4.50 子午线轮胎

图4.51 有内胎轮胎

图4.52 无内胎轮胎

无内胎轮胎的突出优点如下：

① 气密性好。其气密层采用特种的丁基橡胶混合物制成。胎圈外侧上附加一层厚 2～3mm 专门用来封气的橡胶密封层，轮胎在充气压力的作用下，胎体与轮辋紧紧压合，保持密封。

② 工作温度低。由于不存在内外胎之间的摩擦，并且可通过轮辋直接散热，使胎温低，耐磨性强，使用寿命长。

③ 结构简单，省去了内胎和胎带，有利于车辆轻量化。

④ 安全性和便利性提高。无内胎轮胎只有在爆破时才会失效。当被异物刺穿后，气压不会迅速消失，至少能行驶几十公里，可避免途中修理。

无内胎轮胎对破口有比较强的自封能力，在穿孔较小时能够继续行驶，提高了行驶安全性，中途修理比有内胎轮胎容易，不需拆卸轮辋，因为有较好的柔软性，所以可改善轮胎的缓冲性能，提高轮胎的使用寿命。子午线轮胎多为无内胎轮胎。汽车轮胎的不同分类方法如图 4.53 所示。

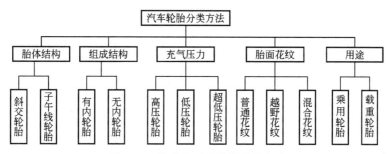

图 4.53 汽车轮胎的不同分类方法

就轮胎产品的安全性而言，产品出厂前通常要进行多项专门试验，如转鼓试验用以检测轮胎的耐久性和高速稳定性能；无内胎轮胎脱圈阻力性能试验用以检测轮胎受到侧向力作用时迫使胎圈从轮辋边缘上脱落的最大力值；轮胎强度性能试验用于检测轮胎帘线强度。

翻新轮胎是指因磨损或其他原因损坏失去使用性能后，经翻修加工使之能够继续使用的轮胎。对于翻新轮胎，由于其强度和安全性均低于新胎，一般只装于车辆后胎与新胎并装使用，不宜用于前胎。

2. 低压安全轮胎

低压安全轮胎又称为"零压轮胎"，英文是 Run‑flat Tire，意为轮胎在遭遇到外来物刺扎后，气体不会很快漏完，能够继续行驶一段里程，轮胎行业直译为"跑气保用轮胎"，也称"缺气保用轮胎"。普通轮胎遭到外物刺扎后，先是很快漏气，接着发生胎侧下塌，胎圈脱离轮辋，轻则无法继续行驶，重则引发车辆倾覆导致重大交通事故；安全轮胎在遭到刺扎后，漏气非常缓慢，能够保持行驶轮廓，胎圈依然固定在轮辋上，从而保证汽车能够长时间或者暂时稳定行驶，如图 4.54 所示。汽车装上安全轮胎后，不仅安全性能大大提高，而且不再需要携带备用轮胎。

（1）低压安全轮胎分类。低压安全轮胎按结构形式目前主要分为两大类，一类为自封型安全轮胎，是指具有一定抗刺破能力的轮胎，即轮胎在被约 6mm 以下异物刺穿时依靠

(a) 普通轮胎充气状态下　(b) 低压安全轮胎充气状态下　(c) 普通轮胎缺气状态下　(d) 低压安全轮胎缺气状态下

图 4.54　普通轮胎和低压安全轮胎在充气及缺气状态下效果比较

轮胎自身特殊的结构能迅速封堵破损处，阻止轮胎充气内压下降，从而维持正常行驶状态；另一类为刚性支撑型安全轮胎（进一步细分为自体支撑型和辅助支撑型两种），即轮胎在破损、气压为零的情况下通过胎内支撑物在轮胎失压后保持行驶轮廓，保证车辆以可接受的操纵稳定性继续行驶相当长的距离。

在民用车辆领域，低压安全轮胎的主要贡献是可减少车辆行驶过程中爆胎带来的交通事故，同时采用泄气保用轮胎的车辆可取消备胎，为车辆减轻自重、节省空间做出一定的贡献；对军用车辆来说，泄气保用轮胎技术的应用，不仅可提高日常行车时的安全性，更重要的是能提高车辆在特殊环境下的机动性和生存性。

"抗刺扎、防爆破、失压后还能行驶"是对低压安全轮胎的 3 个基本要求。对于"失压后还能行驶"，其衡量指标包括失压后的行驶速度和续驶距离。就保证汽车暂时稳定行驶的安全轮胎而言，汽车工业目前的标准是以 80～88km/h 的速度续驶 160km。

就提高轮胎安全性能而言，主要采用防漏（扎）、泄气保用、零压续跑等技术措施，与之相应地也出现了多种安全轮胎产品，分类形式及具体类型见表 4-3。

表 4-3　低压安全轮胎产品分类

分类形式	具体类型
按结构形式	双重内胎型、自密封型、自体支撑型、辅助支撑型
按配套轮辋	普通（标准）轮辋型、特制（非标）轮辋型
按用途	保证暂时稳定行驶、长时间连续行驶

（2）零压续跑轮胎的概念。零压续跑轮胎的基本意义是轮胎在零气压下还能续行驶一定里程。对于零压续跑轮胎，虽然目前还没有严格规范的定义，但一般认为是指泄气后还能续驶一定里程的轮胎，国内业界习惯称之为"泄（漏、跑）气保用轮胎""零压轮胎""安全轮胎""防爆（漏）轮胎"等。零压续跑轮胎属于安全轮胎的一种。

零压续跑轮胎由于采用了特殊材料的设计与更厚的胎壁，其舒适性有所下降，轮胎噪声增大，轮胎的质量较普通轮胎大，但整体来讲是利大于弊。装有零压续跑轮胎的各种车辆，正常压力下并不影响乘坐舒适性和操纵性能。当前后不同轮轴和左右两边不同位置中的一个或两个轮胎漏气后，胎圈依然固定在轮辋保持行驶轮廓，车辆仍然能够以一定速度安全行驶一定距离，并保证车辆具有可接受的操作稳定性和行驶平顺性。多数情况下被戳破跑气的轮胎可修复重用。

缺气保用轮胎也就是经常说的"防爆胎"，这种轮胎能在胎压不足或者漏气的情况下帮助车辆在一定速度下正常行驶一段里程，但是还不能真正地做到彻底防爆。

3. 防滑水轮胎

对交通事故的统计分析表明，雨天的行车事故大约为晴天的两倍，其原因除了雨天驾驶人的视野变差外，主要是由于轮胎在湿路面上不良的行驶性能所致。这表明，轮胎在湿路面上的行驶性能对汽车的行驶安全性有重要影响，为此，近些年各大轮胎公司都加强了提高轮胎在湿路面上行驶性能的研究工作，并已开发出具有良好湿路面行驶性能的高性能轮胎。

汽车行驶过程中可能遇到两种附着力很小的危险情况：一种是刚开始下雨，路面上只有少量雨水时，雨水与路面上的尘土、油污相混合，形成高黏度的水液，滚动的轮胎无法排挤出胎面与路面间的水液膜，由于水液膜的润滑作用使轮胎附着能力大为下降，而使行驶的轮胎出现溜滑；另一种是高速行驶的汽车经过有积水层的路面时出现"滑水现象"，如图4.55所示。

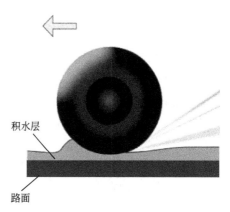

图 4.55　轮胎滑水现象示意图

当轮胎在有积水的路面上滚动时，会挤压积水层，与轮胎接触的前部的积水会产生一定的压力冲向轮胎。积水对轮胎产生的动压力与速度的平方成正比，当轮胎的转速提高到使积水动压力与轮胎的载荷相平衡时，此时轮胎就会脱离与路面之间的直接接触而漂浮在水膜上，失去地面的摩擦力，即出现滑水现象。滑水现象使汽车丧失操纵性，对行车安全十分不利。

汽车在湿滑路面上行驶时，被挤压进轮胎花纹中的水会顺着排水沟槽排出，如图4.56所示。胎面花纹排水沟槽及时排水对保证汽车在湿滑路面安全行驶十分重要，实际中，低速时轮胎花纹排水沟槽的排水功能均可较好满足要求，随着车速的提高，轮胎花纹排水沟槽的排水能力会难以满足要求，当轮胎花纹中的积水越来越多，其排水沟槽出现饱负荷即积水无法及时排出时，车辆就会因水滑导致操作失控而引发交通事故。

要提高轮胎在湿路面上的行驶性能，在不降低其在干路面上行驶性能的前提下，应以着重提高轮胎在湿路面上的抗滑水和抗湿滑性能为重点，即着重提高轮胎的滑水临界速度和降低湿路面制动距离，同时兼顾对轮胎的低滚动阻力、低磨耗和低噪声的方面的使用要求。轮胎的抗滑水性能主要与轮胎花纹的设计相关，防滑水轮胎与普通轮胎相比，其胎面花纹的主要特点是，在胎面中部设计出宽大的排水主沟，在主沟两侧有通往胎侧的侧沟，以提高排水效率，最大限度地避免轮胎在湿路面高速行驶可能产生的"滑水现象"。图4.57为德国马牌公司的 Conti Premium Contact 2 型防滑水轮胎胎面外形图，该轮胎具有完全新型的3D沟槽（图4.57中圆圈标出）。经常在高速公路上行驶的轿车，应尽量选择抗滑水轮胎。

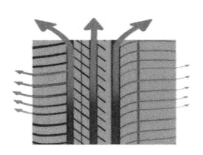
图 4.56 轮胎纵向及两侧横向花纹的排水示意图

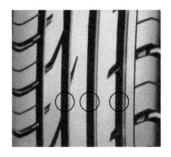
图 4.57 德国马牌公司具有 3D 沟槽的防滑水轮胎

4. SUV 轮胎

兼具运动性与舒适性的 SUV，以其开阔的驾驶视野、超大承载空间及更好的通过性，备受车友们的青睐，不少车主驾驶着 SUV 或行驶在城市道路上，或在旷野高速疾驶，或深入沙丘，或攀爬山峰。随着国内 SUV 车型的增多，选择与常驶路况相适应的轮胎显得十分重要。

目前，SUV 轮胎主要分为 HT 铺装路面轮胎、AT 全地形路面轮胎、MT 极限越野路面轮胎和 UHP 超高性能轮胎，如图 4.58 所示，它们的主要特征如下。

(a) HT轮胎及花纹　　(b) AT轮胎及花纹　　(c) MT轮胎及花纹　　(d) UHP轮胎及花纹

图 4.58　SUV 车型轮胎类型及花纹

（1）HT 轮胎：适用于公路环境。其特点是花纹细密，胎质较软，舒适感强。除了噪声小、柔薄的胎壁能够提供好的减振性能外，还能在铺装良好的路面上提供最大的抓地力。HT 轮胎非常适合城市与高速公路的柏油路面行驶，其制动性、操控性、静音性等优势能得到完美的体现。

（2）AT 轮胎：适用于全地形环境。其胎纹与 HT 轮胎相比略微粗犷，使其具有极好的排石性和排水性，在泥泞道路上优势明显。该轮胎的耐用性也超过一般的 HT 轮胎，因此被称为全地形轮胎。该轮胎在公路行进和越野性能方面的出色平衡，十分适合喜欢出门休闲踏青的一般越野爱好者。

（3）MT 轮胎：适用于越野环境。在沙石路、飞石滑坡、冰雹路、泥泞路、沼泽、戈壁滩等复杂路况中具有强大的通过性，能让车辆轻松脱离困境。正因为该轮胎追求极限越野道路时的通过性，其驾乘的舒适性较 HT、AT 轮胎略为逊色。由于 MT 轮胎是极限越野轮胎，能踏平一切极端路况，十分适合喜爱挑战极限，享受越野生活的深度越野迷。

（4）UHP 轮胎：公路路面的"贵族胎"，在设计、配方和制作工艺上都提高了运动性能，使之在各方面都有极好的表现，由于价格高，UHP 轮胎多用于豪华越野车的适配轮胎。

对于 SUV 车主来说，选择轮胎首先要考虑制动性能和操控性能，尤其是湿地制动性，这直接关系到雨天的行车安全；其次是轮胎的静音性能。鉴于城市 SUV 主要以日常市区代步及高速公路行驶为主，HT 轮胎是上佳之选。

4.4.3 汽车玻璃

1. 对汽车玻璃的基本要求

车窗玻璃是汽车车身附件中必不可少的部件，其作用主要为提供清晰视野，防止异物进入车内，保护乘员安全，减少空气阻力。对汽车玻璃的基本要求如下。

（1）具有良好的光学性能。要求透光率高，而且透视的影像不产生变形，以保证驾驶人良好的可见性。

（2）具有足够的强度。有一定的抗冲击和弯曲强度，在高速行驶时的风压下不致破碎或变形，其表面具有一定的硬度，以免表面划伤而妨碍视野。

（3）安全性。出现意外事故时对乘员起到保护作用，在受到碰撞后只裂不碎，或碎块不呈尖角，以尽量减少对乘员或行人的伤害，同时碰撞后仍应保持一定的能见度，以避免因影响驾驶人的视线而造成二次事故。

目前，安全带、安全气囊、汽车玻璃及安装系统被称为汽车安全保护三要素。

2. 汽车玻璃的分类

汽车玻璃由玻璃原片二次加工而成，目前以夹层钢化玻璃和夹层区域钢化玻璃为主，能承受较强的冲击力。夹层玻璃是由两层或两层以上的玻璃用一层或多层透明的粘结材料（玻璃胶、中间膜）粘合而成的玻璃制品，如图 4.59 所示。这种结构形式将玻璃的坚硬性和塑料的强韧性有机地结合在一起，明显增加了玻璃的抗破碎能力。当玻璃碎裂时因胶片能把玻璃碎片粘在一起，使玻璃碎片不致散落而伤人，并保证驾驶人有一定的视野处理紧急情况。

钢化玻璃是指将普通玻璃在炽热状态下使之迅速冷却即淬火从而产生预应力的强度较高的玻璃，如图 4.60 所示。钢化玻璃在受到冲击破碎时，仅分裂成带钝边的小碎块，对乘员不易造成伤害。区域钢化玻璃是钢化玻璃的一种新品种，它经过特殊处理，能够在受到冲击破裂时，其玻璃的裂纹仍可以保持一定的清晰度，保证驾驶人的视野区域不受影响。

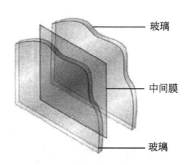

图 4.59 夹层玻璃结构示意图

图 4.60 钢化玻璃结构示意图

我国规定汽车只能使用夹层玻璃和部分区域钢化玻璃（均为安全玻璃），其目的是要求风窗玻璃受到撞击后，只裂不碎，以减少对乘员和行人的划伤；同时裂纹不致严重影响驾驶人的视线。不少国家规定只能使用夹层玻璃。目前汽车前风窗玻璃以夹层钢化玻璃和夹层区域钢化玻璃为主，能承受较强的冲击力。

3. 玻璃破碎形状与安全性

一般普通玻璃破碎后，会形成块状面积不等的锋利刀状尖角碎块，如图 4.61 所示。锋利的刀状尖角玻璃碎块很容易割伤撞击者，造成人身伤害，因而这种玻璃不允许直接装在汽车上使用。钢化玻璃是将普通玻璃通过淬火工艺使其内部组织发生改变，形成一定的内应力，在使玻璃的强度得到提高的同时，当受到冲击破碎时，玻璃破碎后没有普通玻璃刀状的尖角（图 4.62），仅会分裂成带钝边的小碎块，这会大大降低对人身的伤害。实际中，通过观察玻璃破碎后是刀状碎块还是小颗粒碎块可对普通玻璃与钢化玻璃进行有效区分。

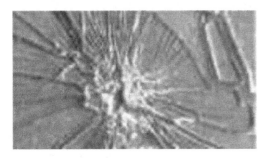
图 4.61 普通玻璃破碎的情境

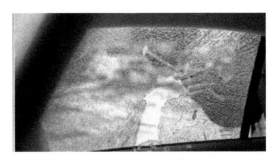
图 4.62 无夹层钢化玻璃破碎的情境

对于夹层玻璃而言，由于在其两层玻璃中间夹有一层胶状膜，在发生损坏破裂时不会完全裂开和扩散，即便车辆发生严重撞击，依靠中间胶状膜也可以在受损严重情况下保证玻璃不会脱落和部分散落，虽然裂纹呈放射性破裂状，但仍然保持相对整体性，如图 4.63 所示。

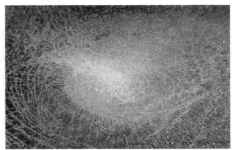
图 4.63 夹层钢化玻璃破碎的情境

夹层玻璃在受损严重的情况下仍然保持相对整体性的特性，可在车辆发生撞击事故时有效防止车内乘员不致因玻璃碎裂而飞出，提高了撞车事故后车内乘员的安全性，故夹层玻璃被要求配备在前风窗玻璃上使用。为提高受损时的相对整体性，汽车用夹层玻璃对中间层进行加厚处理。

众所周知，车辆在发生正面碰撞的时候，驾驶人和前排乘客受到的冲击最大，因此安全带和前排安全气囊是保证前排乘员生命安全的关键。然而，当车内乘客未系安全带，而在碰撞的瞬间安全气囊又失去了有效支撑时，前风窗玻璃对驾驶人和前排乘客的保护作用就非常凸显，若此条件下前风窗玻璃碎裂飞出，则前排乘员很可能会飞出车外而受到严重伤害。

钢化玻璃在受到损坏后，会迅速扩散成无数小颗粒，并且很容易出现脱落现象，在危急时刻可以方便车内乘员逃生，并且车侧面和后面受到石子撞击的概率要小于前风窗，因此钢化玻璃普遍运用在除前风窗以外的其他部位。

另外，由于越来越多的车型在玻璃上粘贴了电子设备，如内置天线等，要求玻璃与车身彻底绝缘，否则接收效果会严重受到影响。玻璃安装粘贴用胶的导电率须符合标准，进而保证收音机天线、感应刮水器等电子设备正常工作。

4. 汽车玻璃新技术

（1）HUD 前风窗玻璃。HUD 是 Head Up Display 的缩写，意为"抬头显示"。这种系统最初应用于法国的幻影战斗机上。该系统是由电子组件、显示组件、控制器及高压电源等组成的综合电子显示设备，能将飞行参数、瞄准、自检测等信息以图像、字符的形式通过光学部件投射到飞行员座舱正前方组合玻璃或者头盔显示装置上。

用于汽车上的 HUD（抬头显示系统，又称平视显示系统），可将发动机转速、车速、里程、耗油量等行车信息投影在前风窗玻璃的驾驶人平视范围区域（图 4.64），而且显示位置、显示亮度均可调整，驾驶人不需低头就能方便观察，并且可根据需要选择显示的信息种类，大大改善了驾驶人观察信息的方便性，缩短眼球对前方的视觉盲区时间，提高了汽车驾驶的安全性，尤其是在夜间行驶及路况不好的情况下可有效减少交通事故的发生。

图 4.64　车载平视显示 HUD 系统

HUD 在前风窗玻璃上直接显示车辆的行车信息主要通过专用投影仪和楔形胶片实现信息显示功能。

（2）其他汽车玻璃新技术。概括而言，目前汽车玻璃主要朝两个方向发展：一是功能化的汽车玻璃；二是增强安全机能的汽车玻璃。

功能化汽车玻璃是在现有汽车玻璃基础上增加节能隔热、防紫外线、电视接收、全球定位系统接收等功能，使汽车整体更具人性化，增加乘坐的舒适性及提高节能效果。这类产品有隔热风窗玻璃、高吸热玻璃、显示前风窗玻璃、天线玻璃等。

增强安全机能的汽车玻璃产品包括车门热增强夹层玻璃、电加热除霜玻璃等，也逐渐在高端车型上得到应用。冬天起动或驾驶汽车时，前后风窗的刮水器处很易结冰，为确保在恶劣天气下的乘驾安全,电加热玻璃应运而生。电加热玻璃一般为银浆加热线加热,通过银浆印制的方式在玻璃上印制加热线,然后跟车内电源相连实现除霜及除雾功能,目前在后风窗玻璃上应用已经比较普遍,由于在前风窗玻璃上印制加热线成本较高,只在一些高端车型中采用。

5. 逃生条件下的应急安全

绝大多数情况下人们都希望安装于汽车上的车窗玻璃具有较大强度,不易破碎,以对车内乘员提供最大保护,但在车辆突发火灾等紧急情况下,从快速逃生的要求来讲,此时希望能够方便地使车窗玻璃破碎,以使车内乘员能够尽快逃生。

目前,在长途客车、城市封闭的空调公交车上一般都配置应急小锤,但由于对车辆用应急小锤缺乏统一要求,实际中有的应急小锤存在强度不够、重量不够等问题。对于普通轿车,从安全的角度考虑也应该配置一把应急小锤,以备不时之需。

发生火灾时,电动车窗可能无法打开,但只要车辆没有严重变形,一般可以手动解锁中控打开车门。如果门窗都无法打开,马上用尖锐物体用力敲击玻璃,若没有应急小锤或救生手电,尖头的钥匙也是一件工具。请记住,汽车的前后风窗及天窗玻璃比侧窗强度更高,敲击侧窗玻璃更容易碎,且最好是敲击车窗玻璃 4 个角落中的某个角落。

思 考 题

4.1 什么是"一次碰撞"与"二次碰撞"?二者之间有何关系?提高汽车被动安全性有何意义?目前汽车被动安全技术主要从哪些方面改善和提高对乘员的保护效果?

4.2 汽车碰撞主要有几种形式?各有何特点?轿车车身结构为何要强调中间"硬"前后"软"?

4.3 提高车身正面、侧面碰撞安全性的主要结构措施有哪些?

4.4 简述安全带、安全气囊的工作原理。试比较安全带与安全气囊的特点与差异。

4.5 简述汽车座椅对乘员的保护效果,吸能防伤转向机构的工作原理及吸能形式。

4.6 简述灭火系统、汽车电控门锁、GPS 救援系统的工作原理及作用。

4.7 鼓式、盘式制动器的热衰退性有什么差别?原因是什么?为什么说摩擦副材料、结构形式是影响制动器抗热衰退性的主要因素?

4.8 不同轮胎结构如何影响汽车的行驶安全性?低压安全轮胎有什么实际意义?

4.9 不同玻璃结构对汽车安全性有何影响?

第 5 章
汽车安全法规与试验及检测

本章教学要点

知识要点	掌握程度	相关知识
概述	掌握标准与技术法规的意义及主要区别	世界三大主要汽车法规体系及其基本构成
汽车安全法规	掌握美、欧、日、中汽车安全技术法规及汽车认证制度的主要内容	美、欧、日、中汽车安全技术法规差别
汽车被动安全性能试验	掌握美、欧、日、中NCAP碰撞测试的主要差别，C-NCAP碰撞测试规则，汽车零部件台架试验、模拟碰撞试验、实车碰撞试验的基本内容	汽车被动安全试验的意义，世界NCAP的发展过程，汽车零部件台架试验、模拟碰撞试验、实车碰撞试验3种试验之间的关系
汽车安全性能检测	认识机动车检验制度的重要性，了解机动车辆检测的类型、作用及线外线内检验的具体项目、相关内容与基本要求	机动车检验制度的相关规定，公安部《机动车安全检测项目和方法》的相关内容

3 辆汽车相撞造成 3 死 6 伤严重后果

事故经过：2008 年 10 月 4 日中午时分，广东开阳高速公路发生一起三辆汽车碰撞的重大交通事故，造成 3 人当场死亡，2 人重伤，4 人轻伤。

据交管部门介绍，10 月 4 日，耿某驾驶的小客车载 3 人沿开阳高速广州往阳江方向行驶，行至开阳高速圣堂路段时，车辆失控撞毁中心活动护栏，越过对向车道，先后与一辆小货车、一辆大客车发生碰撞。经现场勘查和调查，事故是由小客车失控碰撞中心活动护栏，越过对向车道造成的，碰撞后的小客车如图 5.1 所示。

图 5.1 被撞后变形的小客车

思考：这起事故造成小客车上 2 名乘客和大客车上 1 名乘客共 3 人当场死亡，小客车上 2 人受伤、大客车 4 人受伤及小客车报废。如果小客车和大客车的车身强度更高一些，能否会减少人员伤亡呢？这个问题值得思考。

为保证车辆在行驶过程中发生碰撞事故时最大限度地保护乘员安全，制定并严格执行汽车安全技术法规及定期检测汽车安全技术性能是非常必要的。

→ 资料来源：http://photo.iyaxin.com/content/2008-10/06/content_415980.htm。

5.1 概 述

5.1.1 汽车技术法规与标准的意义及区别

1. 技术法规的意义及特点

我国国家标准 GB/T 20000.1—2014《标准化工作指南 第 1 部分：标准化和相关活动的通用术语》中对技术法规的定义是：规定技术要求的法规，它或者直接规定技术要求，或者通过引用标准、规范或规程来规定技术要求，或者将标准、技术规范或规程的内容纳入法规中。

技术法规是指规定强制执行的产品特性或其相关工艺和生产方法（包括适用的管理规定）的文件，以及规定适用于产品、工艺或生产方法的专门术语、符号、包装、标志或标签要求的文件。这些文件可以是国家法律、法规、规章，也可以是其他的规范性文件，以及经政府授权由非政府组织制定的技术规范、指南、准则等。

简明地讲，技术法规是指规定技术要求的法规，可以引用"标准""技术规范""实施规程"的全部或部分内容，具有强制性要求。

技术法规的意义及作用为以安全、健康、环保为首要目标，通过强制性手段，推动科技进步，促进产品性能不断提高，从保障人民生命、财产安全，环境保护，节约能源等方面维护全社会的公共利益。

汽车技术法规体系是指在汽车技术法规的范围内，由其内在联系所形成的有机整体。汽车技术法规具有强制性、地域性、时间性和独立性等显著特点。

① 强制性。技术法规一旦发布，与法规相关的结构、企业、用户等都必须自觉执行，否则将依法受到惩罚（罚款或监禁）。

② 地域性。受各国国情、经济条件及政治要求等诸多因素的影响，即使在同一个国家，也因自然条件、人口密度、车流密度和道路状况的不同而呈现差异。

③ 时间性。在特定的时间内适用。总的趋势是随着时间的推移，技术法规的要求越来越严格。

④ 独立性。技术法规一般都自成体系，如汽车的安全法规和环保法规都自成体系，而且相当完整。此外，技术法规体系又在标准体系之外独立自成体系。

2. 标准的意义及作用

我国国家标准 GB/T 20000.1—2014《标准化工作指南　第 1 部分：标准化和相关活动的通用术语》中对标准的定义是：通过标准化活动，按照规定的程序经协商一致制定，为各种活动或其结果提供规则、指南或特性，供共同使用的和重复使用的文件。

国际标准化组织发布的第 2 号指南规定，标准是有关各方根据科学技术成就和先进经验共同合作起草，一致或基本上同意的技术规范或其他公开文件，其目的在于促进最佳的公众利益，并由标准化团体批准。

简明地说：标准是科学、技术和实践经验的总结，是人们在生产、经营和管理活动中依据对经验的总结、并加入理论框架的指导，从而形成的数据、公式、模式、方法、原则等所构建的系统理论。该系统理论获得了公众和权威机构的认可且公布于世。

标准的内涵是科学、技术和经济的综合结果，实施标准的目的旨在促进最佳的公众利益。标准的基本作用：一是可以用于作为衡量或判定技术（成果）好和不好的根据，或用于判定是不是某一事物的根据；二是因工作有了目标便于操作，易形成一致；三是在透明公开的条件下便于自愿采用；四是便于大规模生产经营和管理，可防止走不必要的弯路；五是可通过修正或修订和最新技术水平保持同步。

3. 标准与技术法规的主要区别

（1）制定的目的不同。制定标准的目的是为满足产业活动需要，针对共同和重复应用的实际或潜在的问题而提出，为在一定范围内求得最佳的秩序；制定技术法规的目的则是服务于政府法制化的行政管理活动。

（2）制定主体不同。标准的起草、批准和采用由一个公认机构负责。所谓公认机构是指有能力在标准化领域开展活动，在国际上得到各国认可，在一个国家内得到本国政府认可或是已经树立起威信和信誉并为社会各方面一致接受的标准化机构，如 ISO 就是得到各国公认的非官方组织。技术法规的工作则由政府负责，由政府的某一权威机构具体管理。所谓权威机构是指法律授权的有法规"立法权"和"执法权"的机构。技术法规从制定、批准到执行都是政府的本职工作，属政府职能；而标准的制定、批准、执行，严格来说不是政府的职能。

（3）约束力不同。虽然标准和技术法规在一定范围内都具有约束力，但其约束力的性质不同。以国际标准为例，国际标准是各参加国的标准化组织机构协商一致后制定的，并由 ISO 批准。如果某一国不同意该标准可以不签字，则此标准对该国就无约束力，而签字国有义务执行该标准。这表明标准仅在其承认的范围内有约束力，该约束力为一种自觉承担义务性质的约束力，并没用法律意义上的约束力，即标准的执行为非强制性。技术法规是法律派生的产物，为法律的配套文件，是政府为贯彻法律的内容而通过一定形式的立法程序制定的行政管理规则。技术法规具有法律意义上的约束力，在一个国家颁布后强制执行。对于标准和技术法规而言，是否在法律上具有强制性是二者之间的原则性区别。

（4）体系构成不同。标准和技术法规在体系构成上是完全分立的两个体系。标准体系的构成包括国际标准、区域标准、国家标准、行业标准和企业标准等；而技术法规体系的构成包括区域技术法规、中央政府的技术法规、地方政府的技术法规。技术法规的制定、批准、执行均由政府主导，属政府行为，由于企业是不具有政府行为的法人，故企业不可能有其技术法规。

（5）可协调性不同。标准具有相对统一、固定的特性，在理论上可协调，在实践上也能达到一定程度的一致，如欧洲协调标准、国际标准化机构和区域标准化机构的标准都是在协调一致的基础上产生的。而技术法规则缺乏这种统一的、固定的特性，常常因国家与文化特性的差异而不同，而且涉及国家主权问题，因而，追求国家之间技术法规的一致性难度极大。

（6）内容的构成不同。虽然标准和技术法规都以技术和科技成果为基础，但二者在内容上仍有十分明显的差别：标准一般只包括"纯"技术的内容；而技术法规除了技术的内容外，一定还包括因管理需要而由行政部门制定的行政规则，如内容中包括有便于法则贯彻执行而设置的管理程序和违反时的处罚措施等。

5.1.2 目前世界三大主要汽车法规体系及其构成

在世界汽车百余年的发展过程中，形成了美国汽车法规、欧洲汽车法规和日本汽车法规三大汽车法规体系。日本为提高国际化水平，其汽车技术法规正在向欧洲法规体系靠拢。其他国家的汽车法规基本上都是参照美国和欧洲法规再结合本国或本地区具体情况制定的。美国、欧洲和日本三大汽车法规体系的基本构成见表 5-1。

表 5-1 美国、欧洲和日本三大汽车法规体系的基本构成

序号	分类	国别	所依据的法律	派生出的汽车技术法规	说明
1	管理汽车安全的法律	美国	《国家交通与机动车安全法》	美国联邦汽车安全法规 FMVSS	内容包括汽车主动安全和被动安全法规等
		欧洲	日内瓦协议	ECE（联合国欧洲经济委员会安全法规）；EEC（欧洲经济共同体安全指令）	除安全技术法规之外，还增加了防止汽车排放污染物、噪声及抗电波干扰等公害内容
		日本	《道路运输车辆法》	道路车辆安全法规	参照 FMVSS 进行分类，并增加了防止汽车排放污染物及噪声等公害内容

(续)

序号	分类	国别	所依据的法律	派生出的汽车技术法规	说明
2	控制汽车污染物的法律	美国	《大气清洁法》《噪声控制法》	首先制定了试验方法,每隔一阶段由议会提出议案,政府制定出控制汽车污染物和汽车噪声的限制	
		欧洲	日内瓦协议	ECE 和 EEC	
		日本	《大气污染控制法》《噪声控制法》	TRIAS(型式认证试验规程)	
3	促进汽车燃料节约的法律	美国	《机动车情报和成本节约法》	每隔一阶段由议会提出议案,政府发布本阶段的汽车平均燃料消耗定额	每个汽车制造公司均要保证自己每年生产的各种大小类型汽车的平均燃料消耗不得超过政府的规定
		欧洲	日内瓦协议	在 ECE R15《十五工况排放法》的基础上,同样用此十五工况法测量轿车平均燃料消耗量,即 ECE R80	
		日本	《能源合理利用法》	在 TRIAS-61《十工况排放标准》的基础上,同样用此十工况法测量汽车平均燃料消耗量	

就汽车法规体系而言,美国、欧洲、日本的汽车标准和技术法规都不是一成不变的,也是处于不断修订、完善的过程中。他们均会根据各自政治、经济、技术发展的现状,制定新的标准和技术法规,修订已有的标准和技术法规。

5.2 美、欧、日、中汽车安全技术法规

随着世界汽车工业的不断发展,汽车保有量的迅速增加,随之带来的汽车安全事故、环境污染及能量消耗等问题越来越严重。为了满足交通安全、环境保护和节约能源等方面的需要,美国、欧盟、日本等国家的有关立法部门和国际组织制定了若干规定和法律,并以强制性的"法规"形式加以颁布和实施。汽车技术法规主要包括汽车安全、公害(排放、噪声、电磁干扰)防治和节约能源三个方面。

5.2.1 美国的汽车安全技术法规

1. 美国汽车技术法规体系简介

美国汽车技术法规体系主要由联邦机动车安全标准(Federal Motor Vehicle Safety

Standard，FMVSS)、联邦机动车环境保护法规(Environmental Protection Agency，EPA法规)、联邦汽车燃料经济性标准法规即美国"企业平均燃油经济性"标准(Corporate Average Fuel Economy，CAFE)组成。

在《国家交通及机动车安全法》的授权下，美国运输部国家公路交通安全管理局(NHTSA)根据《国家交通及机动车安全法》制定与机动车辆结构及性能有关的联邦机动车安全标准收录在"联邦法规集(CFR)"第49篇第571部分。美国环境保护署根据《大气清洁法》《噪声控制法》等负责制定汽车排放和噪声方面的技术法规，所制定的针对汽车排放控制的环保法规收录在CFR第40篇第86部分。美国运输部根据《机动车情报和成本节约法》的授权和规定制定美国汽车燃料经济性法规，主要规定了制造商必须遵守的汽车平均燃料经济性指标收录在CFR第49篇。美国的机动车技术法规是以篇、部分和分部的形式归类的。

美国除了有联邦法规外，各州根据各自的实际情况还制定了州法规，其指标一般都高于联邦法规。

2. 美国的汽车安全技术法规的主要内容

FMVSS是美国汽车技术法规的核心内容之一。FMVSS由美国运输部(United States Department of Transportation，DOT)所属的美国国家公路交通安全管理局根据美国《国家交通及机动车安全法》负责制定实施。该法规自1968年1月10日实施以来，经过几十年的补充与修改，已由最初的30多项扩展为当前的60余项，对各条款的要求也更加严格。至2009年，FMVSS共计60余项，将汽车的安全问题分为5大类。

第一类：FMVS 100系列，即汽车主动安全法规，旨在碰撞前设法避免车辆发生交通事故。该技术法规对保证汽车安全行驶所需的条件加以规定，如各种便于操作和识别的标志及其位置，避免驾驶人不致因标志及位置不清和操纵失误而造成安全事故；此外对制动系统、灯具、轮胎及车身附件的性能均做出了明确的规定，共计30项，见表5-2。

表5-2 FMVSS 100系列主动安全法规

法规序列号	主要内容	法规序列号	主要内容
101	控制器和显示器	117	翻新充气轮胎
102	变速器换挡顺序、起动机的互锁机构和变速器制动效能	118	动力车窗操纵系统
		119	机动车(不包括轿车)用新的充气轮胎
103	风窗玻璃除霜和除雾系统	120	机动车(不包括轿车)用新的轮胎和轮辋选择
104	风窗玻璃刮水和洗涤系统		
105	液压制动系统	121	气压制动系统
106	制动软管	122	摩托车制动系统
108	灯具、反射装置和辅助装置	123	摩托车的控制器和显示器
109	新的充气轮胎	124	加速器控制系统
110	轮胎和轮辋选择	125	警报装置
111	后视镜	126	汽车电子稳定控制系统
112	前照灯隐蔽装置	129	新的轿车非充气轮胎
113	发动机罩锁	131	校车行人安全装置
114	防盗装置	135	轿车制动系统
115	汽车识别号的基本要求	138	轮胎气压监控系统
116	机动车制动液	139	轻型车辆用新的子午线轮胎

第二类：FMVSS 200 系列，即汽车被动安全法规，包括座椅及安全带、车门及门锁、风窗玻璃等部件在撞车过程中应对乘员起到的保护作用等，旨在汽车碰撞发生时减少对驾驶人及乘员伤害，共计 25 项，见表 5-3。

表 5-3 FMVSS 200 系列被动安全法规

法规序列号	主要内容	法规序列号	主要内容
201	乘员在车内碰撞时的保护	213	儿童约束系统
202	头枕	214	侧面碰撞保护
203	驾驶人免受转向控制系统碰撞伤害的保护	215	车外保护装置
		216	轿车车顶抗压强度
204	转向系统的后向位移	217	客车紧急出口及车窗的固定与放松
205	车窗玻璃材料	218	摩托车头盔
206	车门锁及车门保护件	219	风窗玻璃区的干扰
207	座椅系统	220	校车侧翻防护
208	乘员碰撞保护	221	校车车身连接部分强度
209	座椅安全带总成	222	校车乘员座椅和碰撞保护
210	座椅安全带总成固定点	223	后碰撞防护装置
211	车轮螺母、轮辐及轮辋盖	224	后碰撞防护
212	风窗玻璃安装	225	儿童约束系统固定点

第三类：FMVSS 300 系列，即汽车防火安全法规，旨在减少车辆由于燃料、动力、电池和材料不当造成的火灾及在碰撞后造成的死亡和伤害，共 5 项，见表 5-4。

表 5-4 FMVSS 300 系列汽车防火安全法规

法规序列号	主要内容	法规序列号	主要内容
301	燃料系统的完整性	304	压缩天然气燃料箱的完整性
302	汽车内饰材料的燃烧特性	305	电动汽车—电解液溢出及电击防护
303	压缩天然气车辆燃料系统的完整性		

第四类：FMVSS 400 系列，即汽车附属设备标准，是 2000 年后新增的版块，对附属设施的安装、使用等进行规定，旨在减少安装使用时对乘员和周边人群造成伤害，共 3 项，见表 5-5。

表 5-5 FMVSS 400 系列汽车附属设备标准

法规序列号	主要内容	法规序列号	主要内容
401	乘用车行李箱内部开启机构	404	机动车残疾人提升平台/踏步的安装
403	机动车残疾人提升平台/踏步系统		

第五类：FMVSS 500系列，即低速车辆标准，目的是确保低速汽车在街道、道路和公路上行驶时，配有保证机动车安全的最基本的装备，共1项，见表5-6。

表5-6 FMVSS 500系列低速车辆标准

法规序列号	主要内容
501	低速车辆（车速介于32～56km/h的四轮车辆）

根据FMVSS，任何车辆或装备部件如果与FMVSS不符，不得进行以销售为目的的生产，不得销售或引入美国州际商业系统，不得进口。

FMVSS是目前国际上汽车安全技术法规的三大主要体系之一，在全球范围内具有深远影响力。近年来已有越来越多的国家逐步参照FMVSS修改或替换其本国原有的技术法规。美国汽车安全技术法规的主要特点如下：

① 法规内容较齐全，指标先进。法规规定的指标及方法对其他国家影响较大。

② 法规修订较快，也比较灵活。另外，指标规定严格，若是实施困难，就作适当调整，如延期、修订或暂免。

③ 法规与美国汽车工程师学会（SAE）、美国材料试验标准（ASTM）、美国国家标准协会（ANSI）联系密切，多半采用或引用这些标准。

在美国，一项法规从提出到制定完成通常需要3～4年时间，新法规通过后在正式实施前还需要2～3年的准备期。

5.2.2 ECE汽车技术法规

1. 欧洲汽车安全技术法规体系简介

制定统一的ECE法规和EEC指令始于第二次世界大战后，联合国欧洲经济委员会于1958年开始制定统一的汽车法规。由此形成了两个地区性法规：一是联合国欧洲经济委员会（Economic Commission of Europe，ECE）制定的汽车法规；二是欧洲经济共同体（European Economic Community，EEC）制定的指令。ECE法规由各国任意自选，属非强制性；而EEC指令作为成员国统一的法规则具有强制性。ECE法规现已被大多数国家所接受，并引入本国的法律体系中。

联合国欧洲经济委员会为了开辟市场，促进经济增长和国际贸易发展，于1958年在日内瓦签订了《关于采用统一条件批准机动车辆和零部件并互相承认批准的协定书》，即统一汽车产品认证条件的协定书。根据该协定，欧洲经济委员会各缔约国之间制定了一套统一的汽车法规，对需要认证的汽车及其零部件采用该协定进行认证，认证结果各成员国相互承认，这样则大大地简化了各国间的汽车认证程序，统一了各国的法规要求，促进了技术交流和自由贸易。

1991年以后，原EEC组织改称为欧洲联盟，简称欧盟（European Union，EU），根据1992年建立欧洲联盟的《马斯特里赫特条约》，欧洲经济共同体更名为"欧洲共同体"（European Community，EC），原欧洲经济共同体汽车技术指令（EEC指令）现一般称为欧洲共同体汽车技术指令（EC指令）。

欧洲汽车技术法规体系由联合国欧洲经济委员会（UN/ECE）发布的ECE技术法规和欧洲共同体（现为欧洲联盟）发布的EC强制执行技术指令组成。联合国欧洲经济委员会的

ECE 技术法规以 1958 年签订的《关于采用统一条件批准机动车和部件互相承认批准的议定书》为法律依据；而欧洲联盟的 EC 指令则是以 1957 年各成员共同签订的《罗马条约》为基础制定的。尽管 ECE 法规和 EC 指令由两个不同的部门发布，但因主要参与国基本相同，二者在结构和内容上也基本相同，二者归于一个体系。其区别在于 ECE 法规在缔约国中自愿采用，是非强制性的；而 EC 技术指令在成员国中是强制执行的。

联合国欧洲经济委员会共有 21 个欧洲国家参加，美国、日本、加拿大、澳大利亚、南非等国以观察员身份参加其活动。

2. ECE 汽车技术法规和 EEC/EC 汽车技术指令

ECE 法规通过欧洲经济委员会下属的道路运输工作组的车辆制造专业组（WP29）负责起草。WP29 下设 6 个专家小组：即一般安全专家组（GRSG）、被动安全专家组（GRSP）、污染与能源专家组（GRPE）、灯光及光信号专家组（GRE）、制动与行驶专家组（GRRF）及噪声专家组（GRB），分别负责汽车安全、环保和节能领域内 ECE 汽车技术法规的制定、修订工作。ECE/WP29 下设的专家组每年召开两次会议讨论 ECE 法规的制定、修订工作，在广泛听取缔约国和非缔约国意见的基础上，共同研讨法规的制定、修订方式，以保证法规的公正性与公开性。ECE 法规在保证汽车安全性、环保及节能的基础上，更加重视法规的协调性、适用性和可操作性。

EEC 指令的基本构成包括：①规定了该指令所适应汽车的定义；②某种汽车部件符合指令提出的要求时，任何成员国不得以其他借口拒绝给使用该部件的汽车批准 EEC 形式认证或国家形式认证；③如果车辆的部件符合指令中提出的要求，任何成员国不得拒绝或禁止该型车辆的进口销售、登记领照等；④需要修订指令中的技术要求时，应按 70/56/EEC 指令中规定的程序进行；⑤各成员国在接到本指令后 18 个月内付诸实施；⑥附件部分，每一项指令的附件内容包括技术要求、试验方法、EEC 形式认证申请及规定、EEC 形式认证书试样等内容。

EEC 指令与 ECE 法规的区别是 EEC 指令一经下达后，各成员国必须强制执行，并优先于本国法规。

尽管 EEC 指令和 ECE 法规由两个不同机构发布，但两者间关系密切。几乎所有 EEC 国家都是 ECE 的核心国家。EEC 指令从法规内容看，与 ECE 法规大多数项目基本相同。

ECE 法规自 1958 年制定以来，经过不断的修改补充，已颁布实施 127 项，全部为《1958 年协定书》的附件，其中针对汽车（M、N、O 类车辆）产品的 ECE 法规 100 项；针对摩托车（L 类车辆）产品的 ECE 法规 22 项；针对农林车辆（T 类车辆）产品的 ECE 法规 5 项。ECE 法规非常重视灯光和信号装置的安全性。此外，在动态试验方面规定了车辆正面碰撞、侧面碰撞、翻车时车身强度及碰撞时防止火灾等要求。

5.2.3 日本汽车安全技术法规

1. 日本机动车辆技术法规的发展背景

日本的汽车法规始于 20 世纪 60 年代，日本当时制定汽车法规的主要目的在于设置技术性贸易壁垒，保护本国机动车市场。从 20 世纪 80 年代起，日本逐渐成为世界机动车生产大国和技术强国，由于其国内机动车市场规模有限，日本机动车产品开始大量出口国际市场。日本的机动车法规制定也由保护本国机动车市场向提高技术水平和促进出口的方向转变，为此日本于1998年加入了《1958年协定书》。随后，日本在技术法规制定中开始借鉴和参考或者直接引用ECE法规，使日本机动车法规与国际上多数国家和地区法规近似，以增强法规之间的协调性。目前日本仍在逐渐将ECE法规引进自身机动车法规体系中。

2. 日本道路运输车辆安全标准

日本汽车标准是在通产省领导下的日本工业标准调查会（即JISC）主持下制定的，其依据是日本的工业标准化法，主要通过日本汽车工程师协会（JSAE）的专家以民间形式组织制定日本工业标准（JIS）和日本汽车标准（JASO）。日本工业标准不带强制性，但日本安全标准不同于一般的工业标准，具有强制性。

日本的汽车技术法规以道路车辆法为基础，以道路车辆安全为核心，属于法律性规定。日本的道路运输车辆安全标准经多次修订，至今已发布的有关汽车安全和排放标准共73条。其中，主动安全标准43条，被动安全标准17条，防火3条。此外还设置了试验方法标准88条。由于日本的汽车工业以出口为主，因此日本汽车生产执行的标准法规大多与FMVSS和ECE法规的内容相同。此外，日本道路车辆法律、法规及管理制度与美国联邦机动车安全法规的内容及其做法也基本一致。

5.2.4 美、欧、日本汽车技术法规体系的主要特点

就美国、欧洲、日本三大汽车法规内容的构成特点看，总体上由技术法规和管理法规两部分组成。技术法规部分主要围绕如何有效控制汽车对社会的危害（包括交通安全、环境保护、节约能源）而制定具体的技术要求；而管理法规则主要涉及政府如何对汽车产品实施管理，此内容一般根据各自国家或地区的法规体系和政府管理体制及如何有效实施认证要求而制定。其目的旨在体现政府从维护整个社会公众利益出发而对汽车产品进行强制实施和控制的信心及决心。

就美国、欧洲、日本三大汽车法规体系的差异性而言，美国、日本的体系比较接近，而美国、欧洲的体系差别相对较大。虽然美国汽车安全法规与欧洲汽车安全法规都是世界上具有代表性的法规，但安全法规的基本出发点却不尽相同。美国人认为"汽车是任何人都可以坐的软垫"，欧洲人认为汽车是"技术熟练者使用的工具"，所以美国的汽车安全法规对汽车被动安全比较侧重（FMVSS法规被动安全25条），其技术要求普遍严格，而欧洲汽车安全法规则对汽车主动安全比较侧重（ECE法规主动安全62条，FMVSS法规主动安全30条）。此外，随着国际交流的频繁，在世界范围内对汽车法规的基本要求是简化和统一。

5.2.5 中国汽车安全技术法规

我国汽车标准制定比较晚，在对国外主要汽车技术法规体系进行深入研究的基础上，最后确定了以欧洲ECE法规为基础的汽车强制性国家标准体系（GB、GB/T），内容涉及安全（主动安全、被动安全、一般安全）、环保（排放、电磁干扰、噪声、有毒有害物质、可回收）、节能（降低能源和材料消耗、可再利用）、防盗等。

我国的汽车标准分为国家标准（GB、GB/T）、行业标准（QC）、地方标准、企业标准。其中，国家标准中涉及人体健康、人身财产安全、污染和能耗及资源等方面的标准纳入强制性标准（GB），其他标准为推荐性标准（GB/T）。凡不符合强制性标准要求的产品，不得

生产、销售和使用。

随着我国市场经济的深入发展,早期的汽车产品"目录管理"制度已经废弃,现已广泛采用产品认证制度。

我国现行强制性标准具有技术法规的某些性质,包含了法规的某些技术要求和规范,是政府部门管理汽车产品的准则,但不具备法规的全部属性,标准自身不带有管理规则。我国强制性汽车标准虽是法规性标准,但由于缺乏立法部门的批准及缺乏法规结构上的完整性,尚不能称为真正意义上的汽车法规。中国汽车、摩托车强制性法规体系构成如图5.2所示。

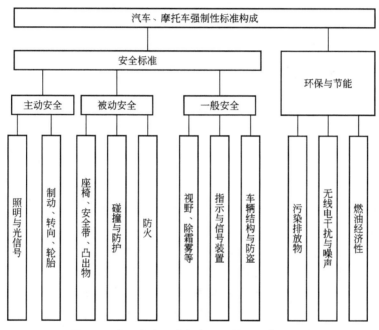

图 5.2 中国汽车、摩托车强制性法规体系构成

我国自1993年第一批强制性标准发布以来,截至2019年4月,已经批准发布的汽车(不含摩托车)安全强制性标准达107项之多。其中,主动安全41项,被动安全34项,一般安全32项。中国汽车安全强制性标准一览表见表5-7。

表5-7 中国汽车安全强制性标准一览表

序号	标准编号	标准名称
汽车主动安全标准——照明与光信号装置(22项)		
1	GB 19151—2003	机动车用三角警告牌
2	GB 21259—2007	汽车用气体放电光源前照灯
3	GB 21260—2007	机动车用前照灯清洗器
4	GB 4599—2007	汽车用灯丝灯泡前照灯
5	GB 4560—2007	汽车用灯丝灯泡前雾灯
6	GB 15235—2007	汽车及挂车倒车灯配光性能
7	GB 11554—2008	汽车及挂车用后雾灯配光性能

(续)

序号	标准编号	标准名称
8	GB 1156—2008	机动车回复反射器
9	GB 15766.1—2008	道路机动车辆灯泡尺寸、光电性能要求
10	GB 17509—2008	汽车及挂车转向信号灯配光性能
11	GB 2325—2009	货车及挂车、车身反光标识
12	GB 25990—2010	车辆尾部标志板
13	GB 25991—2010	汽车用LED前照灯
14	GB 18099—2013	机动车及挂车侧标志灯配光性能
15	GB 18409—2013	汽车驻车灯配光性能
16	GB/T 30036—2013	汽车用自适应前照明系统
17	GB/T 30511—2014	汽车用角灯配光性能
18	GB 18408—2015	汽车及挂车后牌板照明装置配光性能
19	GB 4660—2016	机动车用前雾灯配光性能
20	GB 4785—2019	汽车及挂车外部照明和光信号装置的安装规定
21	GB 5920—2019	汽车及挂车前位灯、后位灯、示廓灯和制动灯配光性能
22	GB 23255—2019	汽车昼间行驶灯配光性能
汽车主动安全——制动、转向、轮胎（19项）		
1	GB 12676—1999	汽车制动系统结构、性能及试验方法
2	GB 1767—1999	汽车转向系基本要求
3	GB/T 13594—2003	机动车和挂车防抱死制动性能要求和试验方法
4	GB 21670—2008	乘用车制动系统技术要求及试验方法
5	GB 16897—2010	制动软管的结构、性能要求及试验方法
6	GB/T 26149—2010	基于胎压监测模块的汽车轮胎气压监测系统
7	GB 12981—2012	机动车辆制动液
8	GB/T 30195—2013	汽车轮胎耐撞击性能试验方法
9	GB/T 30313—2013	汽车制动系统高温输气橡胶软管及软管组合件
11	GB 12676—2014	商用车辆和挂车制动系统技术要求及试验方法
10	GB/T 30513—2014	乘用车爆胎监测及控制系统技术要求和试验方法
12	GB 9743—2015	轿车轮胎
13	GB 9744—2015	载重汽车轮胎
14	GB 26149—2017	乘用车轮胎气压监测系统的性能要求和试验方法
15	GB/T 34422—2017	汽车用制动盘
16	GB/T 35349—2017	汽车驻车制动性能检验方法
17	GB 5763—2018	汽车用制动器衬片
18	GB 36581—2018	汽车车轮安全性能要求及试验方法
19	GB/T 37336—2019	汽车制动鼓
汽车被动安全标准——座椅、安全带、安全气囊、凸出物（15项）		
1	GB/T 19949.1—2005	道路车辆 安全气囊部件 第1部分：术语

(续)

序号	标准编号	标准名称
2	GB/T 19949.2—2005	道路车辆 安全气囊部件 第2部分：安全气囊模块试验
3	GB/T 19949.3—2005	道路车辆 安全气囊部件 第3部分：气体发生器总成试验
4	GB 15086—2006	汽车门锁及车门保持件的性能要求和试验方法
5	GB 20182—2006	商用车驾驶室外部突出物
6	GB 11550—2009	汽车座椅头枕强度要求和试验方法
7	GB/T 24551—2009	汽车安全带提醒装置
8	GB 11552—2009	乘用车内部突出物
9	GB 11566—2009	乘用车外部突出物
10	GB 27887—2011	机动车儿童乘员用约束系统
11	GB 24406—2012	专用校车学生座椅系统及其车辆固定件的强度
12	GB 14166—2013	机动车乘员用安全带、约束系统、儿童约束系统 ISOFIX 儿童约束系统
13	GB 14167—2013	汽车安全带安装固定点、ISOFIX 固定点系统及上拉带固定点
14	GB 13057—2014	客车座椅及其车辆固定件的强度
15	GB 15083—2019	汽车座椅、座椅固定装置及头枕强度要求和试验方法
	汽车被动安全标准——车身、碰撞防护（16项）	
1	GB 15743—1995	轿车侧门强度
2	GB 17354—1998	汽车前、后端保护装置
3	GB 9656—2003	汽车用安全玻璃
4	GB 11551—2003	乘用车正面碰撞乘员保护
5	GB 20071—2006	汽车侧面碰撞的乘员保护
6	GB 20072—2006	乘用车后碰撞燃油系统安全要求
7	GB/T 20913—2007	乘用车正面偏置碰撞的乘员保护
8	GB/T 24550—2009	汽车对行人的碰撞保护
9	GB 26134—2010	乘用车顶部抗压强度
10	GB 7063—2011	汽车护轮板
11	GB 11557—2011	防止汽车转向机构对驾驶员伤害的规定
12	GB 26511—2011	商用车前下部防护要求
13	GB 26512—2011	商用车驾驶室乘员保护
14	GB/T 26780—2011	压缩天然气汽车燃料系统碰撞安全要求
15	GB 17578—2013	客车上部结构强度要求及试验方法
16	GB 11567—2017	汽车及挂车侧面和后下部防护要求
	汽车被动安全标准——防火（3项）	
1	GB 8410—2006	汽车内饰材料的燃烧特性
2	GB 20072—2006	乘用车后碰撞燃油系统安全要求
3	GB 18296—2019	汽车燃油箱及其安装的安全性能要求和试验方法

(续)

序号	标准编号	标准名称
汽车一般安全标准——视野（7项）		
1	GB 11555—2009	汽车风窗玻璃除霜和除雾系统的性能和试验方法
2	GB 15084—2013	机动车辆 间接视野装置 性能和安装要求
3	GB 15085—2013	汽车风窗玻璃刮水器和洗涤器 性能要求和试验方法
4	GB/T 30037—2013	汽车电动天窗总成
5	GB 11562—2014	汽车驾驶员前方视野要求及测量方法
6	GB/T 31848—2015	汽车贴膜玻璃 贴膜要求
7	GB/T 31849—2015	汽车贴膜玻璃
汽车一般安全标准——指示与信号装置（6项）		
1	GB 15741—1995	汽车和挂车号牌板（架）及其位置
2	GB 13392—2005	道路运输危险货物车辆运输标志
3	GB 15082—2008	汽车用车速表
4	GB 30678—2014	客车用安全标志和信息符号
5	GB 4094—2016	汽车操纵件、指示器及信号装置的标志
6	GB 15742—2019	机动车用喇叭的性能要求及试验方法
汽车一般安全标准——车辆结构与防盗（19项）		
1	GB 18986—2003	轻型客车结构安全要求
2	GB 15740—2006	汽车防盗装置
3	GB 20300—2006	道路运输爆炸品和剧毒化学品车辆安全技术条件
4	GB 13094—2007	客车结构安全要求
5	GB 20912—2007	汽车用液化石油气蒸发调节器
6	GB 12732—2008	汽车 V 带
7	GB 21668—2008	危险物品运输车辆结构要求
8	GB/T 6887—2008	卧铺客车结构安全要求
9	GB 11568—2011	汽车罩（盖）锁系统
10	GB 24407—2012	专用校车安全技术条件
11	GB 28373—2012	N和O类罐式车辆侧倾稳定性要求
12	GB 21861—2014	机动车安全技术检验项目和方法
13	GB 30509—2014	车辆及部件识别标记
14	GB 1589—2016	汽车、挂车及汽车列车外廓尺寸、轴荷及质量限值
15	GB 7258—2017	机动车运行安全技术条件
16	GB 34659—2017	汽车和挂车防飞溅系统性能要求和测量方法
17	GB 16735—2019	道路车辆 车辆识别代号（VIN）
18	GB 16737—2019	道路车辆 世界制造厂识别代号（WMI）
19	GB/T 24545—2019	车辆车速限制系统技术要求及试验方法

中国汽车技术法规体系(China Motor Vehicle Design Rule，CMVDR)主要是参照 ECE 法规体系建立的。总体而言，中国的汽车技术法规体系还不够完善。

5.2.6 汽车认证制度

认证的意义是指由国家认可的认证机构证明一个组织的产品、服务、管理体系符合相关标准、技术规范或其强制性要求的合格评定活动。认证按强制程度分为自愿性认证和强制性认证，按认证对象分为体系认证和产品认证。

世界各国对机动车产品的认证制度由于各国国家体制、国情、经济发展水平，汽车工业规模及社会文化的不同，其汽车认证方式也不尽相同，大体形成了美国、欧洲、日本 3 种类型。这 3 种认证，经过几十年的运转和不断改革，体系也相当完善，已成为其他国家建立汽车认证制度的重要参考。他们遵循的各项原则也成为国际惯例，为世界多国所接受。

1. 美国汽车认证制度

1953 年，美国在世界上首先颁发《联邦车辆法》，政府由此开始对车辆进行有法可依的管理。美国汽车法规与美国的政体一样，有联邦法规也有州法规。按照美国汽车联邦统一的汽车认证，主要分为两个部分认证：安全认证和环境保护认证。

美国汽车认证制度采取的自我认证制度，其特点是事后监督、强制召回、处以重罚，即在产品销售前是否符合法规，企业有自主处置权，政府不予干预，但是企业要承担不符合技术法规的风险，政府部门只进行事后监督。

"自我认证"的意义是汽车制造商按照联邦汽车法规的要求自己进行检查和验证。如果企业认为产品符合法规要求，即可投入生产和销售。美国政府主管部门的任务就是对产品进行抽查，以保证车辆的性能符合法规要求。在美国，汽车安全的最高主管机关是隶属于运输部的国家公路交通安全管理局。为确保车辆符合联邦机动车安全法规的要求，国家公路交通安全管理局可随时在制造商不知情的情况下对市场中销售的车辆进行抽查，也有权调验厂家的鉴定实验室数据和其他证据资料。

如果抽查过程中发现车辆不符合安全法规要求，主管机关将向制造商通报，责令其在限期内修正，并要求制造商召回故障车辆，即强制召回。同时，如果不符合法规的车辆造成了交通事故，厂家将面临高额惩罚性罚款。在这种严厉的处罚背景下，汽车企业对产品设计和生产过程中的质量控制不敢有丝毫懈怠，而且对召回非常热心，一旦发现车辆质量瑕疵，就主动召回，否则，被公路交通安全署查出，后果将会十分严重。

美国法律规定，进入美国销售和使用的汽车整车及零部件(包括制动软管、车灯、反射镜、制动液、轮胎和轮辋、玻璃、气囊等)产品必须通过美国交通部的 DOT 认证。

美国的自我认证方式，尽管表面看起来较宽松，实际上汽车企业必须要对自己所生产的产品负责，因而，所有制造商都不敢弄虚作假。

2. 欧洲汽车认证制度

欧洲汽车认证制度采取的是形式认证制度，其特点是严格审查、一致性监督、自愿召回，即政府全过程介入企业的产品生产活动使产品符合法规的要求。欧洲各国实行的虽然也是认证制度，但与美国相比存在较大区别：美国是由企业自己进行认证，欧洲则是由独立的第三方认证机构进行认证，而且欧洲对流通过程中车辆质量的管理没有美国那样严格,他们是通过检查企业的生产一致性来确保产品质量的。因此可以说,美国对汽车的管理是推动式的,即政府推着企业走;而欧洲则是拉动式的,即政府拉着企业走。

欧洲各国的汽车认证都是由本国的独立认证机构进行的,但标准是全欧洲统一的,其法规依据的是 UN/ECE 法规(自由采用,标志为 E,只涉及系统、部件,不包括整车)、EEC/EC 指令(强制执行,标志为 e,包括整车、系统和部件),获得 e 标志认证的产品为欧盟各成员国认可,但检测机构必须是欧盟成员国内的服务机构,比如德国的 TUV、荷兰的 TNO、法国的 UTAC、意大利的 CPA 等;发证机构是欧盟成员国的政府交通部门,如德国的交通管理委员会(KBA)。

欧洲也实行缺陷产品召回,与美国不同的是欧洲实行自愿召回,企业发现车辆有问题,就可自行召回,但要向国家主管部门上报备案。若企业隐瞒重大质量隐患或藏匿用户投诉,一经核实将面临处罚。

3. 日本汽车产品认证制度

日本在汽车产品市场准入管理上,即对汽车技术法规的实施上采取与欧洲相同的汽车产品型式认证制度,但它与欧洲的型式认证制度又有所不同,具有自身特色,主要由《汽车型式指定制度》《新型汽车申报制度》《进口汽车特别管理制度》3 个认证制度组成。根据这些制度,汽车制造商在新型车的生产和销售之前要预先向运输省提出申请以接受检查。其中,《汽车型式指定制度》以国产、进口车中的批量生产车为对象,对具有同一构造装置、性能,并且大量生产的汽车进行检查;《新型汽车申报制度》主要适用于大型商用车,针对的是型式多样而生产数量不是特别多的车型,如大型卡车、公共汽车等;《进口汽车特别管理制度》针对的是数量较少的外国产乘用车(进口车)。

《汽车型式指定制度》代表了日本型式认证制度的主要特点。该制度审查的项目主要有:①汽车(包括车辆的尺寸、质量、车体强度、装置的性能、排放、噪声等)是否符合安全基准;②汽车的均一共同性(生产阶段的质量管理体制);③汽车成车后的检查体制等。只有这些项目检查合格后,汽车制造商才能拿到该车型的出厂产品合格证。但获得型式认证后,还要由运输省进行"初始检查",目的是保证每一辆在道路上行驶的汽车都必须达标。达标的车辆依法注册后就可投入使用了,但如果投放市场的车辆与检验时的配备不同,顾客可以投诉。

日本实行的召回制度是由汽车生产厂家将顾客的投诉上报给运输省,如果厂家隐瞒真相或将顾客的投诉"束之高阁",造成安全问题后,政府主管部门会实行高额处罚。

4. 中国汽车产品认证制度

我国汽车的产品认证目前还比较复杂,主要的管理形式为:国家工业和信息化部的《车辆生产企业及产品公告》(简称《公告》)即"《公告》管理制度";国家质检总局/国家认监委主管的机动车产品强制认证即"CCC 认证制度(3C 认证制度)";国家环境保护部主管的汽车环保目录即"国家环保目录管理制度"。这三种管理形式的作用及主要内容如下。

(1)《公告》管理制度——汽车准入管理。《公告》管理制度是国家对汽车产品实施管理的重要手段,是汽车在地方车管所办理车辆注册登记的最重要依据之一。主要对汽车生产企业进行资质审核、对产品进行可靠性和强制性检验,通过后发布公告,对象为所有类型的国产新生产汽车。

(2)机动车产品强制认证(3C 认证制度)。3C 认证制度是我国政府按照世贸组织有关协议和国际通行规则，为保护广大消费者人身和动植物生命安全、保护环境、保护国家安全，依照法律法规实施的一种产品合格评定制度，要求产品必须符合国家标准和技术法规。机动车产品强制认证主要对汽车生产企业的质量保证能力进行审查，对产品进行型式试验(安全、环保、节能、防盗性能)，通过后发 3C 认证证书和标志，对象为所有类型的新生产的国产和进口汽车及 14 种零部件。3C 认证分为整车 3C 认证和零部件 3C 认证。汽车产品只有获得 3C 认证后，并加贴 3C 认证标志方可生产、销售。

3C 认证是英文名称"China Compulsory Certification"(中国强制性产品认证制度)的英文缩写，也是国家对强制性产品认证使用的统一标志。其主要特点是国家公布统一的目录，确定统一适用的国家标准、技术规则和实施程序，制定统一的标志标识，规定统一的收费标准。凡列入强制性产品认证目录内的产品，必须经国家指定的认证机构认证合格，取得相关证书并加施认证标志后，方能出厂、进口、销售和在经营服务场所使用。目前，汽车整车产品和安全带、轮胎、玻璃等被列在 3C 认证的范围内。

(3) 国家环保目录管理制度——汽车排放管理。国家环保目录是环保部对达到排放标准的车型和发动机型开展的型式核准工作，未经环保部核准公布的车型和发动机机型不得制造、销售、注册登记和使用。主要对汽车及发动机排放、噪声项目进行检验及一致性核查，通过后发布公告，对象为所有类型的新生产汽车及发动机。

要进入北京地区销售的机动车辆，还必须是获得北京环保目录的车型。北京环保目录是北京市政府为改善本地大气环境质量，减少机动车排放污染，对在北京市场销售车辆实施比全国其他地区更严格排放标准进行核准的措施，对没有获得北京环保目录的车型，不准在北京地区销售及办理注册登记手续。

5.3　汽车被动安全性能试验

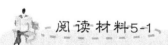

1959 年世界首次车辆被动安全碰撞试验在辛德芬根进行

比拉·巴恩伊是奔驰乃至世界上第一位进行汽车安全技术工程师，在他的榜样效应感召下，一大批汽车安全工程师应运而生，他们纷纷意识到改进车辆安全性对行车安全的重要性。位于辛德芬根的梅赛德斯-奔驰研发中心，一直以来，都是汽车安全领域技术革新的前沿阵地。

1959 年 9 月 10 日，梅赛德斯-奔驰这个有着悠久历史的汽车生产商，决定开始定期地、系统性地开展汽车安全性试验，其目的就是要及时发现不断出现的汽车安全隐患并予以改进。图 5.3 为汽车历史上的首次碰撞测试现场。

图 5.3　汽车历史上的首次碰撞测试现场

在那个年代,将整车用于碰撞试验绝对堪称创举。为了提升测试车的车速,人们甚至使用上了钢丝缆绳和蒸汽火箭。在模拟翻车试验时,技术人员专门设计了"螺旋坡道",由于当时还没有试验用的假人,工程师们甚至亲自上阵,冒着生命危险参与碰撞试验。后来,橱窗模特取代了工程师参与到测试中,而直到1968年,碰撞试验才首次采用了完全仿真的橡皮人。

这次在半个世纪前展开的汽车碰撞试验使梅赛德斯-奔驰汽车的安全研究由此进入了一个崭新的纪元,也对世界范围内的汽车被动安全试验产生了深远影响,推动了汽车被动安全技术的快速发展。在随后的数十年中,梅赛德斯-奔驰品牌在贯穿于整个汽车产业的一系列安全研究方面不断树立着新标准,为全球汽车驾乘人员和行人带来了安全福音。

时至今日,梅赛德斯-奔驰研发中心每年都要进行将近500次的碰撞试验。除此之外,人们还会在计算机上进行大约50000次的模拟碰撞试验。

➡ 资料来源:http://www.autobild.com.cn/news/201011-781997.html。

5.3.1 汽车被动安全性能试验概述

汽车被动安全性能试验对提高汽车被动安全性必不可少。如前所述,汽车被动安全标准和法规形成了美国、欧洲、日本三大汽车法规体系。虽然美国、欧洲、日本的标准不尽一致,其性能的评价方法与使用的设备也不完全相同,但就汽车被动安全性能试验方法的类型而言,概括起来可分为3类:台架试验、模拟碰撞试验(滑车模拟碰撞试验)和实车碰撞试验。

台架试验包括台架动态冲击试验及静态强度试验。台架动态冲击试验主要用于模拟人体的不同部位与车辆有关部件之间的碰撞,以评价零部件在承受碰撞冲击载荷作用下的能量吸收性能;台架静态强度试验主要用于评价对冲击速度不敏感的零部件在静态载荷作用下的安全性能,可作为动态试验的补充。

模拟碰撞试验是指模拟实车碰撞的试验。主要是利用滑车模拟实车碰撞的减速度波形,用于评价汽车约束系统的保护效能和零部件的冲击试验。模拟碰撞试验是汽车被动安全性能研究的有效方式之一,它具有较高的真实性和较低的试验成本。在汽车生产的早期试验中,对零部件的设计及约束系统的选择发挥着重要作用。

实车碰撞试验主要用来对已开发出的成品车型进行按法规要求的试验,以鉴定是否达到法规要求。实车碰撞试验与事故情况最为接近,是综合评价车辆安全性能的最基本、最有效的方法。它是从乘员保护的观点出发,以交通事故再现的方式来分析车辆碰撞前后的乘员与车辆运动状态及损伤状况,使用假人定量地评价碰撞安全性能,并以此为依据改进车辆结构安全性设计,增设或改进车内外乘员保护装置。其试验结果说服力强,但实车碰撞试验的准备工作复杂、费用大、对设备的要求很高。

实车碰撞试验是最终检验汽车安全性能必不可少的试验,也是汽车碰撞安全研究中必需的、不可替代的试验。台架试验和模拟碰撞试验两类试验基本上是以实车试验的结果为基础,模拟碰撞环境的零部件试验,试验费用较低,试验条件稳定,试验过程易于控制,适合于汽车安全部件性能的考核及汽车开发过程中的阶段性验证试验。虽然这3种试验的侧重点明显不同,但彼此间存在紧密联系,共同一道促进着汽车被动安全性能的不断改善与提高。

5.3.2 世界 NCAP 的发展

虽然很多国家都制定了汽车安全法规,但是这些安全法规仅是这些国家或区域对汽车产品安全性的最低要求,实际中迫切需要有一个高于汽车安全法规的新车检测规范,NCAP 就是在此背景下诞生的。NCAP 是英文 New Car Assessment Program 的缩写,译为新车评价程序,或新车碰撞测试。各国的测试机构对新车进行各种不同的碰撞试验,以检测汽车内驾驶人及乘客在碰撞时所受伤害的程度,并予以评分。

随着全球汽车工业的发展,汽车安全性受到全社会越来越多的关注和重视。提高及促进汽车安全性能的途径主要有三方面:一是汽车制造厂的主观努力;二是政府出台相关的法规标准加以限制;三是社会舆论及第三方的公正评价监督。国际上普遍采用 NCAP 作为第三方的公正评价监督,实践表明,NCAP 对于提高车辆的安全性能发挥了极其重要的作用。

NCAP 一般由政府或具有权威性的组织机构,按照比国家法规更严格的方法对在市场上销售的车型进行碰撞安全性能测试,评价车内乘员的伤害程度,根据头部、胸部、腿部等主要部位的伤害程度将试验车的安全性进行评分和划分星级,并向社会公开评价结果。

尽管 NCAP 不是国家强制的,但由于它代表性广泛、直接面向消费者公布试验结果,受到了消费者和汽车企业的重视。汽车制造商会把它作为汽车开发的重要评估依据,在NCAP 试验取得良好成绩的厂家,也将试验结果作为产品推广的宣传内容。由于这样的测试公开、严格、客观,为消费者所关心,已成为汽车企业产品开发的重要规范,对提高汽车安全性能作用显著。

NCAP 最早出现在美国,随后欧洲和日本等国家也制定并实施了相关的 NCAP。NCAP 主要是通过对车辆进行不同形式的碰撞试验,采集分析试验数据,然后对车辆进行客观科学的评价,并最终对车辆的安全性能评出分数等级。NCAP 与政府的法规标准最大的不同之处是:NCAP 对车辆安全性能进行定量分析,最终以分数形式直观地表示结果;而政府的法规标准只有合格与不合格之分,对于合格的车辆也只能表明其安全标准满足最低要求。

1. 美国 NCAP

美国是世界上最早研发并应用 NCAP 评价体系的国家,早在 1979 年便开始应用新车评价程序,当时只包括正面碰撞;1994 年开始使用星级评价;1997 年开展侧面碰撞安全评价。目前,美国参与新车评价的一共有 3 个机构:NHTSA(美国高速公路安全管理局)、IIHS(保险业非营利团体高速公路安全保险协会)和消费者报告。其中最为知名的则是NHTSA,国际上在引用美国 NCAP 数据时,多采用 NHTSA 提供的数据。

NHTSA 多年一直只有正面和侧面碰撞两个评分项,直到 2009 年才重新修改了规则。修改后的规则较之前增加了侧面柱形碰撞和翻滚测试,而翻滚测试是美国 NHTSA 的重点项目,目的在于模拟车辆行驶中突遇侧翻后的场景,这项测试在全球 NCAP 评测机构中仅美国 NHTSA 独有。此外,美国 NHTSA 也加入了与欧洲相同的侧面柱碰撞测试,目的在于模拟车辆在行驶中侧面 B 柱区域撞击树木或电线杆等物体,而与欧洲不同的是,NHTSA 的侧面柱形碰撞试验的速度高于欧洲,为 32km/h,而欧洲为 29km/h;翻滚测试也是美国 NHTSA 的最大亮点之一。

2. 欧洲 E-NCAP

欧洲在 1996 年开始实施并推广 NCAP 评价体系，虽然晚于美国和澳大利亚，但是其影响力最大。其原因是因为欧洲 NCAP 的测试项目比较全面，并且能够更逼真的模拟真实事故。如欧洲 NCAP 在 2009 年改版后就取消了正面 100% 碰撞，而改为用正面 40% 碰撞取而代之，原因是在实际情况中，几乎没有车辆是完全 100% 头对头碰撞的。驾驶人在事故发生时往往都会躲避障碍物，实际中更多的情况是车辆发生正面的偏置碰撞，即 40% 正面碰撞。

欧洲 NCAP 是一个行业性组织，由欧洲各国汽车联合会、政府机关、消费者权益组织及汽车俱乐部等组成，不依附于任何汽车生产企业，试验结果具有绝对的公正性。NCAP 不定期对已经上市的新车和进口车进行碰撞试验，允许厂家的产品有多次碰撞机会，在每次碰撞后，厂家都会对产品进行改进，然后再次试验，以获得最好成绩为准。

欧洲 NCAP 另一亮点是加入了行人保护碰撞测试。行人保护试验是将试验车辆以 40km/h 的速度撞击步行儿童及成人模型。计算保险杠、发动机舱盖等处的受力情况，评价行人身体各部位（头部、腿部等）的伤害值，最终以星级的方式表达出来。不过，总的来看，车辆对行人的保护不够理想，好的和差的之间相差不是十分明显，欧洲方面也在考虑将测试方法及评分标准降低，以突出车辆之间的差距。

追尾测试是欧洲 NCAP 独有项目（即挥鞭效应测试）。通过对驾驶人颈椎的保护来判断车辆的安全标准，主动头枕和座椅的设计在此碰撞中能体现出价值。总体来说，欧洲 NCAP 的测试项目与美国相比速度偏慢，但是测试种类比较全面。

澳大利亚 NCAP 即 A-NCAP，在 1993 年实施，比欧洲略早，但是在具体的实施细则及评分方法方面，基本与欧洲相同，分别是正面 40% 碰撞、侧面碰撞和侧面柱形碰撞。澳大利亚 NCAP 的正面 40% 碰撞速度达到 64km/h，与欧洲 NCAP 处于同一水平；此外，其侧面碰撞项目、柱形碰撞项目，也与欧洲 NCAP 保持高度一致。

3. 日本 J-NCAP

日本 J-NCAP 于 1995 年开始进行碰撞测试，之后在 1999 年进行升级，引入了侧面碰撞。J-NCAP 经过数次改版之后，不但融入了欧洲 NCAP 的理念，同时也加入了自己的元素，使其更加符合日本国情。J-NCAP 与其他碰撞测试机构不同的是，其采用 6 星评价体系。

J-NCAP 试验项目主要包括：正面碰撞、偏置碰撞、侧面碰撞、制动性能和行人头部保护。正面碰撞采用刚性的固定壁障，碰撞速度为 56km/h；偏置碰撞基本与欧洲相同，碰撞速度为 64km/h，壁障为蜂窝铝，偏置重合量为 40%；侧面碰撞采用 950kg 的塑性移动壁障，碰撞速度为 55km/h。制动性能测试主要测量车辆 100km/h→0km/h 的制动距离，分为干路面和湿路面两种。行人头部保护试验是 2004 年新增加的试验项目，以 35km/h 的速度用模拟假人头部的冲击锤碰撞发动机舱（相当于车辆以 44km/h 的速度撞人），测量伤害值。

J-NCAP 大多只对日系品牌汽车进行评测，很少对欧洲和美国品牌进行测试。评测结果每年春天通过 3 种途径公布：汽车评价结果（收费）、简易宣传手册（免费）和互联网。

4. 中国 C-NCAP

中国 C-NCAP 始于 2005 年，从 2006 年正式建立 C-NCAP（中国新车评价规程）到现在，已经发布了 2006 年版、2009 年版、2012 年版、2015 年版。从 2015 年 7 月 1 日起，《C-NCAP 管理规则（2015 年版）》新规则正式实施。

2015 年版 C-NCAP 新规则与 2012 年版规则相比：增加了两门两座车型碰撞测试；对试验细节及鞭打试验评分进行了完善，并严格了标准，同时修改了星级划分标准（表 5-8）。

表 5-8 2015 年版、2012 年版 C-NCAP 规则中星级划分标准变化对比

2015 年版星级划分值	2012 年版星级划分值	星级
≥60	≥60	5+
54～<60	52～<60	5
48～<54	44～<54	4
36～<48	36～<48	3
24～<36	28～<36	2
<24	<28	1

严格的试验条件是保证评价结果客观准确的重要前提，因此，美、欧、日、中等的 NCAP 试验室都非常重视高水平测试设备、专业能力、专业队伍建设。由于美、欧、日、中在汽车安全法规体系、道路交通事故统计和车辆状况等方面存在差异，使得各国 NCAP 在组织实施方式、试验规程和评分方法上存在差异，美、欧、日、中 NCAP 机构测试项目对比见表 5-9。

表 5-9 美、欧、日、中 NCAP 机构测试项目对比表

项目	美国	欧洲	澳大利亚	日本	中国
正面 100% 碰撞	56km/h	无	无	56km/h	50km/h
正面 40% 碰撞	56km/h	64km/h	64km/h	64km/h	64km/h
侧面碰撞	27°，侧碰 61.8 km/h	50km/h	50km/h	55km/h	50km/h
柱形碰撞	75°，柱碰，32km/h	29km/h	29km/h	无	无
行人保护	无	40km/h 成人头部，儿童头部、小腿、大腿	40km/h 成人头部，儿童头部、小腿、大腿	32km/h，仅头部	无
附加评分项	翻滚测试	ESC、安全带提醒、电子限速、电子辅助、ISOFIX	ESC、安全带提醒、电子限速、电子辅助、ISOFIX	100km/h～0 的制动测试	ESC、ISOFIX、正副驾驶席安全带提醒、气帘及侧面安全带

5.3.3 C-NCAP 碰撞测试规则

中国新车评价规程(China-New Car Assessment Program, C-NCAP)是将直接从市场上(4S店)购买的新车按照比中国现有强制性标准更严格和更全面的要求进行碰撞安全性能测试,评价结果按星级划分并公开发布,旨在给予消费者系统、客观的车辆信息,促进企业按照更高的安全标准开发和生产汽车产品,从而有效减少道路交通事故的伤害及损失。

C-NCAP 要求对一种车型进行车辆速度 50km/h 与刚性固定壁障 100%重叠率的正面碰撞、车辆速度 64km/h 对可变形壁障 40%重叠率的正面偏置碰撞、可变形移动壁障速度 50km/h 与车辆的侧面碰撞 3 种碰撞试验,根据试验数据计算各项试验得分和总分,由总分多少确定星级。评分规则非常细致严格,最高得分为 62 分,星级最高为 5+,星级最低为 1,共 6 个级别。NCAP 标准与碰撞安全技术法规的主要区别见表 5-10。

表 5-10 NCAP 标准与碰撞安全技术法规的主要区别

比较项目	碰撞安全技术法规	NCAP 标准
是否强制性	强制性法规要求	非强制性法规要求
测试条件	碰撞速度相对较低	碰撞速度要求高于法规
检测意义	新车上市的最低要求	对车辆安全性的更高要求
试验结果	"通过"或"不通过"	星级评价

1. 正面 100%重叠刚性壁障碰撞试验

试验车辆 100%重叠正面冲击固定刚性壁障,如图 5.4 所示,碰撞速度为 50km/h(试验速度不得低于 50km/h)。试验车辆到达壁障的路线在横向任一方向偏离理论轨迹均不得超过 150mm。在前排驾驶人和乘员位置分别放置一个 Hybrid Ⅲ型第 50 百分位男性假人,用以测量前排人员受伤害情况。在第二排座椅最左侧座位上放置一个 Hybrid Ⅲ型第 5 百分位女性假人,最右侧座位上放置一个 P 系列 3 岁儿童假人,用以考核乘员约束系统性能及对儿童乘员的保护。若车辆第二排座椅 ISOFIX 固定点仅设置于左侧,可以将女性假人放置的位置与儿童约束系统及儿童假人调换。

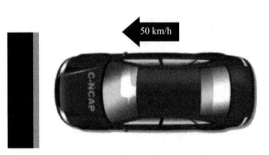

图 5.4 正面 100%重叠刚性壁障碰撞试验

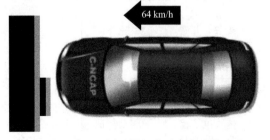

图 5.5 正面 40%重叠可变形壁障碰撞试验

2. 正面 40%重叠可变形壁障碰撞试验

试验车辆 40%重叠正面冲击固定可变形吸能壁障如图 5.5 所示,碰撞速度为 (64±1)km/h。偏置碰撞车辆与可变形壁障碰撞重叠宽度应在 40%车宽±20mm 的范围内。在前排驾驶人和乘员位置分别放置一个 Hybrid Ⅲ型第 50 百分位男性假人,用以测量前排人员受伤害情况。在第二排座椅最左侧座位上放置一个 Hybrid Ⅲ型第 5 百分位女性假人,用以测量第二排人员受伤害情况。在试验中需测量 A 柱、转向管柱和踏板的变形量。

3. 可变形移动壁障侧面碰撞试验

如图 5.6 所示,移动台车前端加装可变形吸能壁障冲击试验车辆驾驶人侧。移动壁障行驶方向与试验车辆垂直,移动壁障中心线对准试验车辆 R 点,碰撞速度为 50km/h(试验速度不得低于 50km/h)。移动壁障的纵向中垂面与试验车辆上通过碰撞侧前排座椅 R 点的横断垂面之间的距离应在±25mm 内。在驾驶人位置放置一个 Euro SID Ⅱ型假人,在第二排座椅被撞击侧放置 SID-Ⅱs(D 型)假人,用以测量驾驶人位置和第二排乘员受伤害情况。

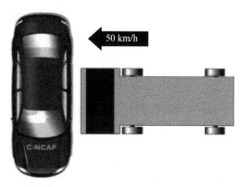

图 5.6 可变形移动壁障侧面碰撞试验

4. 低速后碰撞颈部保护试验(简称"鞭打试验")

将试验车辆驾驶人侧座椅及约束系统仿照原车结构,固定安装在移动滑车上,滑车以速度变化量为(15.65±0.8)km/h 的特定加速度波形发射,模拟后碰撞过程,如图 5.7 所示。座椅上放置 BioRID Ⅱ型假人,通过测量后碰撞过程中颈部受到的伤害情况,用以评价车辆座椅头枕对乘员颈部的保护效果。

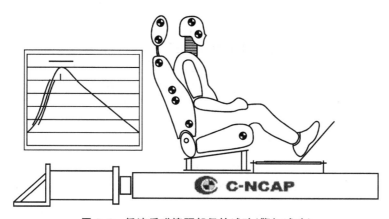

图 5.7 低速后碰撞颈部保护试验(鞭打试验)

特别提醒:C-NCAP 测试的结果只是给出一个参考而已,因为在真实的撞车环境下,存在着太多的不确定因素,所以五星级的碰撞安全星级并不代表完全安全,驾驶人安全驾驶才能获得真正的安全。

5.3.4 汽车零部件台架试验简介

汽车车顶及车门、门锁及门铰链、安全带、座椅及头枕、燃油箱、转向柱等都是与汽车被动安全性能紧密相关的重要零部件,对这些重要零部件的性能检测大多采用台架试验方法。以下是汽车零部件试验的试验项目。

(1) 车顶及侧门强度试验。包括车顶顶盖强度试验和侧门静强度试验。车顶顶盖强度试验用于评价汽车发生滚翻事故时,为确保乘员的生存空间车顶应具备的最低强度;侧门静强度试验用于评价汽车在侧门遭遇碰撞时,为将从侧门进入乘员舱产生的危险减到最低时侧门应具有的强度。

(2) 门锁及门铰链试验。主要包括门锁强度试验和门铰链强度试验。门锁强度试验和门铰链强度试验均用于评价在汽车发生撞车事故时,将因车门被打开或脱开而造成乘员抛出室外的可能性降至最低限度。

(3) 安全带试验。安全带试验包括安全带强度与性能试验、卷收器卷收性能试验、耐久性能试验和环境试验几方面。其中安全带强度与性能试验进一步分为静态试验(抗拉载荷试验)和动态试验。

(4) 安全带固定点强度试验。用于评价汽车在发生碰撞事故时,为确保安全带能够有效地保护乘员安全其固定点应具备的最低强度。

(5) 座椅试验。主要包括座椅强度试验和能量吸收试验。其中座椅强度试验进一步分为静态强度试验和动态性能试验。

(6) 头枕强度及后移量试验。用于评价汽车发生追尾事故时,座椅在受到向后负荷时为确保乘员颈部不受到伤害座椅头枕及座椅靠背变形量和强度应满足的最低要求。

(7) 燃油箱试验。包括燃油箱坠落试验、燃油箱冲击试验、燃油箱耐高温防火试验等。

(8) 转向系统缓冲性能试验。用于评价汽车发生正面碰撞时,为确保驾驶人不遭受转向系统伤害,转向盘的后移量及转向盘缓冲性能应满足的最低要求。

(9) 内部凸出物试验。主要为内饰件的碰撞吸能性能,用于评价汽车发生碰撞事故时为确保乘员不受到伤害汽车内部凸出物的突出高度、圆角及材料吸能性应满足的要求。

(10) 行人碰撞保护试验。包括小腿冲击锤撞击保险杠试验、大腿冲击锤撞击发动机舱盖前缘试验、成人及儿童头部冲击锤撞击发动机舱盖上表面试验等。

安全气囊试验主要包括机械性能和环境性能试验。由于安全气囊的控制系统在各气囊生产企业之间为高度核心机密,目前主要由各企业自行确定。

5.3.5 汽车零部件模拟碰撞试验

模拟碰撞试验是利用滑车(台车)模拟实车碰撞测试零部件抗撞、冲击变形特性的一种试验方法。该试验是以实车碰撞试验中在被试车辆的车身处测得的减速度波形为依据,用冲撞式、发射式模拟试验设备进行模拟试验,通常用于评价乘员保护装置的性能和零部件的耐冲击能力。与实车碰撞试验相比,该试验形式具有不损坏实车、重复性好、试验费用低廉等优点。目前,对碰撞过程中的模拟主要有冲撞型、发射型及冲击反弹型3种形式。

冲撞型滑车模拟碰撞试验设备是使用适当方法(电机牵引或橡皮绳弹射),将滑车加速至规定车速 v_0 后使脱离牵引的滑车与固定壁上的吸能缓冲器碰撞,滑车的速度急速从 v_0 下降到0,通过调节缓冲吸能装置的吸能速度使滑车产生的减速度波形和实车与固定壁碰撞的特性相似。

发射型滑车模拟碰撞试验装置是将被测试件(包括假人)反向安装在滑车平台上,使其获得相应的减速度,通过对滑车平台的加速来模拟汽车碰撞过程中的冲击环境。

冲击反弹式滑车模拟碰撞试验装置使用程序控制吸能器,与冲撞型滑车模拟碰撞试验装置的主要区别是吸能器不同。该装置吸收滑车冲击能量后再将滑车反弹，采用一半减速、一半加速的方式模拟汽车碰撞过程中的冲击环境。由于冲击初速度可以设定成实车碰撞车速的一半，这类试验台的优点是可以大大减少试验台加速段导轨的长度。

安全带总成动态模拟碰撞试验过程

图 5.8 为安全带总成在动态模拟试验台的碰撞试验过程工作简图。该试验台主要由固定壁障、轨道、停车装置、碰撞台车、假人、弹射装置、滑车、波形发生器、加速度传感器、数据采集及分析系统等部分组成。被试件为安全带，要求试验过程中假人须佩戴好待检的安全带。

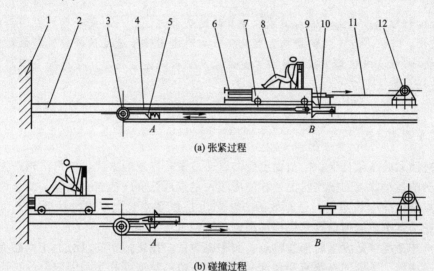

图 5.8 安全带总成在动态模拟试验台的碰撞试验过程工作简图
1—固定壁障；2—轨道；3—折返滚筒；4—橡皮绳；5—滑车缓冲装置；6—停车装置；
7—碰撞台车；8—假人；9—脱扣装置；10—滑车；11—钢丝绳；12—转扬机

试验台工作原理：转扬机通过钢丝绳拖动（碰撞）台车向后运动，台车带动滑车拉伸橡皮绳积蓄至一定能量后启动脱扣机构，台车与脱扣机构分离后，滑车在橡皮绳的拉力作用下推动台车向前运动，当台车被加速到事先设定的速度时，滑车被缓冲机构阻挡，台车适时与滑车分离后以近似匀速直线运动的方式继续向前直至与固定壁障发生碰撞；与此同时，电测量系统在测试台车碰撞瞬时自动触发并采集碰撞过程中台车加速度时间曲线及被试件本身的一些信号，并利用高速摄影机记录下碰撞过程中被试件及假人的运动姿态，按标准要求对试验对象——假人、安全带及座椅位置移动关系和安全带的破损状况进行分析，并评价被试件的综合性能是否满足标准的相关规定。整个碰撞试验过程可分为张紧和碰撞两个子过程，分别如图 5.7(a) 和图 5.7(b) 所示。

1. 张紧过程

装有停车机构、测速机构、加速度传感器的台车及坐姿端正、佩戴好待检安全带的假人一道与脱钩装置连接，脱钩装置钩住台车被转扬机从起点 A 处拖至 B 处，同时滑车也被拖拽使橡皮绳拉伸了 $A—B$ 长度距离，B 点为台车弹射过 A 点时 50km/h 的参考点。

当台车被拉至 B 点时，滑车下部的紫铜片压下行程开关使转扬机停止工作；同时，信号采集系统开启。

2. 碰撞过程

启动脱钩装置后，台车失去钢丝绳的约束拉力，橡皮绳迅速回弹，滑车在橡皮绳的拉力作用下推动台车向前运动，当滑车推动台车到达 A 点时，滑车被限位缓冲装置阻挡，台车与滑车分离后以近似匀速直线运动继续向前与固定壁障相撞，台车前面的停车机构先触及固定壁障，停车机构带动波形发生器运动，产生部件试验所需的加速度试验时间曲线。

碰撞过程中，台车上的假人继续以原有的速度向前运动，而安全带总成则会约束假人前移运动，安装在台车上的传感器实时将台车减速器信号通过信号线传至数据采集系统，高速摄影机实时记录下碰撞过程中被试件及假人的运动姿态，整个安全带总成的碰撞试验过程则被全程记录。

5.3.6 实车碰撞试验

实车碰撞试验从乘员保护的角度出发，以交通事故再现的方式，分析车辆碰撞过程中乘员与车辆的运动状态和损伤状况，并使用假人定量地评价碰撞安全性能，既是综合评价汽车碰撞安全性能的最基本、最有效的方法，也是最终检验汽车安全性能必不可少的手段，同时还为计算机碰撞仿真建模提供理论指导和对比基础。

依据汽车碰撞事故发生时形态特点，实车碰撞试验按碰撞形态可分为正面碰撞、侧面碰撞、追尾碰撞、车辆动态翻滚和角度碰撞等。按碰撞类型可分为与固定壁的正面碰撞试验、移动壁与汽车侧面的侧面碰撞试验及移动壁与汽车尾部的追尾碰撞试验、车辆动态翻滚试验、车与车之间的碰撞试验。

1. 正面碰撞试验

汽车正面碰撞试验是指被检验车辆以一定速度与一个刚性或可变形壁障发生碰撞的试验。美国、日本、欧洲正面碰撞法规试验概况见表 5-11。

表 5-11　美国、日本、欧洲正面碰撞法规试验概况

法规号	FMVS 208（美国）	日本 TRAIS 11-4-30	ECE R 94.00	ECE R 94.01
法规名	碰撞时的乘员保护	正面碰撞的安全基准	ECE 正面碰撞乘员保护（1995 年）	ECE 正面碰撞乘员保护（1998 年）
适用范围	轿车	轿车	轿车	轿车

(续)

碰撞形态	(a) 30°角左与右倾斜壁撞碰撞 (b) 正面碰撞	正面碰撞	30°角倾斜壁障碰撞(驾驶人侧) 防侧滑装置	壁障偏置碰撞 重叠系数为40% 变形壁障
碰撞速度/ (km/h)	48.3	50	50	50、55、60、64
试验车质量	空车质量+行李 质量+假人(2人)	空车质量+ 假人	空车质量+假人 (2或3人)	空车质量+假人+ 36kg(测试系统等)
座椅位置	中间位置	中间位置(对于 微型车可向后移动)	保证H点，调整 正常驾驶位置	保证H点，调整 正常驾驶位置
座椅靠背 位置	设计标准位置	设计标准位置	设计标准位置	设计标准位置
转向盘 位置	中间位置	中间位置	中间位置	中间位置
安全带	佩戴与不佩戴 两种情况	佩戴	佩戴	佩戴

1999年，我国参照ECE R94.00制定了机动车设计法规CMVDR 294—1999《关于正面碰撞乘员保护的设计规则》。该法规与ECE R94.00的区别将ECE R94.00中的碰撞壁角度由30°改为0°的正面碰撞，即采用正面全宽碰撞刚性墙的方式，其他条件与ECE R94.00相同；同时针对欧美成年人体型并不完全与亚洲成年人体型分布相同的实际，法规CMVDR294在试验中座椅的调整方式上借鉴了日本法规允许前排座椅在碰撞试验时后移的内容，从而确保Hybrid Ⅲ型第50百分位男性假人在试验中处于正确的位置。2003年，CMVDR 294正式成为《乘用车正面碰撞的乘员保护》(GB 11551—2003，现已被GB 11551—2014所替代)。

2. 侧面碰撞试验

汽车侧面碰撞试验是指被检验车辆固定，移动变形壁障以一定速度与检验车辆垂直或以一定角度撞向被试车辆的试验。表5-12为国际标准化组织、美国、欧洲侧面碰撞法规试验概况。

表 5-12 国际标准化组织、美国、欧洲侧面碰撞法规试验概况

法规号	ISON123(国际标准化组织)	FMVSS 214(美国)	ECER95
法规名	侧碰撞乘员保护(草案)	侧碰撞乘员保护(NHTSA最后案)	ECE侧碰撞乘员保护
适用范围	轿车	轿车	轿车
碰撞形态	可变形壁障 0°碰撞角	可变形壁障 27°碰撞角	可变形壁障 0°碰撞角
试验车 总质量	空载质量+假人+工具	空载质量+假人+工具	空载质量+假人(1个)+100kg
座椅位置	前后方向:中间位置 靠背角:正常位置 头枕:最高位置 座椅高度:最低位置	前后方向:中间位置 靠背角:正常位置 头枕:最高位置 座椅高度:最低位置	前后方向:中间位置 25°位置 假人上体重心以上 腰部支撑调回 扶手:最低位置 其他内饰件:处常用位置
车窗 车门	被碰撞侧全关闭 全关闭不锁	被碰撞侧全关闭 全关闭不锁	
制动	驻车制动松开	制动状态	驻车制动松开
变速器	处空挡位置	手动变速器2挡,自动变速器空挡	处空挡位置
转向盘	中央位置	中央位置	中央位置
轮胎	规定压力	规定压力	规定压力

目前,国际上侧面碰撞法规主要有美国 FMVSS 214 和欧洲 ECE R95 两种侧面碰撞方式。美国、欧洲侧面碰撞的试验方法存在较多的不同之处,主要表现在:碰撞形态不同;移动壁障的台车质量、尺寸及吸能块尺寸、形状和性能不同;试验用侧碰假人不同;碰撞速度不同;碰撞基准点的位置不同;乘员伤害指标不同。

3. 实车碰撞用主要设备的结构简图

在实车碰撞试验中,主要的使用设备有壁障、牵引系统、轨道、浸车环境室、摄影系统、观测系统(观测地坑)等。日本汽车研究所的实车碰撞实验室如图 5.9 所示。

5.3.7 中国汽车性能主要实验室简介

进入 21 世纪以来,随着中国汽车工业的快速发展,汽车性能试验条件不断改善,汽车性能研究实验室数量明显增加,试验水平不断提升。按实验室的建设主体分,主要分为企业建设和高等学校、科研单位建设两种类型。据不完全统计,目前中国企业和高等学校、科研单位建立并投入使用的相关汽车安全实验室已超过 40 家,基本能够完成国际上所有汽车安全实验。

国内主要汽车企业建设的汽车性能实验室有奇瑞汽车试验技术中心、长城汽车技术中心、长安汽车性能实验室、比亚迪汽车性能实验室、上汽集团研发中心、中国一汽技术中心、东风汽车技术中心等。国内主要高校、科研单位建设的汽车性能实验室有清华大学汽

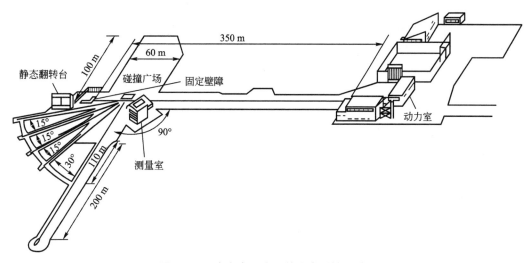

图 5.9 日本汽车研究所的实车碰撞实验室

车安全与节能国家重点实验室、吉林大学汽车动态模拟国家重点实验室、湖南大学汽车车身先进设计制造国家重点实验室、中国汽车技术研究中心、同济大学新能源汽车及动力系统国家工程实验室等。

1. 奇瑞汽车试验技术中心

奇瑞汽车试验技术中心是我国第一个由企业创建的国家级汽车工程实验室———汽车节能环保国家工程实验室，拥有被动安全(碰撞)、整车、节能环保、零部件、动力总成、材料、计量中心等项目实验室，以检测整车及零部件的基本性能为基础，主要从事汽车噪声和振动、汽车材料、汽车发动机燃烧与排放、汽车新能源、汽车空气动力学等多方面的研究。作为国家级汽车工程实验室，奇瑞汽车试验技术中心不仅用于奇瑞自身产品开发与试验，还将服务于国内其他汽车企业，期望成为我国汽车关键技术研发、技术成果转化与产业化的基地。

奇瑞碰撞安全实验室可满足欧、美、日等国相关安全法规的要求，可对实车开展刚性壁障的正碰、40%偏置碰、30°角度碰、正面柱碰、正侧柱碰、车对车的正碰、车对车每隔15°的角度碰、追尾碰和翻滚试验；可开展台车的侧碰和正碰模拟试验，也可进行安全气囊和约束系统的开发试验；可进行成人头型、儿童头型及人体小腿、大腿和胸部等模块的行人保护试验。

整车实验室可开展整车动力性试验、燃油经济性试验、制动性试验、操纵稳定性试验、传动系统耐久性试验、高速耐久、加速侵蚀耐久、制动评价、底盘系统匹配试验等在内的几乎所有整车试验项目。图 5.10 为奇瑞 K&C (整车操控性能)实验室现场。

图 5.10 奇瑞 K&C(整车操控性能)实验室现场

NVH 实验室可满足 ECE、ISO 等相关噪声标准要求，开展包含整车、动力总成、零部件等在内的较为齐全的 NVH 试验开发工作。NVH 是 Noise(噪声)、Vibration(振动)和 Harshness(声振粗糙度，也可以通俗地理解为不平顺性)3 个英文单词的缩写。

节能环保实验室能满足欧Ⅳ、欧Ⅴ,美标等排放法规的要求,模拟整车在高低温环境下的环境及行驶工况的能力,模拟控制范围能基本覆盖人类陆地活动的各类气候条件,开展四驱及两驱车的环境适应性、空调系统、冷却系统、温度场、整车耐候性、排放及经济性试验。

零部件实验室可开展整车道路模拟试验,开展全车各总成、各系统及零部件的性能试验和可靠性试验,是国内涉及专业最多、覆盖面最宽的零部件综合实验室。

动力总成实验室可满足欧Ⅴ及美标超低排标准,开展各类汽油、柴油发动机的性能开发和可靠性试验,功率覆盖330kW以内的汽油机、440kW以内的柴油机;变速器试验台可开展MT、AT、AMT和CVT的各种性能和可靠性试验,转矩覆盖横置400N·m、纵置550N·m以内的变速器;同时可开展发动机ECU标定开发及变速器TCU的匹配工作。

材料实验室可开展汽车金属材料静态性能、动态性能、化学成分、物理性能、无损检测、焊接、金相、失效模式的试验与分析;开展车用塑料、橡胶、纺织品、皮革等高分子材料的性能测试、材质分析、温湿度试验、老化试验;并可开展汽车车内空气质量监测、汽车材料有害物质检测等试验项目。

计量中心可对产品开发过程中的零部件及整车开展尺寸测量,对检测设备开展校准;可开展发动机、变速器、整车的全尺寸检测及车身检具测试;校准能力覆盖长、热、力、电等基础参量及汽车专用参量;能对汽车专用及综合测试设备开展校准。

2. 长城汽车技术中心

长城汽车技术中心是国家认定的企业技术中心,负责公司产品的规划、开发、技术支持和研发管理等自主创新活动,涵盖长城汽车技术研究院、长城汽车模具中心和长城汽车工程研究院等研发机构,已成为长城汽车自主开发的重要基地。

该中心包括长城汽车试验中心、长城汽车造型部、长城汽车CAD/CAE/CAM整车工程和制造分析仿真中心、长城汽车模具中心、长城汽车工程院等实验研究与检测部门,在发动机、变速器、整车造型、整车设计、CAE、试验等多个环节都形成了自主技术、标准及自主知识产权。

图5.11 长城汽车试验中心排放实验室现场

长城汽车试验中心可进行和完成汽车整车、汽车底盘、发动机、汽车零部件、汽车电器、金属材料及非金属材料等产品的性能试验、可靠性试验、振动噪声试验、疲劳试验、被动安全试验、环境模拟试验及其他特殊性能试验等,广泛参与汽车试验技术的国际合作与技术交流活动。图5.11为长城汽车试验中心排放实验室现场。

长城汽车造型部拥有国内先进的双悬臂三坐标测量机、FARO柔性三坐标测量机(便携式测量手臂)及Kreon激光扫描系统和ATOS三维光学数字化仪等设备,能完成效果图绘制、油泥模型制作、测量扫描和Alias三维建模等全部工作。

长城汽车CAD/CAE/CAM整车工程和制造分析仿真中心能完成整车碰撞、结构强度、刚度、疲劳、模态分析、整车空气动力学分析、发动机舱热管理、操纵稳定性分析等各种分析计算,并拥有 ABAQUS、Hypermesh、Nastran、VPG、LS‑DANA、Star‑CD、ADAMS 等前后处理及分析软件。

长城汽车模具中心拥有底盘模具、汽车内板模具、外覆盖件模具、包边机和塑胶模具等的开发制作技术及年开发 4 个车型的能力。

长城汽车工程院承担长城汽车集团新产品过程开发设计,涵盖冲压、焊装、涂装、总装、SE、物流、IT、KD、理化计量、标准情报等部门。

3. 长安汽车工程研究总院和碰撞试验室

长安汽车工程研究总院是长安汽车自主研发的核心机构。1995 年为全国首批国家认定企业技术中心,2006 年获得国家认可实验室资格,2009 年成为混合动力乘用车国家地方联合工程实验室和国家汽车噪声与振动及安全控制重点实验室。

总院下设上海工程研究院、北京设计中心、欧洲设计中心、日本设计中心、英国设计中心、美国研发中心等国内外技术分中心。长安汽车工程研究总院具备汽车造型设计、工程化设计、仿真分析、试验开发评价、样车试制五大能力,拥有先进的汽车排放和环境试验室、一流的加工中心及试验检测手段等。在汽车领域 286 项公认的核心技术中,已掌握发动机、底盘、电装、碰撞及被动安全等 262 项技术,具备了自主开发全球先进整车和发动机的能力。

长安汽车碰撞试验室于 2011 年 5 月建成投入使用,是国家重点实验室,能进行正面碰撞、侧碰、后碰等各种碰撞试验,图 5.12 为长安汽车碰撞实验室。

4. 比亚迪新能源汽车安全工程实验室

比亚迪新能源汽车安全工程实验室包括整车碰撞实验室、模拟碰撞实验室、行人保护实验室、EMC 实验室、NVH 实验室等。

图 5.12 长安汽车碰撞实验室

比亚迪整车碰撞试验室分为正面碰撞区、中央碰撞区与室外碰撞区 3 个实验区域。该实验室可以进行中、美、欧及其他国家和地区的所有强制法规试验。实验室的主牵引系统最大牵引质量为 5000kg,最高牵引速度为 120km/h,速度控制精度为 0.2km/h;次牵引系统最大牵引质量 2500kg,最高牵引速度为 80km/h,速度控制精度为 0.2km/h。

比亚迪的模拟碰撞实验室可进行正面碰撞乘员约束系统匹配、侧面碰撞乘员约束系统匹配、侧面碰撞模拟测试、座椅鞭打试验及各种法规动态实验,如座椅动态实验、安全带动态实验、动力电池动态实验、车门、车锁等动态实验,试验用台车采用气动发射、液压制动方式,最大推力为 3100000N,最大搭载质量 3000kg,此外最大发射速度可达 90km/h,发射加速度 118g。

比亚迪行人保护实验室拥有通用接口的发射台架,配有多种发射端口,利用这些端口可将头型、腿型及躯干等模块以一定速度冲击被测车辆发动机舱盖、前风窗、保险杠等涉及行人安全保护的部位,用以模拟发生碰撞事故时行人可能受到的伤害。此外,将台架的发射臂探进车厢内,可进行车辆内饰及座椅的乘员冲击安全实验,以模拟在车祸时车内乘员与车内结构接触所造成的伤害。

EMC实验室即整车电磁兼容实验室，可以进行4项骚扰类(车外辐射骚扰实验、电动车电磁场辐射骚扰实验、保护车载接收机骚扰实验和针对人体防护的整车车内电磁场辐射实验)及5项抗干扰类(整车射频电流注入抗干扰实验、整车辐射抗干扰实验、整车静电放电抗干扰试验、模拟车载发射机整车抗干扰实验和整车抗电源线磁场干扰实验)国内和国际标准实验。

NVH实验室主要研究乘员在汽车中的不同触觉和听觉感受，包括汽车零部件由于振动引起的强度和寿命等问题。

5. 中国一汽技术中心

中国一汽技术中心是中国第一汽车集团公司技术中心的简称，负责中国一汽商用车(重、中、轻、微)产品、乘用车(轿、微、客)产品及相关总成、零部件的自主研发，承担国家和一汽集团关键技术的开发，实现依靠技术进步推进产品创新发展的重任。设有中重型车部、轿车部、轻型车部、微型车部、客车部、发动机部、车身部、汽车电子部、基础研究部、整车试验部、试制部、工艺部、材料部、海南汽车试验研究所、青岛分所和无锡油泵油嘴研究所等21个部、所，奠定了从技术预研、车辆技术开发与试验、产品工程开发等完整的组织体系；产品开发和技术开发的CAD/CAE/CAM/CAS/CAT能力在2005年已经建成。一汽技术中心长春本部具备寒、热带两个汽车试验场，具备整车环境与强度疲劳、车身试验、底盘及总成试验、发动机试验、振动噪声试验、电子电器试验、材料与工艺试验、新产品试制、计算分析等产品试验验证能力设施。一汽技术中心已构建起节能环保、可靠耐久、电子智能、工艺材料、安全舒适"五大技术"平台，积极推进高效低污染、低摩擦损失、新能源汽车、主被动安全、舒适与便利、NVH、造型、基于安全的ITS、高可靠、高耐久、CAE、CAN网络、动力总成电子控制、新能源汽车电子控制、智能使用、轻量化材料、新型化工材料、汽车摩擦学、回收再利用等基础技术领域不断深化发展。经过多年基础研究和产品开发，在新能源动力系统、汽油增压直喷燃烧系统、电控柴油机共轨供油系统、AMT、DCT自动变速器技术、底盘控制、安全技术等国际前瞻性方面积累了丰富的研发经验，形成了有效的开发流程体系，形成了数据库、材料库、资源库。中国一汽技术中心拥有汽车振动噪声与安全控制综合技术国家重点实验室。

6. 上汽技术中心

上汽集团拥有位于中国上海、南京及韩国和英国四大研发中心，"大研发体系"雏形显现。上汽技术中心是上汽研发体系的核心，是一个全方位、全面的研发机构，既有汽车造型的开发，又有底盘的开发；既有平台开发，又有集成开发。上汽上海研发中心、南京技术中心、英国研发中心、韩国双龙研发中心、泛亚合资企业的研发中心、配套零部件研发中心和大学产学研相辅相成，恰是一个"卫星状"的布局。上海汽车技术中心具备整车开发能力和动力总成开发能力。其中整车开发包括设计、内饰、外饰、车身、电子电器、空调、底盘和整车集成。动力总成主要包括发动机和变速器等。

7. 东风汽车公司技术中心

东风汽车公司技术中心也称东风汽车工程研究院，是东风汽车公司汽车新产品的重要研发部门。该技术中心下设乘用车商品研发院、军用车辆研发院、东风汽车技术研究院，包括造型部、整车部、车身部、动力总成部、电子电器部、底盘部、新能源汽车研究所、研究部、试验部等20个部门。技术中心建有商品分析车间、造型设计室、汽车电子试验室、发动机试验室、试制阵地及材料工艺阵地等研发配套设施，能够同时进行6个产品平台及3个发动机平台的设计开发和供应商同步开发工作。汽车试验襄阳基地拥有大型综合性汽车试验场和14个专业试验室，能承担汽车整车、发动机、主动和被动安全、底盘、车身附件、汽车仪表、汽车灯光电器和汽车非金属件等各种汽车产品的开发试验和国家法规认证试验，已建成的整车半消声试验室、整车排放耐久性试验室、整车振动试验室和电磁兼容试验室已陆续投入使用。

有关国内主要高校、科研单位建设的汽车性能实验室此处不再一一介绍，相关资料参见单位官网。

5.4 汽车安全性能检测

5.4.1 机动车检验制度及其相关规定

1. 机动车检验制度

机动车检验制度是指对已经领取正式号牌和行驶证上路行驶的机动车辆定期进行安全技术检验的制度，也就是通常所说的汽车年检制度。简言之，凡是登记后上道路行驶的机动车，应定期参加安全技术检验。

机动车检验制度具有强制性。《中华人民共和国道路交通安全法实施条例》中第十六条对此做出了明确规定。

第十六条：机动车应当从注册登记之日起，按照下列期限进行安全技术检验。

（一）营运载客汽车5年以内每年检验1次；超过5年的，每6个月检验1次。

（二）载货汽车和大型、中型非营运载客汽车10年以内每年检验1次；超过10年的，每6个月检验1次。

（三）小型、微型非营运载客汽车6年以内每2年检验1次；超过6年的，每年检验1次；超过15年的，每6个月检验1次。

（四）摩托车4年以内每2年检验1次；超过4年的，每年检验1次。

（五）拖拉机和其他机动车每年检验1次。

营运机动车在规定检验期限内经安全技术检验合格的，不再重复进行安全技术检验。

对机动车定期进行安全技术检验，其目的在于检查机动车的主要技术状况是否满足安全行驶的基本要求，督促机动车所有人加强机动车的日常维护保养，使机动车经常处于良好状态，保障道路交通活动中的公共安全和预防道路交通事故的发生。

2. 机动车的初次年检

机动车辆为了申领行驶牌照而进行的检验称为初次年检。初次年检的目的，在于审核机动车是否具备申领牌证的条件，年检的内容如下：

（1）是否有车辆使用说明书、合格证（进口车辆的商检证明），车体上的出厂见样标记是否齐备。

（2）对机动车内外轮廓尺寸及轮距、轴距进行测量。测量的具体项目是车长、车宽、车高、车厢栏板高度及面积、轮距、轴距等。

（3）按技术检验标准逐项进行。合格后，填写"机动车初检异动登记表"，并按原厂规定填写空车质量、装载质量、乘载人数、驾驶室乘坐人数。

3. 汽车年检的技术标准

汽车年检在技术标准上严格执行 GB 7258—2012《机动车安全技术运行条件》、GB 21861—2014《机动车安全技术检验项目和方法》、GB 18285—2005《点燃式发动机汽车排气污染物排放限值及测量方法》、GB 3847—2005《车用压燃式发动机和压燃式发动机汽车排气烟度排放限值及测量方法》及 GB 1589—2004《道路车辆外廓尺寸、轴荷及质量限值》等国家标准。

4. 汽车年检的法律依据

机动车检测是以《中华人民共和国道路交通安全法》《机动车登记规定》《机动车查验规定》《中华人民共和国大气污染防治法》等国家颁布的相关法律法规为依据进行的。

5. 机动车辆检测的类型及作用

按对机动车辆检测目的及作用的不同分为安全环保检测和综合性能检测两类，见表 5-13。机动车检验制度所述的汽车安全检测属于安全环保检测类。

表 5-13 机动车辆检测的类型及作用

类型	目的与作用
安全环保检测	专门检测在用汽车是否符合安全标准和防止公害法规有关规定，执行监督任务，目的在于确保汽车具有符合要求的外观、良好的安全性能和符合污染物排放标准的排放性能，以强化汽车的安全管理。该项检测由公安部负责管理
综合性能检测	对汽车各种性能进行检测。对汽车实行定期和不定期的综合性能检测，目的是在不解体情况下，确定运输车辆的工作能力和技术状况，对维修车辆实行质量监督，以保证运输车辆的安全运行，提高运输效能及降低消耗，使运输车辆具有良好的经济效益和社会效益。该项检测由交通部负责管理

5.4.2 汽车安全检测项目与基本内容

1. 机动车安全检测流程

根据公安部《机动车安全检测项目和方法》（GA 468—2004）的规定，机动车安全检验流程如图 5.13 所示。

机动车安全检验流程分为线外检验和线内检验两部分。线外检验是为线内检验作准备，线内检验是主体，一台机动车安全检验能否合格主要看线内检验结果是否满足 GB 7258—2012《机动车运行安全技术条件》中的相关规定与要求。

2. 线外检验

线外检验分为外观检查和底盘动态检验两部分内容。其中，外观检查包括车辆唯一性认定、车辆外观检查。

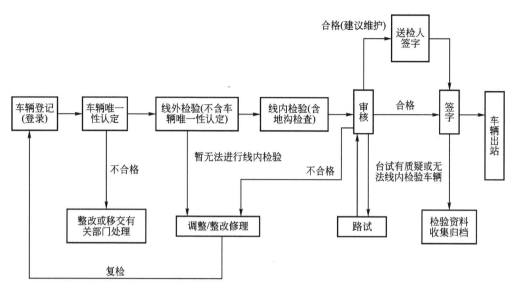

图 5.13 机动车安全检验流程

1) 车辆唯一性认定

核对：车辆的号牌；车辆类型；厂牌/型号；颜色；发动机号码；VIN 代码/车架号和发动机号码及打刻特征(检查有无被凿改嫌疑)；主要特征及技术参数；确认与机动车注册登记资料是否一致。

2) 车辆外观检查

车辆外观内容包括：车身外观；发动机舱；驾驶室(区)；发动机运转状况；照明和电气信号装置；客车内部；底盘件；车轮；其他。通过目测、耳听、手摸、询问等方式检查以上各项目是否符合运行安全要求。

对汽车外观检验的要求：装备整齐，功能正常，车身清洁，无漏油、漏水、漏气现象，轮胎完好、气压符合要求、胎冠花纹中无异物、发动机怠速正常等。

底盘动态检查内容包括：转向系统；传动系统；制动系统；仪表和指示器。通过在一定距离内驾驶机动车定性地判断其转向系统、传动系统、制动系统是否符合运行安全要求。

3. 线内检验项目

1) 前照灯检验

前照灯主要检测项目：前照灯远/近光光束发光强度；前照灯远/近光光束照射位置。检验结果应满足 GB 7258—2012《机动车运行安全技术条件》的第 8 项(照明、信号装置和其他电气设备)中 8.5 中的相关规定。

2) 转向轮侧滑量检验

GB 7258—2012《机动车运行安全技术条件》的第 6 项(转向系统)中 6.11 中要求：汽车的车轮定位应与该车型的技术要求一致。对前轴采用非独立悬架的汽车(前轴采用双转向轴时除外)，其转向轮的横向侧滑量，用侧滑台检验时侧滑量值应在±5m/km 之间。

3) 车速表检查

GB 7258—2012《机动车运行安全技术条件》的第 4 项(整车)中 4.12 中要求：车速表

指示车速 v_1（单位为 km/h）与实际车速 v_2（单位为 km/h）之间应符合下列关系式：

$$0 \leqslant v_1 - v_2 \leqslant (v_2/10) + 4$$

4）制动试验台检验

GB 7258—2012《机动车运行安全技术条件》的第 7 项（制动系统）中就机动车制动系统性能检验规定了路试和台试两种检验机动车制动性能的方法和要求。其中，路试检验制动性能包括行车制动性能检验、应急制动性能检验和驻车制动性能检验；台试检验制动性能包括行车制动性能检验和驻车制动性能检验。目前，主要使用台试检验方法。检验结果应满足该标准的第 7 项（制动系统）中的相关规定。

(1) 台试制动性能检验。

① 台试制动力及检验时制动踏板力或制动气压要求。汽车、汽车列车在制动检验台上测出的制动力应符合表 5-14 的要求。对空载检验制动力有质疑时，可用表 5-14 规定的满载检验制动力要求进行检验。使用转鼓试验台检测时，可通过测得制动减速度值计算得到最大制动力。

表 5-14 台试检验制动力要求

机动车类型	制动力总和与整车重量的百分比/(%)		轴制动力与轴荷①的百分比/(%)	
	空载	满载	前轴②	后轴②
三轮汽车	—	—	—	≥60③
乘用车、总质量不大于 3500kg 的货车	≥60	≥50	≥60③	≥20③
铰接客车、铰接式无轨电车、汽车列车	≥55	≥45	—	—
其他汽车	≥60	≥50	≥60③	≥50④
普通摩托车	—	—	≥60	≥55
轻便摩托车	—	—	≥60	≥50

① 用平板制动检验台检验乘用车时应按左右轮制动力最大时刻所分别对应的左右轮动态轴荷之和计算。
② 机动车（单车）纵向中心线中心位置以前的轴为前轴，其他轴为后轴；挂车的所有车轴均按后轴计算，用平板制动检验台测试并装轴制动力时，并装轴可视为一轴。
③ 空载和满载状态下测试均应满足此要求。
④ 满载测试时后轴制动力百分比不做要求；空载用平板制动检验台检验时应大于等于 35%；总质量大于 3500kg 的客车，空载用反力滚筒式制动试验台测试时应大于等于 40%；用平板制动检验台检验时应大于等于 30%。

检验时制动踏板力或制动气压应符合以下要求：

a. 满载检验。对于气压制动系统：气压表的指示气压≤额定工作气压；对于液压制动系统：乘用车（座位数小于或等于9）踏板力≤500N；其他机动车≤700N。

b. 空载检验。对于气压制动系统：气压表的指示气压≤600kPa；对于液压制动系统：乘用车踏板力≤400N；其他机动车≤450N。

② 制动力平衡要求。在制动力增长全过程中同时测得的左右轮制动力差的最大值，

与全过程中测得的该轴左右轮最大制动力中大者(当后轴及其他轴,制动力小于该轴轴荷的60%时为与该轴轴荷)之比,对于新注册车和在用车应符合表5-15的要求。

表5-15 台试检验制动力平衡要求

	前轴	后轴(及其他轴)	
		轴制动力大于等于该轴轴荷60%时	轴制动力小于该轴轴荷60%时
新注册车	≤20%	≤24%	≤8%
在用车	≤24%	≤30%	≤10%

(2)驻车制动性能检验。驻车制动性能检验分为路试检验和台试检验。

路试驻车制动性能检验:在空载状态下,驻车制动装置应能保证机动车在坡度为20%(对总质量为整备质量1.2倍以下的机动车为15%),轮胎与路面间附着系数大于等于0.7的坡道上正、反两个方向保持固定不动,时间应大于等于5min。检验汽车列车时,应使牵引车和挂车的驻车制动装置均起作用。检验时,驾驶人施加于操纵装置上的力:手操纵力时,乘用车应小于等于400N,其他机动车应小于等于600N;脚操纵力时,乘用车应小于等于500N,其他机动车应小于等于700N。

台试驻车制动性能检验:当采用制动检验台检验汽车和正三轮摩托车驻车制动装置的制动力时,机动车空载,乘坐一名驾驶人,使用驻车制动装置,驻车制动力的总和应大于等于该车在测试状态下整车质量的20%;但总质量为整备质量1.2倍以下的机动车应大于等于15%。

5)排气污染物排放控制检验

机动车排气污染物排放应符合国家环保标准的规定。

6)噪声水平和喇叭音量

机动车噪声控制应符合国家环保标准的规定。

GB 7258—2012《机动车运行安全技术条件》的第4项(整车)中4.14中要求:汽车(低速汽车除外)驾驶人耳旁噪声声级应小于等于90dB(A)。驾驶人耳旁噪声的检测方法见该标准的附录A。

GB 7258—2012《机动车运行安全技术条件》的第8项(照明、信号装置和其他电气设备)中8.6中规定:机动车(手扶拖拉机运输机组除外)应设置具有连续发声功能的喇叭,喇叭声级在距车前2m、离地高1.2m处测量时,发动机最大净功率(或电动机最大输出功率总和)为7kW的摩托车为80~112dB(A);其他机动车为90~115dB(A)。

5.4.3 汽车安全检测设备简介

1. 前照灯检测仪

利用能把光能变成电流的硒光电池或硅光电池作为传感器,按照前照灯主光轴照射光电池产生的电流大小与前照灯光强度成正比的变化特性,测量前照灯发光强度和光轴偏斜量。

汽车前照灯检测仪按其结构特征与测量方法的不同,可分为聚光式、投影式、屏幕式和自动追踪光轴式等类型。这些不同类型的前照灯检测仪的测量原理基本相同,均由接受前照灯光束的受光器、使受光器与汽车前照灯对正的校准器、前照灯发光强度指示装置、光轴偏斜方向和偏斜量指示装置及支柱、底座、导轨、车辆摆正找准装置等组成。目前,自动追踪光轴式前照灯检测仪检测效率最高,应用最广。

2. 侧滑试验台

为保证汽车转向车轮行驶过程中无横向滑移的直线滚动,要求车轮外倾角和其前束适当配合。前轮前束是为纠正前轮因外倾角导致向外张开滚动而设计的。当前轮前束值调至恰当位置时,前轮就会保持稳定的直线行驶而不会产生侧滑。图 5.14 和图 5.15 分别为由车轮外倾角引起滑动板的侧滑和由车轮前束引起滑动板的侧滑示意图。

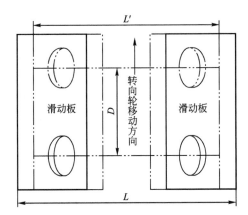 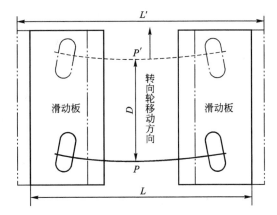

图 5.14 由车轮外倾角引起滑动板的侧滑示意图　　图 5.15 由车轮前束引起滑动板的侧滑示意图

转向轮侧滑检测原理:因转向轮外倾与前束的客观存在,使汽车直线行驶过程中,转向轮处于边滚边滑状态,利用轮胎与地面间由于滑动摩擦而产生相互作用力,让汽车驶过可以横向自由滑动的滑板,则该作用力使滑板产生侧向滑动,从而检测出转向轮外倾与前束的匹配状况。

侧滑试验台利用滑板在侧向力作用下横向滑移的原理检测前轮的侧滑量。侧向滑移量的大小与方向可用汽车车轮侧滑检验台进行检测。检测中若滑板向内移动,则表明前轮外倾角过大或负前束过大;若滑板向外移动,则表明前轮前束过大或负外倾角过大。

侧滑量的大小反映出转向轮外倾与前束匹配的综合效果。理想状态下,侧滑量为零,说明汽车在行驶状态下转向轮处于纯滚动状态,此时轮胎磨损轻,滚动阻力小,转向轻便,操纵稳定性好。要特别指出的是,侧滑量的大小仅反映出转向轮外倾与前束的匹配状况,但不能表示出二者的具体数值。

汽车侧滑检验设备按其测量参数可以分为两类:一类是测量车轮侧滑量的滑板式侧滑试验台,另一类是测量车轮侧向力的滚筒式侧滑试验台。上述两种试验台都属于动态侧滑试验台。目前国内在用的大多数侧滑试验台均是滑板式侧滑试验台。

3. 车速表检测台

车速表误差的测量原理简图如图 5.16 所示。被测车轮由来自发动机的动力通过传动机构带动旋转,而旋转的车轮依靠轮胎的摩擦力带动滚筒转动。在忽略仪表及测量系统误差时,在车速表检测台上测得的车速就是汽车行驶时的实际车速。

车速表误差的测量原理：以滚筒作为连续移动路面，把被测车轮置于滚筒上，以此模拟汽车在道路上行驶时的实际状态。来自发动机的动力通过传动机构驱动车轮旋转，车轮依靠轮胎的摩擦力带动滚筒旋转。车速越高，车轮转动越快，被车轮所带动的滚筒转速也越高，滚筒端部所带动的测速发电机（速度传感器）的转速也增高，测速发电机所发出的电流（或电压）增加，则车速指示仪表上指示的车速值也会越高，车速指示仪表上指示的车速值即为被测车轮的车速。

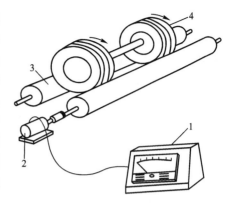

图 5.16　车速表误差的测量原理简图
1—车速指示仪表；2—速度传感器；
3—滚筒；4—被测车轮

车速表检测台有 3 种类型：无驱动装置的标准型，其滚筒由被检汽车的驱动车轮带动旋转；有驱动装置的驱动型，其滚筒由电动机带动旋转；把车速表试验台与制动试验台或底盘测功机组合在一起的综合型试验台。目前使用最多的是标准型滚筒式车速表检验台。

4. 制动试验台

目前，制动性能检测主要采用制动试验台。制动试验台分类方法较多，不同的分类方法具有不同的类型，各分类方法见表 5-16。

表 5-16　制动试验台分类方法

序号	分类依据	分类名称
1	按试验台测试原理	反力式、惯性式
2	按试验台支承车轮形式	滚筒式、跑板式
3	按试验台检测参数	测制动力式、测制动距离式、多功能综合式
4	按试验台测量装置至指示装置传递信号方式	机械式、液压式、电气式

上述类型中，由于反力式制动试验台结构简单、测试条件稳定、工作可靠、易于控制、通用性好，故在我国汽车检测行业获得广泛应用。

反力滚筒式制动检验台的结构简图如图 5.17 所示。它由结构完全相同的左右两套对称的车轮制动力测试单元和一套指示、控制装置组成。每一套车轮制动力测试单元由框架（多数试验台将左、右测试单元的框架制成一体）、驱动装置、滚筒装置、举升装置、测量装置等构成。

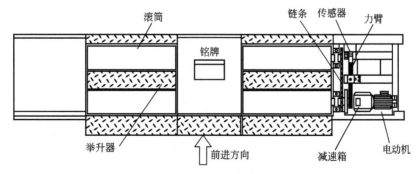

图 5.17　反力滚筒式制动试验台的结构简图

检测原理：将被测车辆驶上试验台，使其车轮处于两滚筒之间，滚筒在电动机驱动下带动车轮转动，这相当于汽车不动、路面以一定速度移动，在对车轮实施制动时，制动力就作用在滚筒上，该力与滚筒的转动方同相反，并经杠杆传给与滚筒相连的测力秤（机构），即可由测力秤的指示表显示出制动力的数值。

5.1　简述世界三大主要汽车法规体系构成及相互关系。

5.2　汽车安全法规对提高汽车安全性能有何作用？简述汽车安全法规的重要性。

5.3　汽车被动安全试验有何意义？台架试验、模拟碰撞试验、实车碰撞试验3种试验之间存在何种关系？能否相互完全替代？为什么？

5.4　简述美国、欧洲、日本、中国 NCAP 的主要区别。

5.5　建立汽车安全检测制度对保持在用车辆良好技术状况有何实际意义？汽车安全检测具体包括哪些项目及内容？

第 6 章 儿童乘员安全

本章教学要点

知识要点	掌握程度	相关知识
概述	了解儿童约束系统的概念，掌握儿童约束系统的保护原理、基本结构、主要特点	儿童乘车使用儿童专用安全装置的重要性和必要性
儿童乘员安全法规	掌握欧、美汽车儿童约束系统技术法规的要点及儿童安全座椅在汽车上的3种固定方式之间的内在联系与区别	我国《机动车儿童乘员用约束系统》的基本内容；ISOFIX和LATCH两种标准的形成过程
儿童安全座椅及其使用	掌握儿童安全座椅的分类方法，儿童座椅前向安置和后向安置的不同要求，正确选择使用儿童安全座椅的基本原则	儿童乘车安全与使用儿童安全座椅之间有何内在关系；儿童乘车安全的保障条件
校车安全	了解我国校车安全管理的主要法规、美国校车运行及管理制度，掌握校车的结构特点	中国校车安全管理存在的主要问题，中美校车安全管理差距及各自特点

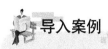

导入案例

儿童乘车安全事故反思

在中国,很多家长缺乏儿童乘车安全知识,并未意识到孩子乘坐在汽车上时承受的风险。由于儿童自身无法判断应该使用何种安全措施才能避免伤害,因而,保障儿童乘车安全问题是作为父母及家长的特别责任。以下儿童乘车安全事故案例值得所有家长引以为戒。

案例一:别把孩子单独留在车里(讲述人,优妈)

2012年秋天,我和优爸决定开车带着4岁的优优到郊外兜风。出发前先开车去超市,准备购买些食物和用品。为了不让孩子捣乱,我决定优优和优爸留在车里等候。就在优爸到车外抽烟的时候,淘气的儿子自己从车子后排座位爬到了前排的副驾驶座位上,模仿爸爸开车的样子放下了汽车手刹(驻车制动)。碰巧停车的地方是个坡度,车子开始向后滑,"哐"的一声撞到了超市外墙的铁栅栏上。虽然优优在这次事故中身体没有受到伤害,但他连续一星期晚上都做噩梦,哭着从梦里惊醒。这件事我不怪孩子调皮,因为作为父母我们竟然愚蠢到把孩子单独留在车里。

案例二:车上放置的工具箱竟然成了伤害宝贝女儿的定时炸弹(讲述人,欣爸)

2012年春天,我和欣妈带着16个月大的欣儿探望外公、外婆,天黑的时候我们决定回家。把欣儿安置在后排的安全座椅上后我们开车出发了,在离家还有10分钟路程的地方,因后面的车子速度太快,撞我们的车子,从后面来的冲击力把放在汽车子后挡风(后风窗)玻璃旁的小工具箱狠狠地砸到欣儿身上,欣儿的胳膊、腿、头部都受伤了。欣儿在医院整整观察了72小时,医生才确认只是皮外伤,没出现脑震荡。这确实让我松了一口气,但同时我也意识到,自己在不经意间放置的工具箱,成了伤害宝贝女儿的定时炸弹。

案例三:不该自作聪明拆掉儿童安全座椅(讲述人,Ann妈)

Ann直到4岁一直使用安全座椅,但在她5岁的时候我觉得她已经能照顾自己了,坐在安全座椅上也不舒服,就把车上的安全座椅拆掉。可令我怎么也没想到,一个星期后,她爸开车带她去学芭蕾舞的路上,被一个酒后驾驶的司机撞上了。而车上的安全带没有保护好Ann,因为她的身材太瘦小,安全带正卡在她的脖子上,不仅没能让她避免危险,反而在她的脖子上勒出一道长长的血印。到医院检查时,医生解释说很多孩子都是因为使用(成人)安全带出现这个问题,还建议我们使用安全座椅。我很后悔,因为自己的自作聪明,没给孩子使用安全座椅。

案例四:急刹车(制动)致坐前排的孩子撞上仪表板(讲述人,周教练)

2013年春天某日,蒙先生独自驾车带着5岁的孩子从西乡塘区前往凤岭北公园游玩。为了沿途方便照看孩子,蒙先生把孩子安置在副驾驶座,并给孩子系上了安全带。一路上,天性爱玩的孩子一时站起来活动一下筋骨,一时又提出要拿放置在后座上的玩具。蒙先生只好一边应对好动的孩子,一边观察路况并开车。在这节骨眼上,前方突然窜出一辆电动车,蒙先生下意识地来了个急刹车,5岁的孩子在猝不及防之下身体骤然前倾,脑袋撞到前方仪表板上,额头处顿时鼓起一个包。"幸好当时车速仅有40km/h,

否则后果就严重了。"蒙先生心有余悸地说。

案例五：车子未熄火家长下车，孩子好奇挂挡撞它车（讲述人，周教练）

车辆不熄火把孩子单独留在车内，容易让好奇的孩子摸到挡位导致不测。4年前，一位父亲驾驶轿车搭载一名6岁左右的孩子途经一集市时，看到路边摊位有豆浆卖，便把车子停在摊位旁自己下车购买。由于车子就在身旁，这名家长没有将车子熄火，也没有拉手刹，没想到，留在车内的孩子一时好奇，用手推了一把挡位竟然挂到了一挡位置，结果车子突然前冲，撞翻了数辆停放在路边的电动车。虽然孩子受到惊吓，但所幸没有造成更大的损失。

➡ 资料来源：http://www.66666109.com/index.php?m=content&c=index&a=show&catid=69&id=212。

6.1 概 述

随着我国家庭乘用车保有量的快速增加，儿童乘车（图6.1）越来越普及，由此引发的伤害事件不断增多，使得儿童乘车安全问题日益突出。据公安部交通管理局提供的数字显示：在2006年的各类事故死亡人数中，因交通事故而致死亡人数为89455人，而12岁以下的儿童在交通事故中的死亡人数为4167人，所占比例为4.67%，其中在车内死亡的有683人，占到儿童交通事故死亡数的16.4%。统计资料表明，在每10位死于交通事故的人中，至少有1人是儿童，儿童虽然不是交通事故死亡的主体，但却是道路交通安全中的弱势群体，交通意外伤害已经成为造成儿童伤害的"第一杀手"。儿童道路交通伤害已经成为一个不可忽视的重要公共安全问题。

(a) 婴儿乘车　　　　　　　　(b) 学童乘车

图6.1 儿童乘车示意图

在车辆交通事故中，儿童约束系统对降低儿童死亡或严重受伤发挥着重要作用。NHTSA（美国高速公路交通管理局）的调查显示，1975—2006年，美国儿童约束（包括儿童座椅和成人安全带）挽救了约8325名儿童的生命，仅2006年儿童约束就很好地保护了约425名5岁以下儿童，其中392名使用了儿童安全座椅。对儿童安全座椅保护效果的研究表明，71%的1岁以下婴儿及54%学龄前儿童（1~4岁），由于使用儿童座椅而减少了伤亡。

2012年，我国有2572名儿童死于道路交通事故，9581名儿童在道路交通事故中受伤，交通事故已经成为我国 14 岁以下儿童的主要死因。调查显示，在我国，86% 的私家车内没有安装儿童安全座椅；40% 的家长都曾经让孩子坐在危险的副驾驶位置；43% 的家长认为乘车时儿童由母亲怀抱或坐在成人腿上是对儿童有效的保护，超过 50% 的家长对儿童乘车安全存在认识误区，如认为儿童由母亲怀抱或坐在成人腿上是最安全的，安全气囊能有效保护儿童等。在我国家庭乘用车快速增加的背景下，作为世界儿童最多和机动车保有量快速增加的国家之一，我国儿童乘员安全保护面临严峻的挑战，主要存在以下三大突出问题：

① 专门针对儿童监护人、保护儿童乘车安全的法规太少。
② 缺少针对儿童安全座椅产品的强制性规范和行业认证标准，导致汽车儿童座椅产品良莠混存。
③ 有相当数量的家长缺乏对儿童乘车安全的正确认知。

自 20 世纪 70 年代开始，美、欧等经济发达国家就开始了对儿童乘车安全保护的系统研究。研究显示，儿童乘车使用儿童专用安全装置可使其受伤害的概率降低 70% 左右，伤亡的比例从 11.5% 减少至 3.5%，这表明儿童安全座椅对儿童乘车是最为关键的安全装备。在美国、欧洲、日本等国家和地区，儿童乘车时都强制要求配备儿童约束系统，同时对儿童约束系统及在车辆中的安装固定制定了明确的标准法规，如美国的 FMVSS 213 标准、欧洲 ECE R44 号法规、日本 TRIAS 51-1999 法规等，都对儿童约束系统进行了详细规定。

2012 年 7 月 1 日，GB 27887—2011《机动车儿童乘员用约束系统》开始实施，这是我国第一部有关儿童乘车安全的强制性国家标准。该标准的实施，已对我国儿童乘车安全起着了积极的推动作用，对我国儿童安全座椅的质量提升起到了有效的监督和促进作用。

6.1.1 儿童约束系统简介

1. 儿童约束系统的概念

儿童约束系统（Child Restraint System，CRS），是指带有保护锁扣的织带或相应柔软的部件、调节装置、连接装置及辅助装置（如手提式婴儿床、婴儿携带装置、辅助座椅和碰撞防护装置），并且能将其稳固放置在机动车上的装置。

儿童约束系统的作用：通过限制佩戴者（儿童）身体的移动，在车辆碰撞事故或突然减速情况下减轻对儿童乘员造成的伤害。

儿童约束系统主要由儿童安全座椅和与儿童安全座椅相匹配的接口（即与车辆连接的固定装置）两部分组成。儿童安全约束法规中规定了各汽车厂商只有在汽车座椅配有儿童安全座椅装卸辅助装置或者 ISOFIX（国际通用的儿童安全座椅专用连接装置），才能获得上市销售资格。另外，要求有关厂家生产合格的儿童安全座椅配合使用。今后，新车座椅上的儿童安全座椅安装辅助装置将成为新车出厂的标准配置，儿童安全座椅则可选配。

国际通用的儿童约束系统固定装置是指将儿童约束系统与车辆连接的装置，包括车辆上的两个刚性固定点，儿童约束系统上两个相对应的刚性连接装置，以及限制儿童约束系统翻转的装置。目前，儿童安全座椅与车辆的连接固定方式主要有以下 3 种：

① 欧洲标准的 ISOFIX 接口固定。
② 美国标准的 LATCH 接口固定。
③ 车载安全带(三点式)固定。

图 6.2 所示为一儿童安全座椅固定于汽车座椅上的结构图(前向式)。儿童安全座椅,也称儿童约束系统,是一种专为不同年龄段(或体重)的儿童设计,将儿童束缚在安全座椅内,能有效提高儿童乘车安全的座椅。欧洲强制性执行标准 ECE R44/03 对此的定义:能够固定到机动车辆上,带有 ISOFIX 接口的安全带组件或柔性部件、调节机构、附件等组成的儿童安全防护系统;也可与附加装置如可携式童床、婴儿提篮、辅助性座椅或碰撞防护物等组合而成。儿童安全座椅在汽车碰撞或突然减速的情况下,可以减缓对儿童的冲击力和限制儿童的身体移动从而减轻对他们的伤害。

2. 儿童乘车不使用儿童约束系统的安全隐患

图 6.3 所示为儿童假人在车辆碰撞试验时欲向前冲的情景。车辆碰撞试验表明:在车速 50km/h 发生撞击时,人体各部位所承受的冲击力将是正常体重的 30 倍。以儿童乘车为例,若儿童体重为 10kg,在车速 50km/h 时遭受正面碰撞,该儿童将产生 30 倍体重(300kg)的惯性力向前冲,在这种情况下,该儿童若是坐在普通座位上,因未受到有效可靠的约束,该儿童向前冲的惯性力使其会撞向前方座椅或其他障碍物,并且该儿童将会是事故的最先受害者;该儿童若位于成人怀抱中,因冲击力太大,成人的手臂根本约束不住儿童,儿童可能从成人手中飞脱出而撞向前方座椅或其他障碍物。即是万幸未发生碰撞伤害,车辆碰撞过程引起的强烈晃动也可能会影响儿童大脑的发育,不正确的坐姿也会影响儿童的正常呼吸。

图 6.2 儿童安全座椅固定于汽车座椅上的结构图(前向式)   图 6.3 儿童假人在车辆碰撞试验时欲向前冲的情景

从儿童生理结构方面讲,儿童头部重量约占身体重量的 1/4,当产生于正常体重 30 倍的冲击力时,其颈椎周围部位起支撑作用的肌肉结构因尚未发育完全,显然难以承受正向碰撞产生的巨大压力,使得儿童颈椎部位造成伤害乃至严重伤害的概率也大大增加。因而,要提高儿童乘车的安全性,就必须使用儿童约束系统。

阅读材料6-1

儿童安全座椅发展历史

20世纪60年代初,为了保护儿童乘车的安全,欧洲人发明了汽车儿童安全座椅。事实证明,儿童乘车使用儿童安全座椅能够最大限度地降低儿童在汽车发生紧急制动或者意外碰撞情况下受到的伤害。因此,儿童安全座椅很快被消费者接受,并逐步在全世界范围内推广。

最早的儿童安全座椅诞生于1963年,由沃尔沃公司设计制作。开发设计儿童安全座椅的灵感来自于航天器中的宇航员座椅,因这种座椅能够承受太空舱升空和降落时产生的巨大冲击力,并使宇航员免受伤害。沃尔沃公司根据这一原理提出了后向式儿童安全座椅的概念。

早期的儿童安全座椅结构单一,只是通过后向乘坐方式对儿童进行保护,当时也出现了五点式安全带,但是却没有对儿童进行侧面保护的结构。基于对儿童乘车事故的调查数据,人们逐渐认识到侧面保护对儿童乘车安全的重要性,开始对儿童安全座椅进行不断的改进,在儿童头部、身体两侧及小腿部位都添加了反弹护垫,背部着力面更加柔软舒适,以对儿童进行全方位的保护;同时,适应不同年龄段儿童体型的安全座椅也相继出现。

儿童安全座椅首先在欧美等发达国家得到了发展,特别是20世纪80年代以来,欧美等国家和地区相继出台相关的法规,强制儿童乘车时必须使用汽车儿童安全座椅,使汽车儿童安全座椅得以迅速发展和普及,产品也逐步从泡沫制品向多元化新材料制品发展。此后,其他多个国家也积极跟进,通过立法强制要求使用儿童汽车安全座椅。

资料来源:http://auto.enorth.com.cn/system/2012/06/28/009533353.shtml。

6.1.2 儿童乘车使用儿童专用安全装置的重要性

汽车上原配的安全带都是专为成人设计的,并不适合儿童使用。其原因是儿童的身体构造和成人存在明显差异,儿童并非成人的缩小版(图6.4),最突出的表现是儿童头部的重量占身体重量的比例比成人大得多,而且颈部柔弱,这是因儿童的颈部处于发育时期,不如成年人颈部强而有力。

图6.4 不同年龄的儿童身材差别明显

若儿童乘车过程中使用成人用安全带,如果绑得太紧,在发生交通意外时就可能造成孩子的腰部挤伤或脖子、脸部压伤;如果绑得太松,儿童过于短小的手脚又难以束缚住,可能会从安全带中滑落后飞出去,其后果不堪设想。这表明,一方面,当儿童乘车使用专为成人设计的安全设施时非但无法降低伤害,反而可能会增加儿童的伤害;另一方面,儿童乘车过程中只系安全带(无其他配套装置)对其安全性而言是远远不够的,而提高儿童乘车安全性的有效措施是使用儿童约束系统。

汽车安全碰撞试验结果表明,儿童乘车使用儿童约束系统可以有效降低儿童在交通事故中所受到的伤害。对交通事故统计结果的分析也表明，儿童乘车未使用儿童约束系统的儿童在交通事故中受到严重伤害的机率将上升6～7倍，仅仅15km/h的碰撞就会使儿童的生命受到严重的威胁；50km/h车速的冲撞力，与从3层高的楼顶直线坠落至地面相当。因此，作为父母应该充分认识到小孩在乘车时的危险性和脆弱性，并务必采取有效的保护措施。

6.1.3 儿童约束系统的类别和基本结构

1. 儿童约束系统的类别

儿童约束系统通常是指为12岁以下儿童提供安全保护的约束系统。基于儿童的生理特点，不论是体重还是体型，不同年龄段的儿童均存在较大差异。总体来讲，儿童约束系统按照年龄不同可分为三大类：0～1岁用约束系统（婴儿提篮式座椅）；1～4岁用约束系统（前向式、后向式和二者兼用式）；4～12岁用约束系统（增高坐垫）。对于不同类别的儿童约束系统，其结构、在汽车上的固定座位及固定方法各不相同。

1) 0～1岁用儿童约束系统（提篮式婴儿安全座椅）

该类儿童约束系统也叫婴儿用约束系统，目前主要为提篮式结构，如图 6.5(a)所示，主要适用于0～1岁儿童。此类儿童约束系统通常通过安全带固定在车辆后排座位上，采用后向安装方式，以保证儿童在汽车中处于后向状态。

提篮式婴儿安全座椅基本结构主要包括座椅椅体、内衬和调节装置等。座椅椅体通常用塑料材料制成（材质的好坏直接影响安全系数），椅体上部有可自由调节和固定的提柄；内衬是垫在椅体内并和椅体有连接的部分，材质由棉类纤维组成，头部有保护和加厚垫；调节装置是固定保护儿童的部分，有五点式（或三点式）安全带及其约束调节扣件、裆部护垫、肩带等。另有附件是带有用于防风防尘的遮阳罩。图 6.5(b)所示为提篮式婴儿安全座椅在车上的安装形式。

(a) 提篮式婴儿安全座椅　　(b) 提篮式婴儿安全座椅在车上的安装形式

图 6.5　提篮式婴儿安全座椅及其在汽车上的安装形式

2) 1～4岁儿童用约束系统

该类约束系统的结构形如座椅，也称儿童约束座椅，如图 6.6(a)所示，主要适用于1～4岁儿童。此类儿童约束系统只能安装在车辆后排座位上，但它在汽车上的安装方式可以是前向式，也可以是后向式［图 6.6(b)和图 6.6(c)］。对于体形较小的儿童多采用后向安装，对于体形较大的儿童则采用前向安装。该型式也适用于不到1岁但体重超过9kg的儿童。

结构上，1～4岁儿童用安全座椅的组成包括座椅底座、接口插件、坐姿调节器、坐垫、靠背、头枕、护肩、安全带及其约束调节扣件等，如图6.6(a)所示。通常该约束系统的靠背和安全带可随着儿童身高的不同进行调整。

(a) 1~4岁用儿童安全座椅　　(b) 前向安装图　　(c) 后向安装图

图6.6　1～4岁用儿童安全座椅(前向、后向安装图)

3) 4～12岁儿童用约束系统(增高坐垫式儿童座椅)

该类儿童约束系统也称为增高坐垫式儿童座椅，适用于4～12岁儿童。此类儿童座椅不需要任何连接装置而直接安放在车辆后排座位上，主要有增高坐垫式和坐垫与靠背组合式两种型式，如图6.7和图6.8所示。对儿童乘员的约束直接采用成人用汽车安全带。

(a) 增高垫结构　　(b) 儿童乘坐增高垫座椅图

图6.7　增高坐垫式儿童座椅

 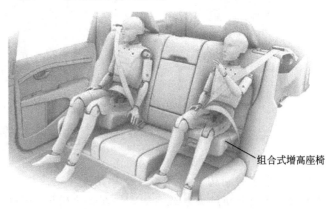

(a) 由坐垫和靠背构成的组合式座椅　　(b) 儿童乘坐坐垫组合式座椅图

图6.8　由坐垫和靠背构成的组合式儿童座椅

该类儿童约束系统的主要作用：改变儿童乘员的乘坐状态，以满足佩戴成人汽车安全带的安全要求。

儿童增高坐垫有无靠背和高靠背两种类型。一些高靠背的增高垫有两种用法：一是保留靠背；二是去掉靠背将其变成无靠背增高垫。增高坐垫比儿童座椅的结构简单，配合安全带使用，一般适合4～12岁年龄段或者体重22～26kg的儿童使用。对于不提供增高功能的儿童安全座椅而言，增高坐垫是一个很好的补充。

由坐垫和靠背构成的组合式的结构特点是底座和靠背连在一体，并且可活动后仰一定角度，坐垫高度可随儿童身高调节。

2. 儿童约束系统的基本结构

由上述可知，虽然不同类别的儿童约束系统的组成并不完全相同，但总体上讲，儿童约束系统是由为儿童提供乘坐或卧躺空间的座椅或床（简称为乘卧空间）、将儿童约束在其中的约束带系统及将整个约束系统安置在车辆上的固定装置三大部分组成。

1) 乘卧空间

乘卧空间主要有座椅形式、提篮(婴儿床)式、增高垫式(包括有靠背式和无靠背式)。提篮式和增高垫式的形式相对较为简单；座椅式形式变化较多，如靠背角度可调 [图6.9(a)]、前后向安装方向可调、附带保护横栏式 [图6.9(b)]、整体式 [图6.9(c)] 等多种形式。

(a) 靠背角度可调式　　　(b) 附带保护横栏式　　　(c) 整体式

图6.9　座椅式乘卧空间的多种形式

要特别指出的是儿童安全座椅中的内衬(填充物)对其发挥安全防护效果起着十分重要的作用。因为安全座椅在车辆碰撞时需要承受一定的冲撞力，要使安全座椅比较好地吸收碰撞时冲撞力，除了安全座椅的自身结构外，座椅填充物的性能也十分关键。目前高质量的儿童安全座椅都选用具有良好的缓冲、抗振、隔热、保温等作用的热塑性填充物料，如"ESP"材料，而伪劣产品大都使用发泡塑料，无论是功能性还是环保性都不可能达标。

2) 约束带系统

约束带系统是将儿童可靠地约束在乘卧空间的一套系统。适用于4岁以下儿童乘员。其主要组成如图6.10所示。

(1) 约束带肩带出口。一般有2～3对，以适用于不同身高的儿童，同时为儿童提供肩部约束。

（2）肩带夹。用于限制肩带外滑可能造成的儿童乘员从约束带系统中滑出，同时也起调整约束带与乘员儿童佩戴关系的作用。

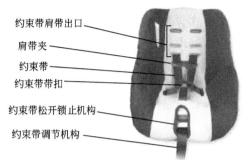

图 6.10 约束带系统的组成

（3）约束带。为儿童乘员提供约束。该约束带通常采用鞍马式结构，对儿童肩部、腰部及跨部提供约束。在保证一定强度的同时，还应保证能为儿童提供均衡的约束。

约束带有五点式安全带和三点式安全带两种形式。五点式安全带包含两个肩膀上的肩带，两根绕过儿童大腿的腰带和一根处在中心位置的胯带；三点式安全带包含两根肩带，并且将它们连接在胯带上。相比较而言，五点式安全带比三点式安全带安全性更佳，这是因为五点式安全带中多出来的两根腰带可以将碰撞事故中的力更加均匀地分散到儿童的身上。

（4）约束带带扣。用于打开或锁住约束带系统，以方便儿童的出入及对儿童进行约束。

（5）约束带松开锁止机构。用于松开约束带系统，调整约束带的长度以适应不同身高的儿童，并在调整合适后，锁住织带。

（6）约束带调节机构。用于调节儿童约束系统的长度，以适应不同身高儿童的需要。可以由卷收器组成。

3）固定装置

固定装置是指将儿童约束系统（即儿童约束座椅和婴儿用约束系统）连接在车身上指定座位的固定系统。该固定装置可以采用儿童约束固定系统即 ISOFIX 接口或 LATCH 接口（详见 6.2.3 节），也可以直接使用成人用汽车安全带。

6.2 儿童乘员安全法规

相关儿童乘车安全的法规和标准的出台，对汽车儿童约束系统（CRS）的发展产生了巨大的推动作用。目前，关于儿童约束系统的相关法规主要有欧洲 ECE R44/03 法规（关于对机动车专用儿童约束系统进行认证的统一规定），以及 2005 年 6 月底出台的 ECE R44/04；美国法规 FMVSS213（儿童约束系统）、FMVSS225（儿童约束系统固定点）；另外加拿大、澳大利亚、日本、德国、英国、中国等 40 多个国家也已通过了相关法规。由于 ECE R44 标准最为全面和严格，已被许多国家普遍借鉴和采用。

前已所述，撞车事故中未经约束的儿童受伤害的概率要比受到约束的儿童要高 4 倍以上。鉴于儿童约束系统对保护儿童乘车安全的明显效果，多个国家对强制使用 CRS 的儿童年龄也做出了明确的要求，表 6-1 为部分国家规定强制使用 CRS 的年龄要求。

表6-1 部分国家规定强制使用CRS的年龄要求

国别	要求	国别	要求
美国	未满15周岁(各州均要求使用,但对4周岁以上儿童各州不同)	英国	未满12周岁
		德国	未满12周岁
澳大利亚	未满15周岁	荷兰	未满12周岁
以色列	未满12周岁	罗马尼亚	未满12周岁
马来西亚	未满12周岁	法国	未满10周岁
俄罗斯	未满10周岁	意大利	未满10周岁
日本	未满6周岁	瑞典	未满6周岁
加拿大	未满5周岁	新西兰	未满5周岁

6.2.1 欧、美汽车儿童约束系统技术法规与标准分析比较

关于儿童约束系统的相关法规,欧盟的标准是ECE R44(儿童乘员约束装置)、ECE R14(安全带固定点);美国FMVSS213(儿童约束系统)、FMVSS225(儿童约束系统固定点)。

儿童约束系统的相关法规中对儿童安全座椅的定义、应用范围、总体要求、试验要求、试验假人的要求和产品的认证等进行了说明。欧、美根据各自的不同情况,分别制定了儿童安全座椅的检测方法。各国都对儿童座椅的动态性能有着严格的技术要求,对于检测实验中座椅的移动量也规定得十分明确。欧洲对儿童安全座椅的动态性能、能量吸收性、抗翻滚能力、耐高温性及安全带的调节和卷收功能有严格限制。美国相关法规中,对座椅织物的耐磨强度、耐光强度及带微生物强度提出了具体要求,与欧洲一样,也要进行盐雾试验,以考察抗腐蚀能力。表6-2为欧、美汽车儿童约束系统技术法规与标准分析比较。

表6-2 欧、美汽车儿童约束系统技术法规与标准分析比较

试验项目		ECE R44、ECE R14	FMVSS213、FMVSS225
儿童约束系统总成的试验	动态试验	试验条件不同,则测量量不同。主要测假人头部位移量、胸部加速度、腹部穿透等,并观察约束系统有无失效或损坏	动态试验后,儿童约束系统应保持完整性;假人伤害值不得超出规定值;假人移动量不超出规定范围;后向安装的儿童座椅靠背的支撑角和垂直面交角不超过70°
	材料吸能试验	儿童约束系统带靠背的装置的内表面(包括材料)具有吸能性,头型自由落体冲击靠背内表面,头型在碰撞中的加速度不超过60g	
	翻转试验	试验假人不应从装置中掉出来,并且当试验处于翻转位置时,沿垂直于座椅的方向,假人头部从它的原始位置产生的位移不超过300mm	
	盐雾试验	试验后,确定没有削弱儿童约束系统原有特性的迹象及明显的腐蚀现象发生。总成的金属部件均应进行此试验	约束系统主要的金属部件进行盐雾试验
	增高垫的约束	观察增高垫约束有没有被沿试验座椅坐垫表面方向的力拉动或拉出	

(续)

试验项目		ECE R44、ECE R14	FMVSS213、FMVSS225
约束系统组成部件的试验	带扣	带扣的设计要排除误操作的可能性，带扣的位置和拉力的有无不影响其保持锁止，而且应易于操作，能承受温度和耐久试验。动态试验之前，能承受开闭循环试验。带扣应进行加载试验、空载试验和强度试验	带扣应有耐腐蚀性和耐温度性，应进行盐雾试验和温度试验。并对动态试验前后的带扣开启力、带扣开启面积等进行了规定
	调节装置	调整范围应足够大，能快速调节，须进行温度试验和微滑移试验，解除调节时装置无断裂或分离，动态试验之前能承受耐久试验	应进行盐雾试验和温度试验
	卷收器	① 自动锁止卷收器：卷收力、耐久性、温度试验、盐雾试验、抗粉尘试验。② 紧急锁止卷收器：可否紧急锁止，应满足紧急锁止控制因素的要求，并测卷收力，进行耐久性试验、温度试验、盐雾试验、抗粉尘试验	
	织带	织带的宽度要求、织带在标准状态和特殊条件下的强度。特殊条件下强度试验包括：标态处理、光照处理、低温处理、高温处理、浸水试验和磨损试验	耐磨、耐光、耐微生物和宽度要求。经磨损试验、光照试验和耐微生物试验（采用"土埋法"）的织带断裂强度分别不低于未经上述试验织带强度的75%、60%和85%。宽度测量前要预处理
	锁止装置	不应对成人安全带耐久性造成损害，能经受温度试验要求。A类和B类锁止装置经试验测得的滑移量不超过规定值	
	连接装置	ISOFIX连接装置和插接件指示具有耐久性，动态试验前经受开闭循环试验	在FMVSS225中对LATCH连接装置的设置、位置和强度做了规定
其他	对儿童施加载荷分布的要求		规定头部和躯干的最小支撑面积及与假人头部接触表面的材料，并对结构进行了限制，以避免儿童乘员身体局部承受过大载荷
	材料其他性能要求	儿童约束系统制造商以书面形式声明儿童约束系统所用材料的毒性和燃烧特性符合规定	儿童约束系统所用材料的燃烧特性符合FMVSS302中S4的规定

由表 6-2 可以看出，欧、美标准对儿童约束系统检测的项目及要求存在明显差异。其相同项目主要有儿童约束系统总成动态试验、耐腐蚀性试验、耐温度试验、织带抗拉、宽度和耐磨性试验、带扣开启力试验、约束系统所用材料耐燃烧试验等。其中，有的检测项目虽然相同，但实际要求却仍存在一定差异。这表明，欧、美标准各自关注的重点存在差异。

6.2.2 我国《机动车儿童乘员用约束系统》简介

GB 27887—2011《机动车儿童乘员用约束系统》是我国第一部关于机动车儿童座椅约束装置的强制性国家标准，于 2012 年 7 月 1 日开始实施。考虑到我国汽车标准体系与欧洲接近，为与其他各标准、法规相协调，《机动车儿童乘员用约束系统》标准在制定过程中主要参照了欧洲的 ECE R44 安全座椅技术法规。

《机动车儿童乘员用约束系统》标准规定了机动车儿童乘员用约束系统术语、定义，在车辆上的安装及固定要求，约束系统的结构，并对约束系统总成及其组成部件的性能要求和试验方法，以及儿童安全座椅的生产和销售进行了规范。标准明确规定，国产车辆必须装配符合标准的儿童安全座椅接口和安全锁。汽车儿童安全座椅须经检验合格后方能上市。该标准适用于适合安装在 3 个车轮及以上机动车上的儿童乘员用约束系统，但不适用于折叠座椅或侧向座椅。

该标准针对儿童乘员约束系统的使用、安装及其他相关问题做出了以下强制性规定：

(1) 成人安全带锁扣和儿童约束系统的锁扣不能通用，儿童不应使用成人安全带。

(2) 儿童应该很容易地被安放到约束系统上或从系统上移走。

(3) 为了防止由碰撞或儿童自身动作引起儿童身体下滑或发生危险，所有向前的约束系统必须装备防前冲约束装置。

(4) 约束系统不应使儿童身体软弱部分(头部、颈部、胯部等)承受过大的压力，发生碰撞事故时，儿童头部、颈部也不应承受压力等。

(5) 每个儿童约束系统都必须有一份中文说明书。儿童约束系统的安装方法应以照片或特别清楚的图示表示，并应警告使用者，没有认证许可的产品和经过改装的产品是危险的，还应提示不要将无人照看的儿童放置在约束系统内等。消费者在购买儿童乘员约束装置时，应该对照以上几个标准进行选择。

6.2.3 儿童安全座椅在汽车上的 3 种固定方式

1. ISOFIX 接口

ISOFIX 实际是一个关于在汽车中安置儿童座椅的标准，其全称是"International Standards Organization FIX"，中文意思是国际标准化组织固定装置(也称儿童安全座椅固定系统)，为欧盟标准。该标准已为众多汽车制造商所接受，其作用是使儿童安全座椅的安装变得快速而简单。

ISOFIX 接口是由国际标准化组织制定的汽车儿童安全座椅的标准快速刚性连接系统。CRS 和车辆之间的刚性连接保证在所有情况下汽车儿童座椅能够正确的安装，与汽车安全带无关。该配置的特点是具有两个与儿童座椅进行硬连接的固定接口，如图 6.11 所示。ISOFIX 除较低位置的连接必须是刚性外，对上部固定点没有强制要求。

  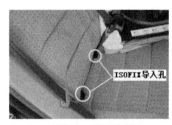

(a) ISOFIX接口中供连接用　　　(b) ISOFIX接口中供连　　　(c) ISOFIX接口座椅上
　　的伸缩杆的移动图示　　　　　接用的伸缩杆结构　　　　　供伸缩杆插入的导入孔

图 6.11　ISOFIX 接口图示

ISOFIX 是欧洲从 1990 年开始实施的一种针对儿童安全座椅接口的标准。目前在欧洲地区销售的车型上都已将这个接口作为标准配置，在中国国内的合资汽车厂家也提供这种接口的配置。ISOFIX 国际标准快速刚性连接系统主要包括位于汽车座椅靠背与坐垫之间可将婴儿、儿童安全座椅与车体本身结合起来的两个刚性固定点，安全座椅及一个"防倾斜"的固定点。

ISOFIX 固定方式的安装非常简单，只要将儿童安全座椅的 ISOFIX 接口对准座椅上预留的口插进去就可以了，对于图 6.11 而言，就是将图 6.11(b)中的伸缩杆插入图 6.11(c)中的导入孔，因为是硬连接，则使儿童安全座椅与汽车形成一体，并且对接安装可在很短时间内完成。这种固定方式的优点是刚性、硬连接强度高，不易松动，安装简单；缺点是必须使用专用接口的安全座椅，通用性不强。

ISOFIX 的制定是一个重要的进步与发展，因为此前因很多人不能正确地安装儿童座椅，从而导致很大比例的儿童座椅安装不够安全。在固定接口未成为标准接口前，因汽车座椅形状不同、安全带长度较短和锚固点位置不同，都会导致一些儿童座椅安放的位置更靠前或更靠后，从而使得制造适合所有车型的儿童座椅成为一个难题。制定 ISOFIX 标准的目的就是要解决这些问题，其终极目标是让消费者购买的任何 ISOFIX 儿童座椅都适合自己的汽车，消费者只需简单地将它插入 ISOFIX 接口就可以。

2. LATCH 接口

依照法规 FMVSS213，所有汽车后座位置都要安装有儿童安全座椅固定点，位于汽车座椅靠背和坐垫之间。儿童安全座椅底部有连接件，可以是刚性的或可变形的，用于连接汽车座椅较低位位置的固定点；另外，汽车座椅要有上部固定点，连接儿童座椅的上拉带。较低位置的固定点和上拉带就组成了 LATCH 系统，如图 6.12 所示。

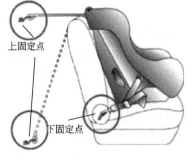 

(a) LATCH的上下固定点　　　　　(b) LATCH在座椅上的安装形式

图 6.12　LATCH 接口安装图示

LATCH 是 "Lower Anchors and Tethers for Children" 的简称，中文意义为"儿童使用的下扣件和拴带"，为美国标准。该标准除了可以与 ISOFIX 的两个接口共用外，还有一个上部锚点，一般在后排座椅头枕后方。该系统可以脱离安全带而独立工作，并且对于儿童座椅的安装也是非常的简便，减少错误使用儿童座椅的可能，从而为儿童乘车提供了更好的安全保障。

美国从 2002 年 9 月 1 日起要求：所有车型必须配备 LATCH 儿童安全座椅接口，LATCH 接口是靠 3 个挂钩固定，分别钩住汽车的 3 个点(软连接)就可以了，安装十分方便，在 3 个固定点中，两个在坐垫和座椅靠背的连接处，第 3 个在座椅头枕后方。LATCH 的缺点是采用软连接方式，相对 ISOFIX 接口来说有点晃动，小孩坐在上面没有 ISOFIX 接口那么舒服。

LATCH 标准的儿童安全座椅具有可以使用 ISOFIX 标准的功能，而 ISOFIX 则不能兼容 LATCH 的功能，LATCH 与 ISOFIX 固定方式的最大的区别在于接口的数量、分布位置和连接方式的不同。

ISOFIX 和 LATCH 两种固定方式的共同性：LATCH 接口兼容 ISOFIX 接口，也就是说有 LATCH 接口的一定可以装 ISOFIX 接口的座椅，但只有 ISOFIX 接口的就不能使用 LATCH 接口的儿童座椅(因为缺少一个固定点)。

ISOFIX 和 LATCH 两种装置各有优缺点，欧美意见尚未统一，其主要优缺点见表 6-3。

表 6-3 ISOFIX 和 LATCH 两种装置优缺点比较

特点	ISOFIX(欧洲标准)	LATCH(美国标准)
优点	刚性连接强度高且不易松动 安装方便 金属支架刚性好，耐用	质量轻，车外可使用 安装方便，在不使用说明书的情况下能够容易正确操作
缺点	需要专门接口进行固定，通用性不强 当儿童座椅没放在车里时，金属部分对儿童和车可能存在安全隐患 系统在车外无法使用 价格比较高	采用软连接方式，需要经常检查牢固程度 对比较柔弱的用户来说，不太容易将座椅拉紧 连接儿童座椅侧的铰链看起来很弱 锁扣有可能被儿童解脱

3. 安全带固定方式

安全带固定方式采用带自锁式卷收器的安全带形式，这种形式的安全带一旦由带扣扣上织带就再不会被拉出，以防止车辆行驶过程中儿童约束系统的移动。该固定方式具有非常好的兼容性，可以和不同型号的儿童安全座椅使用。在国内，绝大多数车型的儿童安全座椅采用安全带接口方式，它可以支持儿童安全座椅正向固定(儿童座椅面向前座椅)，也可以支持反方向固定(儿童座椅面向后座椅)，使用简单方便。图 6.13 为采用安全带进行前向式固定和后向式固定的图示。

人们在长期的使用过程中发现，安全带固定方法较 ISOFIX 接口形式、LATCH 接口形式复杂，失效的情况较多。相关调查显示，采用安全带固定导致儿童座椅失效的主要原因是安全带的固定力量不足，大约 67% 的儿童座椅安装存在松动。鉴于此，更有效的固定

(a) 两点式安全带约束(前向式)　　　　(b) 三点式安全带约束(后向式)

图 6.13　儿童安全座椅采用安全带固定

儿童安全座椅得到了有效发展，分别是 ISOFIX 接口形式和 LATCH 接口形式。

6.2.4　中国儿童乘车安全评价标准纳入 C‑NCAP 评测

经过修改完善的《C‑NCAP 管理规则(2009 年版)》，重点增加了对儿童乘员安全性的考核内容，已于 2010 年 1 月 1 日起开始执行，这对中国儿童安全座椅的推广和普及起到了积极的推动作用。

2009 版 C‑NCAP 在碰撞安全性能实验及评分规则中对正面和侧面碰撞项目进行了补充和调整，包括在 100% 正面碰撞试验中增加后排 3 岁儿童假人及儿童座椅放置，在侧面碰撞试验中增加后排假人放置的实验方法，以及对于设计有便于儿童座椅使用的 ISOFIX 专用固定装置的车辆给予加分，适当减少对安全带提示装置加分，但总分和星级划分规则保持不变。新版 C‑NCAP 对儿童保护的评价，主要是针对车辆本身对儿童及其儿童座椅提供保护是否有效进行评价。

要求：车内用于固定儿童座椅的安全带或 ISOFIX 装置不能失效，这无疑大大强化了原本被忽视的儿童安全配置的有效性，新版 C‑NCAP 对拥有 ISOFIX 装置的车辆有 0.5 分的加分鼓励，旨在促进车辆 ISOFIX 装置配装率的提高。

6.3　儿童安全座椅及其使用

6.3.1　儿童安全座椅的分类

随着全社会对儿童乘车安全重视程度的不断提高，在过去的 50 多年里，已经开发出多种不同的汽车儿童座椅来保护不同年龄和身高的儿童乘员。参照不同的标准，儿童安全座椅有不同的分类方法，并且在不同的地区，其分类方法也往往存在差异。常见的分类方式如下：

1. 按儿童乘员的体重分

(1) 0 组：用于体重小于 10kg(出生～13 个月)的儿童。

(2) 0+组：用于体重小于 13kg(出生～15 个月)的儿童。

(3) Ⅰ组：用于 9～18kg(9 个月～4 岁)的儿童。

(4) Ⅱ 组：用于 15~25kg(3~6 岁)的儿童。

(5) Ⅲ组：用于 22~36kg(6~12 岁)的儿童。

这里的分类组别并不完全对应确定的儿童安全座椅，儿童安全座椅厂家可以生产跨越多组别的座椅。

2. 按在车辆上放置的位置分

(1) 通用类：能用于大多数座位上，只需成人安全带就能固定。

(2) 半通用类：用于配备有 ISOFIX 辅助固定点的座位。

(3) 受限制类：只能用于特殊车型的指定座位上，只需成人安全带就能固定。

(4) 特殊车辆类："内置式"儿童约束系统，或者用于装备有车辆制造商或约束系统制造商设计的固定点的特殊车辆类型。

3. 按对儿童的约束方式分

(1) 整体式：保持力控制系统不直接与车辆连接。

(2) 非整体式：保持力控制系统直接与车辆连接。

4. 按照使用对象的年龄分

(1) 婴儿用：0~1 岁，使用者为躺的方式。

(2) 幼儿用：1~5 岁，分为前向式、后向式和二者兼用式。

(3) 学童用：5~12 岁，使用增高垫和成人座椅安全带。常见儿童安全座椅示例如图 6.14 所示。

(a) 提篮式儿童座椅
(采用三点式安全带)
适用 0~15 个月

(b) 五点式前向儿童座椅
适用 0~4 岁

(c) 五点式可转换儿童座椅
适用 0~4 岁

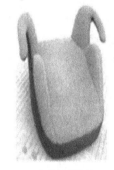
(d) 辅助型坐垫
适用 4~12 岁

(五点式安全带固定儿童使受力分散)

图 6.14 常见儿童安全座椅示例

上述分类是相对的。儿童乘车最安全的乘坐方式是使用儿童约束系统。对于不同年龄、不同身高与体重的儿童而言，应该选用与之相适应的儿童约束系统，如图 6.15 所示。

6.3.2 关于后向乘坐设计

1 岁以下的婴儿是最娇嫩的群体，因而需要更多的保护。婴儿的生理结构特点是头部较重，颈椎尚不能支撑头部重量，因此，婴儿乘车时如果以面向车头的方式乘坐，极有可能会在车辆紧急制动或意外事故中头往前甩而造成严重的伤害。

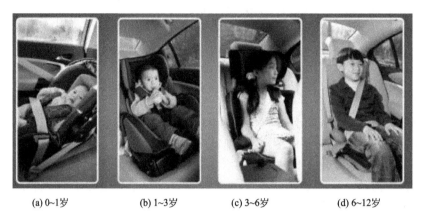

(a) 0~1岁　　　　(b) 1~3岁　　　　(c) 3~6岁　　　　(d) 6~12岁

图 6.15　不同年龄、不同身高与体重的儿童应配备不同的约束系统

对于 1 岁以下婴儿的座椅,全球主流的共同设计标准多是采用后向乘坐设计,以避免碰撞时的撞击力都集中在颈部,如此设计的目的是将撞击力分散到婴儿骨骼较为强壮的腰、背、肩等部位。另外,也有部分座椅产品采用横向安装的卧床式设计,这类型的保护装置也是不希望小婴儿乘车时是面向车头的。后向使用的汽车安全座椅并不是越平躺越好,虽然在感觉上似乎越平躺可以让婴儿越舒适,因过于平躺的角度有可能在事故发生时会让婴儿飞出去撞到前座椅背,所以一些知名的汽车厂家生产的儿童座椅产品,都附有角度检查器和角度调整器,有助于判定安装角度是否妥当安全。

满 1 岁的婴儿,与 1 岁以下的婴儿相比由于体形比较大且发育相对较为完整,可以采用后向式座椅,但因为儿童的头部占的比例要比身体大,因此 4 岁以下的儿童(或 18kg 以下)采用后向座椅更为安全。沃尔沃汽车公司交通事故研究组的研究证明,后向式儿童安全座椅可将伤害减少 90%。同正向(前向)座椅相比,后向座椅可将撞击力和对儿童头颈部的伤害减少一半。瑞典 Folksam 保险公司的调查结果也印证了这一结论。该公司的调查还表明,幼儿乘车时,车辆发生碰撞事故坐在前向座椅内导致死亡或受重伤的概率要比坐在后向座椅的高。

4~12 岁儿童的体重一般在 15~36kg,这些儿童除了选择儿童座椅外也可以选择儿童安全坐垫,但如果使用一般的儿童座椅常有过小不适用之虞,但若直接使用汽车后座的安全带,因为儿童本身身高还不够高,有可能会使安全带越过儿童的脖子,造成勒伤或割伤,因此为儿童选购能够将乘车姿势垫高的汽车安全座椅十分必要。安全坐垫可以减少在碰撞中对腹部的伤害,当座位被垫高后,就可以正常使用安全带,以保护儿童的胸部和头颈部。沃尔沃汽车公司事故调查研究组证明,使用安全坐垫可将危险降低 60%。

6.3.3　儿童安全座椅的选用

儿童安全座椅根据适用年龄不同分为后向婴儿座椅、正向座椅、安全带定位增高座椅 3 种形式,如图 6.16 所示。

1. 后向婴儿座椅

后向婴儿座椅(rear-facing infant seats)自带安全带,适用于 1 岁以下婴儿。用于汽车的前排或后排座位上(注意,不要将后向儿童座椅放在带有安全气囊的汽车座位上),后

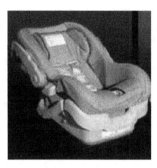 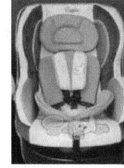 

(a) 后向婴儿座椅　　　　　(b) 正向(前向)座椅　　　　　(c) 安全带定位增高座椅

图 6.16　后向婴儿座椅、正向座椅、安全带定位增高座椅示例

向座椅比正向座椅提供更多对婴儿头部、颈部及脊骨保护。儿童安全专家建议，1 岁以下婴幼儿座椅必须后向安装在汽车后排座椅上，并确保安全座椅靠背与垂直方向的角度大于 45°，这是因为婴幼儿的颈部还没有完全发育好，还不足以支撑相对较重的头部重量。

2．正向(前向)儿童座椅

正向(前向)儿童座椅(forward-facing seats)自带安全带，适用于 1~4 岁儿童。装在汽车后排或前排座位上，当前排带有安全气囊时，后排则是更加安全的位置。在发生撞击时，这种安全座椅依靠汽车上的安全带保护儿童。当儿童身高超过了座椅许可高度时，或儿童头部超过座椅顶部时，儿童就应该开始使用增高座椅了。

3．增高座椅/坐垫

增高座椅/坐垫(belt-positioning booster seats)适用于 4 岁以上儿童。增高座椅和增高垫都不自配安全带系统，而是依靠汽车上的成人安全带约束小孩。宜尽量安装在汽车后排座位上，特殊原因需要安装在前排座位上时，必须使前排的安全气囊停用。

儿童座椅安装注意事项：须严格遵照说明书中的方法安装使用；不要将后向儿童安全座椅放在带有安全气囊的汽车座位上，这是因为当气囊打开时，瞬间巨大的冲击力可能导致小孩受伤甚至死亡。

6.3.4　儿童乘车位置的选择

对于家庭乘用车而言，儿童乘车时，为儿童选择一个安全的乘车位置极为重要。通常来说，汽车后排座椅是乘车的安全区域，这是因为就各类碰撞事故而言，后排座椅通常是受到伤害概率最小的位置，也就是最适合安放儿童汽车座椅的地方。因而，无论是何种安装方式，都宜将儿童座椅尽量放于副驾驶席正后方的后排座椅处。此外，将儿童座椅放置于副驾驶席正后方的后排座椅处，可以方便车上儿童从人行道侧的一边安全进出汽车，从而可有效避开车道上来往穿梭的车辆。

汽车后座两侧的座椅上通常配有 ISOFIX 儿童座椅固定装置。汽车座椅上的固定装置，配合儿童座椅上的锁定元件，确保了儿童座椅与汽车车身之间的可靠连接，可以有效防止儿童座椅发生摇晃或倾斜。尤其在发生事故时，ISOFIX 座椅配合车身减速，可以抵消部分撞击力，给儿童提供更安全的乘车保障。

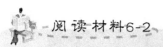

阅读材料6-2

ISOFIX 接口的优点及其在汽车上的安装过程图示

ISOFIX 接口将儿童座椅和汽车车身之间刚性连接，通过两个伸缩杆将儿童座椅锁定在前座靠背和后座座椅之间。ISOFIX 接口的优点如下：

① 与汽车车身的刚性连接几乎完全排除了座椅倾斜和摇摆的风险。发生交通事故时，可靠的固定为儿童带来了更为出色的保护。

② 安装操作非常容易，可以防止座椅的错误安装。

③ 在带 ISOFIX 的 BMW 儿童系统中，为 4 岁以下的儿童提供了一套独立的座椅安装带系统。

④ 安装简单可确保快速固定，通常无需重新紧固安全带。

带 ISOFIX 系统的 BMW 儿童座椅的安装过程如图 6.17 所示。图 6.17(a)为用拔取夹拉出伸缩杆；图 6.17(b)为用力将儿童座椅后推使其向后滑动，直至伸缩杆末端的两个固定架均插入固定点；图 6.17(c)为当确认两个固定架都已卡入时，触发 BMW 联锁系统，伸缩杆将儿童座椅拉紧并贴靠在车辆的座椅靠背上；图 6.17(d)为将儿童座椅从座椅上撤卸，即松开儿童座椅，抬起前部的释放手柄，直至联锁系统开启，伸缩杆重新缩回到儿童座椅内。

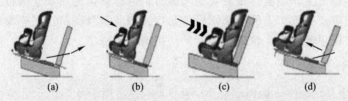

图 6.17　带 ISOFIX 系统的 BMW 儿童座椅的安装过程

资料来源：http://www.pcauto.com.cn/qcbj/252/2526488.html.

再好的安全装置，如果使用不当也起不到保护作用，这对儿童座椅也不例外。首先是儿童座椅的安置位置要合适，原则上儿童座椅应安置在副驾驶席正后方的后排座椅处，如果因特殊原因需要将其安置在副驾驶席座位处，最好是将副驾驶席座椅向后推至最远的位置。这样处理的好处是将儿童座椅后移不会影响驾驶人的动作与视野，也不会遮挡驾驶人通过副驾驶席的侧车窗或右侧的外部后视镜观察车外情况；此外，若儿童座椅安置在副驾驶席座位处，副驾驶席的安全气囊务必停用，以避免气囊弹出时对儿童造成伤害。

若汽车置有侧面安全气囊，则必须使用带有侧面支撑的儿童汽车座椅，而且必须带有可以使儿童头部处于最佳位置的头枕，以确保孩子得到最合适的安全保障。因为很多时候，儿童会在行车过程中熟睡。当意外发生时，如果没有足够的侧面支撑保护，儿童头部会直接处于在安全气囊触发区域，将对身体造成极大伤害。

6.4 校车安全

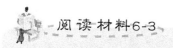

阅读材料6-3

校车安全不可忽视

进入21世纪以来,随着我国经济的快速发展和九年制义务教育的稳步实施,我国中小学(包括学前班)学生乘车上学现象日益普遍,但由于相关部门对此缺乏有效监管,致使校车安全事故频发。2006年11月21日,黑龙江双城市周家镇中心小学50名学生上学途中,由于校车速度过快,方向失灵,导致车辆侧翻,从距水面约3米高的桥上坠下,造成8名学生死亡,39名孩子受伤;2009年10月19日,在湖南娄底市涟滨乡澄清村地段,一辆核定载客11人,实载32人(其中30名儿童)的校车翻入路边池塘,造成4名幼儿死亡,26名幼儿受伤;2010年4月6日,广东省汕头市某技工学校校车与一辆散装水泥罐车和一小轿车发生连环碰撞,造成10人死亡、28人受伤(其中14人重伤);2010年12月27日,湖南衡南县松江镇一辆运送小学生上学的三轮车整车坠入河中,事故共造成14名小学生死亡,6人受伤;2011年3月14日上午8时30分许,在北京门头沟莲石东路门头沟路段,一辆核载49人,实载81人(其中76名幼儿)的大客车超速行驶,途中发生事故,造成幼儿园园长和一名5岁幼儿死亡,3名幼儿轻伤;2011年11月16日9时15分,甘肃省庆阳市正宁县榆林子小博士幼儿园一辆运送幼儿的校车(核载9人、实载64人),与一辆重型自卸货车发生正面相撞,造成21人死亡(其中幼儿19人)、43人受伤。

据调查分析,甘肃正宁县榆林子小博士幼儿园的校车事故原因是运送幼儿的小客车(校车)严重超员,在大雾天气下逆向超速行驶,导致事故发生。该事故暴露出一些地方存在车辆违法严重超载、非法擅自改装车辆,以及有关部门在校车安全管理方面责任不落实、措施不到位、监管有漏洞等突出问题。

《中华人民共和国校车安全管理条例》(以下简称《校车安全管理条例》)规定,校车是指依法取得使用许可,用于接送接受义务教育的学生上下学的7座以上的载客汽车,如图6.18所示。简明地说,校车是指用于接送学前教育、义务教育学生上下学的专门车辆,其运输特点是定时、按照固定的路线往返于学校与指定地点。

图6.18 我国校车外形图

我国校车发展历史较短,只是在进入21世纪后才获得了较快发展。然而,在21世纪的前10年,由于对于校车安全管理的法规建设严重滞后,致使校车安全状况差、驾驶员素质较低、运营管理不善等不正常现象未能得到及时有效解决，导致校车安全违法行为屡禁不止，校车安全事故时有发生，特别是发生在甘肃省正宁县榆林子镇的幼儿园校车严重事故引发全社会的广泛关注，这一事件再次向人们敲响了校车安全的警钟，大大推进了校车安全立法。

经广泛征求社会各界意见、并进行多次修改的《校车安全管理条例》于2012年3月28日国务院第197次常务会议通过，并自公布之日起施行。该条例的实施使我国校车安全管理进入了一个新阶段，校车安全事故大幅降低，校车安全状况明显改善。

6.4.1 我国校车安全管理主要法规

美国于1992年12月2日颁布实施的《公路安全管理》第17节规定了校车最低安全水准，对校车要求进行了规范。1973年，法国政府专门就校车的管理办法、行驶规则和驾驶员雇用标准等进行了立法。借鉴国外的校车安全运营和管理经验，我国已相继出台了多项规范校车安全问题的相关政令、标准，如《校车安全管理条例》（国务院第617号令）、《校车标识》（GB 24315—2009）、《专用校车安全技术条件》（GB 24407—2012）和《专用校车学生座椅系统及其车辆固定件的强度》（GB 24406—2012）等，全面加强校车安全管理，教育部、公安部联合其他国务院部门也陆续发布了《中小学幼儿园安全管理办法》（教育部第23号令）及《关于加强农村中小学生幼儿上下学乘车安全工作的通知》等文件。这些文件为校车安全提供了强有力的保障。

我国通过制定《校车安全管理条例》及校车安全管理制度，全面加强校车安全管理。以《校车安全管理条例》为龙头，初步建立起校车安全管理体系。

1.《校车安全管理条例》的主要内容

《校车安全管理条例》共八章六十二条，主要就校车安全的管理主体、学校和校车服务提供者、校车使用许可、校车驾驶员、校车通行安全、校车乘车安全、法律责任等相关问题做出了明确规定。按照确保安全、切合实际的总体思路，《校车安全管理条例》规定了保障校车安全的基本制度。

（1）要求地方政府依法保障学生就近入学或在寄宿制学校或托管入学，减少学生交通风险。对确实难以保障就近入学且公共交通不能满足需要的农村地区，要采取措施保障学生获得校车服务。

（2）明确了政府及有关部门的校车安全管理职责。县级以上地方政府对本行政区域的校车安全管理工作负总责。国务院有关部门对校车安全管理履行统一指导、督促等职责。

（3）规定了学校和校车服务提供者保障校车安全的义务和责任。建立健全校车安全管理制度，配备安全管理人员，指派照管人员随车照管学生。

（4）设定了校车使用许可。对校车安全技术条件和校车驾驶员资格条件规定了比一般客车更为严格的要求。

（5）赋予校车通行优先权，对校车最高时速和严禁超载作了明确规定。

（6）明确法律责任。对违法使用车辆或提供校车服务、不履行安全管理责任等，分别规定了法律责任，包括依法追究刑事责任。

同时，我国《校车安全管理条例》规定载有学生的校车享有路上三项"优先权"。

（1）遇交通拥堵的，交通警察应当指挥疏导运载学生的校车优先通行。

(2)校车运载学生，可以在公交专用车道及其他禁止社会车辆通行但允许公交车辆通行的路段行驶。

(3)校车在同方向只有一条机动车道的道路上停靠时，后方车辆应当停车等待，不得超越。校车在同方向有两条以上机动车道的道路上停靠时，校车停靠车道后方和相邻机动车道上的机动车应当停车等待，其他机动车道上的机动车应当减速通过。校车后方停车等待的机动车不得鸣喇叭或者使用灯光催促校车。

2. 专用校车安全国家标准

《校车安全管理条例》发布不久，国家质检总局、国家标准化管理委员会批准发布了GB 24407—2012《专用校车安全技术条件》和GB 24406—2012《专用校车学生座椅系统及其车辆固定件的强度》两项强制性国家标准(简称"专用校车安全国家标准")。这两项标准于2012年5月1日实施。

专用校车安全国家标准由国家标准化管理委员会、工业和信息化部组织全国汽车标准化技术委员会修订。新修订的两项标准明确了专用校车及座椅系统的各项技术指标和试验方法，充分考虑了专用校车的设计、生产、使用等各阶段的特点，更加注重校车的安全性能、车辆配置的人性化及校车安全管理的可操作性。其特点如下：

(1)校车安全性能要求明显提升。标准在车身结构强度、碰撞防护结构、制动装置、驾驶员视野、轮胎、安全带设置、应急逃生配置、座椅性能等方面的要求均有提升。

(2)校车配置更加人性化。标准提出了专用校车的踏步(台阶)不能太高，必须设置上下车扶手、通道必须平整防滑、座椅和隔板必须软化处理、车内空气质量必须达标等一系列要求。

(3)安全管理相关配置更加完善。标准对限速装置、乘员数量限制、急救箱配备、照管人员座椅配置、灭火装置、专用校车标志灯、停车指示牌、停车提醒标示、行驶记录仪录像监控系统等方面都做出了明确规定。其中，人数方面，幼儿专用校车的最大乘员数应不超过45人，小学生专用校车和中小学生专用校车的最大乘员数应不超过56人。

专用校车安全国家标准的发布实施有力地支撑《校车安全管理条例》的贯彻落实，对于规范专用校车生产、加强校车安全管理具有重要意义。

6.4.2 美国校车运行及管理制度

美国校车始于19世纪末乡村地区出现的专门接送学生上下学的车辆，从最初的马车到现今的专用巴士。目前，在美国的城市和农村，每天约有48万辆校车(图6.19)运送2600万名学生往返学校，或是参加学校组织的各种活动，已经形成了较为完善的校车运输网络。全美国有约超过一半的学生靠校车上下学，校车是学校最重要的交通工具。由于政府与民众的共同努力，美国校车事故发生率是所有交通工具中最低的，即便偶有发生，多数也只是轻度剐蹭，重大伤亡事故极其罕见。据统计，美国校车百万公里的事故率仅为0.01，而火车为0.04，其他车辆为0.06，普通车辆为0.096，校车的安全性是其他车辆的9倍。美国校车历经近两个世纪的发展，在校车运行制度制定及安全管理方面已形

图6.19 美国校车外形图(C型校车)

成一套独具特色的模式。

1. 完善严格的校车制造标准

美国是国际上校车安全标准最完善的国家之一。美国联邦政府总共颁布了60多项机动车辆安全标准，其中37项涉及校车，而FMVSS131《校车行人安全装置》、FMVSS220《校车侧翻保护》、FMVSS221《校车车身连接部分强度》和FMVSS222《校车乘员座椅和碰撞保护》4项标准被视为最重要的校车安全标准。

（1）FMVSS131《校车行人安全装置》。标准要求在校车停止、学生上下时，校车左侧要求伸出停止(STOP)信号的横向手臂，如图6.20所示，该手臂在学生上下车过程中从校车前端前保险杠处伸出，以警示校车前后的其他车辆，提高校车附近学生的安全性。

（2）FMVSS 220《校车侧翻保护》。标准要求校车顶部有足够的强度，以便在车辆倾翻时车顶能承受更多的力量，目的是减少校车在翻滚事故中由于顶部塌陷而导致的学生伤亡，最大限度地保证乘客的生存空间，同时防止车窗结构变形。

（3）FMVSS221《校车车身连接部分强度》。标准针对校车车身连接件的强度性能，对校车的车身钢板强度做出了明确要求，以减少碰撞事故中由于车身板件撕裂而导致的学生伤亡。

图6.20　美国校车左侧伸出的停止(Stop)信号

（4）FMVSS 222《校车乘员座椅和碰撞保护》。标准提出了对校车乘员座椅系统、约束栅栏和碰撞区域的要求，目的是减少在事故和突然加速中乘员撞击到车内结构上而产生的伤亡，降低因校车碰撞、突然变速等对乘客造成的伤害。

美国境内不同的管理机构从1966—2000年一共颁布了37项联邦机动车辆安全标准，其中，FMVSS108《灯具、反射装置和相关的装置》、FMVSS111《后视镜》、FMVSS301《燃油系统完整性》、FMVSS303《压缩天然气车辆燃油系统的完整性》、FMVSS217《客车紧急出口车窗》和FMVSS105《液压制动系统》6个标准对校车的相关安全要求做出了相应的规定。其他一些涉及校车的规定还包括：车辆内饰材料的燃烧性能、外表颜色；车内外无其他易导致乘员伤害的突出物；不允许有站立乘客等。

基于严格的标准，又由专门的厂家负责生产，因而美国校车无论是主动安全性还是被动安全性都远远高于一般的客车。为确保校车运行安全，美国对校车车身的结构及颜色也有相关规定。美国很多州规定校车专用黄色，轿车使用这种颜色即为违法。校车的全车身使用黄黑色条，并使用全天候情况下都能视认的荧光钻石级反光材料制作校车警示标志，以提高警示效果。

2. "苛刻"与全面的校车特权

美国极其注重校车安全，除了在法律、标准上为校车设计、制作标准建立了完善的安全管理制度外，还在法律上赋予了校车种种通行特权。在美国，校车的待遇甚至优于消防车、救护车、警车。联邦政府在1992年修订的《车辆统一法典》中对校车让停作了详细规定，如在校车停车、上下学时，包括警车、救护车和消防车的任何车辆必须处于完全停车状态，并且必须停在离校车不少于20ft(1ft=0.3048m)的距离之外。有的州在此基础上规定了更大的让停范围和更严格的标准。在全美50个州，都有一条同样的规定：超越正在停靠和上下学生的校车是最严重的交通违法行为之一。为此，各州还制定了违反校车让停规则的具体处罚措施，其处罚包括刑罚处罚和记分、暂扣或吊销执照。有的州还规定违反者要参加一定时间的公益活动。严厉的处罚使得美国其他车辆对校车"避而远之"，这些特权能让他人看到美国对校车安全的绝对重视。

"9·11"事件后，美国的立法更将校车纳入政府反恐怖安全监视系统的保护范围，任何对校车的攻击将定为联邦罪行，要判20年至终身监禁。在多种特权的共同保护之下，美国校车自然成为最安全的交通工具之一。

3. 多维度、高层次的驾驶员筛选标准

在美国的校车运营中，驾驶员充当着极其重要的角色，不仅直接负责校车运行的安全，还在教育学生遵纪守法，增强社会责任感，提高安全意识等方面承担着表率作用。由于校车驾驶员在外代表着学校的形象，是公众了解学校的一个窗口，因而联邦和各州政府都特别重视校车驾驶员的选用。在立法上对驾驶员的任职资格和条件、工作内容及程序都做了详细规定，包括需要达到的最低年龄，持有的驾驶证类型，需要通过的专业培训及体检、药物与酒精检测，犯罪和违章记录调查等；在选用程序上规定，校车驾驶员的选用需要经过当地教育部门、交通或其他主管部门的考核、审批。任职后，对驾驶员从个人生活习惯的一般要求到校车的日常检查、卫生清洁、营运和乘员管理、行车安全甚至对学生的上下车安全、紧急事件处理均有明确的规定。值得一提的是，美国校车驾驶员大多为女性，原因是女性比男性更细心。

4. 权责分明与公私共济的管理模式

在美国，国家、州及当地政府共同管理着校车服务。由于校车涉及学生的交通安全，因此也是为数不多要求国家进行规范和介入的行业。美国的校车实行"官方立法，民间自治"的管理模式。联邦政府负责发布规范及校车各方面的底线，更为日常的管理控制则来自州政府层面，而民间又以各种协会、联合会的形式组织自治及开展与校车有关的志愿活动。联邦政府通过联邦机动车安全标准控制校车的生产制造，以确保其能够达到安全标准。而校车一旦上路行驶，则由州的法律、规范来管理。在美国校车管理机构中，各个机构的职责都有明确规定，如作为全美国管理机动车机构的国家公路交通安全管理局，为确保校车安全，负责60多项联邦机动车安全标准的实施与修订，其中包括多项专门适用于校车的标准。在运营方面，美国校车采取的是商业经营模式。由政府规定路线，招标拍卖经营权，学校负责监督和制定规则。在美国，校车所需的费用是由财政支出的，各级政府财政对校车产业给予一定的财政补贴，学生免费乘坐校车。

5. 多主体与全方位的安全教育宣传

美国校车教育包括社会、学校和学生三方面。由于悠久的校车发展历史和浓厚的汽车文化氛围，美国人都已形成一种意识：见到校车则让其领先。各个学校每年定期举办如何乘坐校车，如何防止交通事故的培训课程，通过观看录像，课堂讲解，实际演练等不同环节使相关知识深入人心。美国还有专门的校车驾驶、校车章程、校车事故鉴定培训学校，学校每年定期举办各种培训班，召开各种研讨会，进行和校车有关的各种安全宣传活动。民间甚至成立全美校车协会，开设专门网站进行各种宣传、展示、推介等活动。

6.4.3 校车结构及特点

1. 美国校车结构及特点

美国的校车都为单层设计,因载人数量的不同被分为 A、B、C、D 共 4 个系列(型号),都由专门的汽车公司设计制造,可以搭载的学生从 16 人到 90 人不等。最小的 A 型校车载客 16~36 人,B 型校车载客 30~36 人,C 型校车载客 36~78 人,D 型校车载客 54~90 人。目前美国最常见最普遍的校车是 C 型校车,就是通常所说的"长鼻子校车"。

美国校车的车身结构特点:一是采用接近于中重型卡车的非承载式车身结构,也就是大梁式设计,以提高抵御事故强烈撞击的能力;二是发动机通常采用前置布置形式,这种结构形式有利于为前部撞击时提供溃缩缓冲区(尤其是典型的美式长头校车更具有明显优势),三是高大的车身确保侧翻时乘员的生存空间,同时两侧车窗采用救援小窗(图 6.21)设计,上部还设计了逃生和通风的小窗,便于紧急情况下的救援。

美国的校车除了上车门之外,在其尾部至少留一个车门用于危急情形下乘客的疏散,这个门常被称作"安全门"(如图 6.22 所示,也称"安全逃生门")。当然,车型不同,紧急出口的个数可能存在差异。通常而言,其他的"安全门"会安装在校车顶棚、车窗、车体一侧等位置。当出现紧急情况时,拉动紧急启动门闩,所有的紧急出口都会自动打开。FMVSS 第 217 条要求校车的所有紧急出口处都设置回射标记(可以是黄色、白色或红色),从而为救援人员在黑夜中迅速发现待救人员提供极大便利。

图 6.21 校车车窗的救援小窗结构

图 6.22 美国校车尾部的"安全门"结构

此外,美国校车还采用了多种安全设计,如在车身四面都安装有大尺寸的警示灯,右侧装有警示停车牌,当校车停靠路面上下学生时警示牌打开;尾部设计有宽大的紧急出口等。如今的美国校车均装配了车内摄像头,以监控驾驶员的操作过程是否存在违规之处。

2. 我国校车结构及特点

与美国校车相比,我国校车虽然有了国家标准,但国内校车和普通客车的车架设计、制造并没有太大区别，车架并未得到特别有效加强，在这些车型基础上开发出的校车在安全上还难以和美国校车抗衡。目前，国内校车也采用发动机前置和高车身、多个小车窗的设计，并设计了警示灯和警示牌，但是车架并未得到特别强化。虽然与以前相比有了长足的进步，但需要改进与提高的方面仍然不少。

6.1 试述儿童乘车过程中使用儿童专用安全装置的重要性和必要性。简述儿童约束系统的主要结构、保护原理及主要特点。

6.2 儿童安全座椅在汽车上共有几种固定方式？这几种固定方式之间的内在联系与区别是什么？

6.3 儿童安全座椅有哪些分类方法？儿童座椅前向安置和后向安置有何不同要求？

6.4 简述正确选择使用儿童安全座椅的基本原则及儿童乘车安全的保障条件。

6.5 美国校车运行及管理制度有何特点？与普通客车相比，校车结构具有哪些特殊要求？

第 7 章
新能源汽车及其安全

 本章教学要点

知识要点	掌握程度	相关知识
新能源汽车概述	了解新能源汽车的概念，掌握新能源汽车的主要类型、结构特点、主要优缺点	发展新能源汽车的重要性及必要性；新能源汽车与内燃机汽车之间的关系
电动汽车安全法规	了解我国电动汽车技术标准体系，掌握电动汽车技术标准与内燃机汽车安全法规之间的主要差别	电动汽车技术标准与内燃机汽车安全性之间的内在关系
电动汽车安全	掌握电动汽车的组成、主要结构、功用及存在的主要安全隐患	与内燃机汽车安全性相比，电动汽车安全的特殊性

> **导入案例**

特斯拉汽车公司与特斯拉 Model S

特斯拉汽车公司(Tesla Motors)成立于2003年，是一家生产和销售电动汽车及零件的公司，总部设在美国加州的硅谷地带。特斯拉由斯坦福大学的硕士辍学生 Elon Musk 与硕士毕业生 J. B. Straubel 于2003年创立，专门生产纯电动车而不是混合动力车。特斯拉得名于美国物理学家及电力工程师尼古拉·特斯拉的塞尔维亚姓。

特斯拉汽车集独特的造型、高效的加速、良好的操控性能与先进的技术为一身，从而使其成为公路上最快且最为节省燃料的汽车。特斯拉汽车公司生产的几大车型包含特斯拉 Roadster，特斯拉 Model S，特斯拉 Model X。特斯拉汽车公司是世界上第一个采用锂离子电池的电动车公司，其推出的首部电动车为 Roadster。特斯拉 Model S 是一款由特斯拉汽车公司制造的全尺寸高性能电动轿车，如图7.1所示。

图 7.1　高性能电动轿车特斯拉 Model S 的外形

在特斯拉汽车公司中，特斯拉 Model S 拥有独一无二的底盘、车身、发动机及能量储备系统。该车将目前电动汽车最前沿的多项技术进行了实际应用，如集成多功能的大尺寸液晶显示屏、多样化的电池选择、支持太阳能充电、最大480km的巡航里程等。特斯拉 Model S 动感的车身线条使人过目难忘，其镀铬门把手在触摸之后可以自动弹出，充满科技感的设计从拉开车门时便开始体现。特斯拉 Model S 在2011年年中正式进入量产阶段，于2012年6月开始交付客户，截至2013年9月，仅在美国市场已销售出超过15000台。

特斯拉汽车公司表示，将与谷歌合作，将其无人驾驶技术应用到特斯拉旗下车型中，届时，特斯拉将开创一种全新的电动车驾驶方式。

▶ 资料来源: http://baike.baidu.com/link?url=zlI1vSDQJGrn1DLFFGFmtlBNaN6wFkVhXL054xnx-gLjqRxb47KVT7i2n9be_HeHuGzb3nQKdsMTvXku5Mh-_q.

7.1　新能源汽车概述

7.1.1　新能源汽车的定义及发展概况

1. 新能源和新能源汽车的概念

新能源(New Energy，NE)一般是指在新技术基础上加以开发利用的可再生能源，包括太阳能、生物质能、水能、风能、地热能、波浪能、洋流能和潮汐能，以及海洋表面与深层之间的热循环等，此外，还有氢能、沼气、酒精、甲醇等；而现在已获得广泛利用的煤炭、石油、天然气等能源则称为常规能源。新能源，也称非常规能源，简言之，新能源广义上是指传统能源之外的各种能源形式；狭义上是指在新技术基础上可系统开发利用和研究推广的可再生能源。

1980年联合国召开的"联合国新能源和可再生能源会议"对新能源的定义为以新技术和新材料为基础，使传统的可再生能源得到现代化的开发和利用，用取之不尽、周而复始的可再生能源取代资源有限、对环境有污染的化石能源。其中，重点是太阳能、风能、生物质能、潮汐能、地热能、氢能和核能。

随着煤炭、石油等常规能源数量的不断减少及使用过程中导致的环境问题日益突出，以环保和可再生为特质的新能源越来越得到各国的重视。在道路交通运输方面，面对日益严峻的环境污染和石油短缺问题，近些年来，新能源汽车受到高度关注。

新能源汽车，是相对于燃用汽油和柴油的传统内燃机汽车而言的，通常是指除采用汽油和柴油作为动力来源或虽使用汽油和柴油但采用新型车载动力装置之外的其他能源的汽车。目前，新能源汽车类型通常包括混合动力汽车（油气混合、油电混合）、纯电动汽车、燃料电池电动汽车（氢能源动力）、太阳能汽车、燃气汽车（液化天然气、压缩天然气、液化石油气）、生物燃料汽车等。表7-1为新能源汽车一览表。

表7-1 新能源汽车一览表

类型	技术	能量/燃料来源	特点
电动汽车	混合动力电动汽车（HEV）	石油/电力	自备充电功能、技术相对较成熟
	纯电动汽车（BEV）	电力	以车载电源为动力，技术趋于成熟
	燃料电池电动汽车（FCEV）	氢/电力	以电池产生的电能为动力，技术要求高，不成熟，使用成本高
	太阳能汽车	太阳能	零排放，环保性好，技术不成熟
燃气汽车	石油液化气（LPG）	石油	已经成熟推广使用
	液化天然气（LNG）	天然气	
	压缩天然气（CNG）	天然气	
生物燃料	生物乙醇	粮食/非粮食农作物	正在推广使用
	生物柴油	动植物油脂	
煤制醇醚燃料	煤制甲醇	煤炭	非化石类燃料，前者正在推广，后者技术待完善
	煤制二甲醚	煤炭	

石油短缺、环境污染、气候变暖是全球汽车产业面对的共同挑战，各国政府及产业界纷纷提出各自发展战略，积极应对，使得新能源汽车成为21世纪汽车工业的发展热点。虽然新能源汽车技术近些年发展较快，但对新能源汽车尚无统一定义。

在我国，按照国家发展和改革委员会2007年的公告定义，新能源汽车是指采用非常规的车用燃料作为动力来源（或使用常规的车用燃料、采用新型车载动力装置），综合车辆的动力控制和驱动方面的先进技术，形成的技术原理先进、具有新技术、新结构的汽车。

其非常规的车用燃料是指除汽油、柴油、天然气(NG)、液化石油气(LPG)、乙醇汽油(EG)、甲醇、二甲醚之外的燃料。

在日本,新能源汽车被称为"低公害汽车"。2001年,日本国土交通省、环境省和经济产业省制定了"低公害车开发普及行动计划"。该计划所指的低公害车包括5类,即以天然气为燃料的汽车、混合动力汽车、电动汽车、以甲醇为燃料的汽车、排污和燃效限制标准最严格的清洁汽油汽车。

在美国,通常将新能源汽车称作"代用燃料汽车"。

新能源汽车的重要特点是较好地满足了汽车低排放、低油耗要求。虽然迄今为止,传统的汽油、柴油内燃机汽车仍是主体,但进入21世纪以来,在新能源汽车产业中,以混合动力为代表的电动汽车技术发展很快,1997年,全球第一款批量生产的混合动力汽车丰田普锐斯首发,到2014年底,全球新能源汽车保有量达百万辆以上。新能源汽车产业发展趋势如图7.2所示。

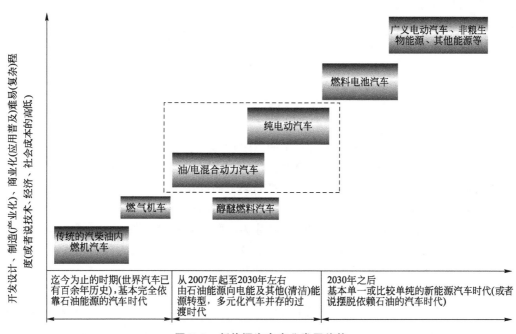

图7.2 新能源汽车产业发展趋势

图7.2表明,在新能源汽车产业发展趋势中,目前油电混合动力汽车和纯电动汽车成为发展的主角。为什么在新能源汽车群体中混合动力汽车和纯电动汽车能脱颖而出,获得快速发展呢?究其原因,主要是因为混合动力电动汽车和纯电动汽车现阶段在"低排放、低油耗、高性价比"的综合目标要求下,既比较好地解决了环保与节能的问题,同时也较好地解决了使用成本、可行性及方便性等相关问题,因而逐渐成为世界各大汽车生产企业开发的热点,其市场前景也越来越被看好。因为这两种汽车在环保和节能方面的较高可行性,已成为新能源汽车的主流。

7.1.2 新能源汽车的主要类型及特点

在新能源汽车群体中,发展前景比较好的类型是混合动力电动汽车、纯电动汽车(包括太阳能汽车)、燃料电池电动汽车、氢能汽车等。

1. 混合动力电动汽车

混合动力电动汽车(Hybrid Electric Vehicle,HEV)也称复合动力电动汽车,广义上是指拥有至少两种动力源,使用其中一种或多种动力源提供部分或者全部动力的车辆,一般常指那些采用传统燃料又同时配以电动机、发动机改善低速动力输出和燃油消耗的车型。

实际中,混合动力电动汽车多半采用传统的内燃机和电动机作为动力源。按照燃料种类的不同,又进一步可分为汽油混合动力和柴油混合动力电动汽车两种。国内市场上,混合动力车辆的主流都是汽油混合动力,而国际市场上柴油混合动力车型发展也很快。

混合动力电动汽车的优点主要为:①可按平均需用的功率确定内燃机的最大功率(需要大功率但内燃机功率不足时电池补充;小负荷时富余的功率可发电给电池充电),使行驶过程中油耗相对较低、污染减少;②因为有了电池,可以十分方便地回收汽车制动、下坡、怠速时的能量;③在繁华市区,可关停内燃机,由电池单独驱动,实现"零排放";④可让电池保持在良好的工作状态,不发生过充电、过放电,延长其使用寿命,降低成本。但其最明显的缺点是长距离高速行驶基本不能省油。因配有两套动力导致结构复杂,价格较高。

混合动力电动汽车按照不同的定义有多种不同分类方式,其中有一种为按照内燃机和电动机动力的混合度进行分类。目前国内普遍采用的混合动力系统按混合度分类标准可分为:

微混合型:电动机峰值功率和发动机的额定功率比小于等于5%;

轻度混合型:电动机峰值功率和发动机的额定功率比为5%~15%;

中度混合型:电动机峰值功率和发动机的额定功率比为15%~40%;

重度混合型:电动机峰值功率和发动机的额定功率比大于40%。

另一种是按照动力系统的连接方式,可分为串联、并联和混联3种形式。其中在串联形式中,发动机并不直接提供动力,也不能单独驱动车轮,而仅仅用作带动发电机为电池充电,提供电动机运行的电能,这种形式通常被称为增程式。

混合动力电动汽车的关键是混合动力系统,其性能直接关系到整车性能。混合动力系统总成经过十多年的发展,已从原来的发动机、电动机离散结构发展为发动机、电动机、变速器一体化结构,形成集成化混合动力总成系统。混合动力电动汽车根据混合动力系统总成结构形式的不同形成串联式、并联式和混联式三种结构形式,具体如下。

1) 串联式混合动力汽车(SHEV)

串联式动力总成由发动机、发电机和电动机三部分组成(图7.3),它们之间用串联方式组成动力单元系统,这种结构形式是混合动力电动汽车中最简单的一种形式。工作时,发动机首先驱动发电机发电,电能通过逆变器(或动力控制单元)输送到电动机,由电动机通过变速机构驱动汽车行驶。此结构中,蓄电池(也可以是其他储能装置,如超级电容、机械飞轮等)是发电机和电动机之间的储能装置,起着功率平衡的作用。当发电机发出的功率大于电动机所需的功率(如汽车低速行驶、减速滑行或短时停车等工况)时,发电机除了向电动机提供电能外,同时向蓄电池充电;而当发电机发出的功率低于电动机所需的功率(如汽车起步、加速、爬坡、高速行驶等工况)时,蓄电池则也同时向电动机提供额外的电能,以补充发电机功率的不足,满足车辆大负荷功率需求。

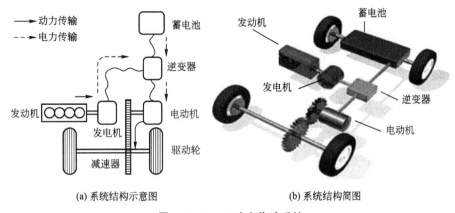

图 7.3 SHEV 动力传动系统

串联式结构动力系统中由于发动机与汽车驱动轮之间无机械连接，具有独立于汽车行驶工况对发动机进行控制的优点，适合于城市客车（如公交）运行过程中起步频繁和低速运行工况，可以使发动机在高效区或低排放区附近稳定运转。其优点一是通过调整蓄电池和电动机的输出达到改变车辆行驶速度的目的，能使发动机有效避免怠速和低速运转工况，从而提高发动机的工作效率，减少废气排放；二是因发动机与电动机之间无机械连接，整车结构布置较灵活；三是制动能量回收潜力大，可提高能量效率。缺点一是能量在逐级转换过程中损失较大，机械效率较低；二是要求电动机的功率足够大，导致电动机和蓄电池的体积、质量大。这种结构形式适合在大型客车上使用，轿车上很少使用。

增程式混合动力车型从结构上讲属于串联式混合动力车型。其工作特点是，当电池组电量充足时采用纯电动模式行驶，而当电量不足时，车内的发动机起动，带动发电机为电池充电，提供电动机运行的电力。由于仅为发电运行的发动机可以长期运转在较为经济的工况下，因此相比于传统燃料车型，增程式混合动力车型在增程状态下依然具有低燃油消耗方面的优势，同时具有电动车运行平顺的优点。目前最典型的增程式混合动力车型有雪佛兰沃蓝达 Volt，宝马 i3 增程版等。增程式混合动力车型采用插电式［(plug-in)，顾名思义，就是可以通过介入外部电源对动力电池组进行充电］和发动机带动发电机发电两种方式对电池组进行充电。

2) 并联式混合动力汽车（PHEV）

并联式混合动力系统的动力总成由发动机、电动机/发电机组成（图 7.4）。其突出特点是有两套独立驱动系统，即传统的发动机驱动系统和电动机驱动系统，两个系统通过相应的分离、变速机构既可以同时协调工作驱动汽车行驶，又可以各自单独工作驱动汽车行驶。目前，并联式混合动力系统多用于微混与轻混车型，电动机更多地用于车辆起步和加速时动力的辅助来源。

实际中，当汽车在加速、爬坡等工况需要较大功率时，发动机和电动机同时向传动机构提供动力，以满足大负荷对动力性的要求；当汽车车速达到巡航速度时，仅由发动机提供动力维持该车速。在并联式混合动力系统中，电动机的特性比较特殊，既可以作电动机工作，又可以作发电机工作，因此也称为电动-发电机组。由于结构中没有设置单独的发电机，因此发动机可以直接通过传动机构驱动汽车行驶。

典型的并联式混合动力系统中，发动机以常规模式工作，但只提供部分驱动行驶所需

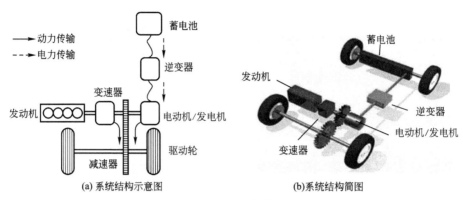

图 7.4　PHEV 动力传动系统

的功率；当发动机单独驱动汽车行驶时，其驱动系统及机械效率损耗和传统内燃机汽车工作模式完全一样。这种形式结构简单，成本低，适用于不同的行驶工况，尤其适用于复杂的路况，获得了比较广泛的应用，其代表车型有本田 CR-Z、别克君越 eAssist。

并联式结构由于电动机的数量和种类、传动系统的类型、部件（如离合器）的数量及位置关系（如电动机和离合器的位置关系）的差别，具有明显的多样性，按结构上差异可进一步划分为单轴式和双轴式并联混合动力系统。

3) 混联式混合动力汽车（CHEV）

混联式混合动力汽车同时具有串联式和并联式驱动方式的特点，也称串并联式，该结构形式可最大限度地发挥串联式与并联式的优点。与串联式相比，增加了机械动力的传递路线；与并联式相比，增加了电能的传输路线。因可以设计成双轴驱动形式，车辆前后轮可以分别与独立的驱动系统相连，使得传动系统总质量可以明显减轻（省去了传动轴）。动力系统包括发动机、发电机和电动机等，如图 7.5 所示。

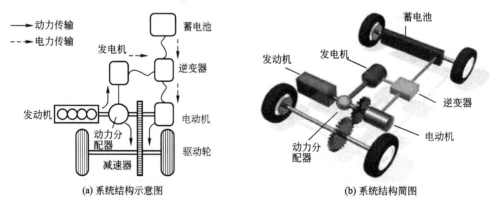

图 7.5　CHEV 动力传动系统

工作时，利用功率分配器分配发动机的动力：一部分用于直接驱动车轮，另一部分输送至发电机发电。混联式驱动系统的控制策略是：在汽车低速行驶时，驱动系统主要以串联模式工作；当汽车高速稳定行驶时，则以并联工作模式为主。

混联式混合动力系统的特点在于发动机系统和电动机驱动系统各有一套机械变速机构，两套机构或通过齿轮系或采用行星轮式结构结合在一起，以调节发动机与电动机之间的转速关系。根据助力装置的不同,可以设计成以发动机为主的动力源和以电动机为主的动力源两种形式。在以发动机为主的形式中,发动机为主要动力源,电动机为辅助动力源;在以电动机为主的形式中,电动机为主要动力源,发动机为辅助动力源。

该系统既可以在串联混合模式下工作,也可以在并联混合模式下工作。其优点是控制方便,缺点是结构比较复杂,成本高。虽然混联式系统结构相对复杂,但因动力性能和燃油经济性都相当出色,使应用车型不断增多。其代表车型有丰田普锐斯、丰田凯美瑞尊瑞、雷克萨斯 CT200h、比亚迪 F3DM 等。

2. 纯电动汽车

纯电动汽车(Battery Electric Vehicles,BEV),是指以电池为储能单元,以电动机为驱动系统的汽车,其动力传动系统如图 7.6 所示。电动机的驱动电能来源于车载可充电蓄电池或其他能量储存装置。车上的蓄电池外接电源充电。大部分车辆直接采用电动机驱动,有一部分车辆把电动机装在发动机舱内,也有一部分直接以车轮作为四台电动机的转子。典型车型有特斯拉 Model S、比亚迪 E6、荣威 E50、江淮 iEV、宝马 i3 纯电动版。

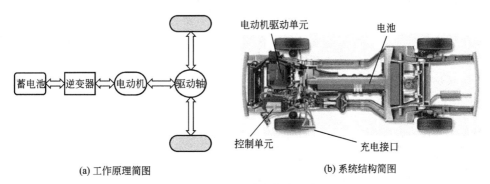

图 7.6 BEV 动力传动系统

纯电动汽车的工作原理:蓄电池通过逆变器(电池变换器)向电动机供电,电能在电动机中转化为机械能并传给传动系统,最后传给驱动车轮,使驱动车轮转动,并通过与地面间的相互作用产生使汽车行驶的驱动力。

电动汽车的难点在于电力储存技术,而作为电力储存的载体——电池是电动汽车发展的关键部件之一,目前,汽车动力电池难在"高容量、低成本、高安全"等要求上。另外,电动汽车因可以充分利用晚间用电低谷时富余的电力充电,提高发电设备利用效率及电厂经济效益,使得电动汽车的研究和应用成为汽车工业的一个"热点"。

纯电动汽车因省去了传统内燃机汽车中的油箱、发动机、变速器、冷却系统和排气系统,相比内燃机汽车动力系统,电动机和控制器的成本降低,能量转换效率提高。纯电动汽车的主要优势与劣势见表 7-2。

表 7-2 纯电动汽车的主要优势与劣势

优势	技术相对简单成熟,只要有电力供应的地方就能够充电
	车辆本身不排放污染大气的有害气体
	能量来源(发电厂)集中,便于治理
	使用成本低、百公里耗电量 15 度(1 度=1 千瓦时)以内

(续)

劣势	续驶里程短，只适合100km内使用
	服务市场不成熟，维修保养费用高
	锂离子电池价格高，占整车成本1/3~1/2，更换成本高
	整车价格偏高
	快速充电对电池伤害较大，慢充电时间长(6~10h)
	动力电池、高压线路存在安全隐患

有专家认为，对于纯电动汽车而言，目前最大的障碍就是基础设施建设及价格影响了产业化的进程，与混合动力电动汽车相比，纯电动汽车更需要基础设施的配套，这需要各企业联合起来与政府部门一起建设，才会有大规模推广的机会。

2014年7月21日，中国国务院公布《关于加快新能源汽车推广应用的指导意见》，对加快新能源汽车推广应用提出6个方面25条具体政策措施。明确"要以纯电驱动为新能源汽车发展的主要战略取向，重点发展纯电动汽车、插电式混合动力汽车和燃料电池汽车，以市场主导和政府扶持相结合，建立长期稳定的新能源汽车发展政策体系，创造良好发展环境，加快培育市场，促进新能源汽车产业健康发展。"这将对我国新能源汽车应用推广产生深远影响。

3. 燃料电池电动汽车

燃料电池电动汽车(Fuel Cell Electric Vehicle，FCEV)，是指以氢气、甲醇、天然气等为燃料，在电池装置中通过电极反应产生电能，依靠电机驱动的汽车。目前，燃料电池汽车具有多种结构形式，按驱动形式可分为纯燃料电池驱动和混合驱动两种形式；按能量来源可分为车载纯氢和燃料重整两种方式；按"多电源"的配置不同，可分为以下4种形式：

① 纯燃料电池驱动(PFC)的FCEV。
② 燃料电池与辅助蓄电池联合驱动(FC+B)的FCEV。
③ 燃料电池与超级电容联合驱动(FC+C)的FCEV。
④ 燃料电池与辅助蓄电池和超级电容联合驱动(FC+B+C)的FCEV。

由于燃料电池电动汽车仍处于研究的初级阶段，所以各种技术竞相试用并各有优缺点。图7.7为燃料电池电动汽车系统典型结构简图。

燃料电池电动汽车的工作原理：来自于储氢罐作为燃料的氢(也可以从甲醇、天然气、汽油中间接提取)在汽车搭载的燃料电池中，与来自于空气压缩机中的氧发生化学反应产生电能，经控制装置驱动电动机转动，进而驱动车轮转动使汽车行驶。

燃料电池电动汽车的核心部件——燃料电池有别于普通其他电池，燃料电池实际上是一个发电机，是将燃料与氧化剂的化学能在电池装置中通过电极反应(而不是燃烧)转化为电能输出。燃料电池不需要充电，只要外部不断地供给燃料和氧化剂，就能连续稳定地发电。

燃料电池电动汽车在车身、动力传动系统、控制系统等方面和普通电动汽车基本相同，其主要区别在于动力电池的工作原理不同：燃料电池是将燃料与氧化剂通过化学反应

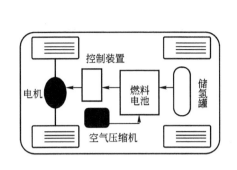 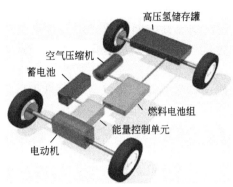

(a) 工作原理简图　　　　　　　　(b) 系统结构简图

图 7.7　燃料电池电动汽车系统典型结构图

释放出的能量变为电能输出，但需要连续地供给反应物质——燃料和氧化剂；而普通电动汽车的蓄电池是靠其内部的物质发生化学反应产生电能，不需要连续地向其供给反应物质，可以充电。

和内燃机相比，燃料电池的能量转换效率要高出 2～3 倍，就能源的利用和环境保护而言，燃料电池电动汽车零排放或近似零排放，是一种理想的车辆。与传统汽车相比，燃料电池电动汽车的优缺点见表 7-3。

表 7-3　燃料电池电动汽车的优缺点

优点	①零排放或近似零排放；②能量转换效率高；③过载能力强；④运行平稳、无噪声；⑤设计方便灵活
缺点	①制造成本和使用成本过高(仅燃料电池系统成本就相当于一辆纯电动汽车成本)；②辅助设备复杂，且质量、体积较大；③对燃料电池系统的动态性能和可靠性要求高；④氢气存储运输不便

4. 氢能汽车

氢能汽车是一种以氢作为主要能源移动的汽车，如图 7.8 所示。一般的内燃机，通常以汽油或柴油作为燃料，而氢能汽车则改为使用气体氢。氢能汽车按氢产生动力方式的不同可分为氢燃料汽车和氢燃料电池汽车。

美国、日本、德国等许多汽车公司的试验结果表明，以氢气代替汽油作汽车发动机的燃料，技术是可行的，目前主要是廉价氢的来源问题。氢是一种高效燃料，每千克氢燃烧所产生的能量为 33.6kW·h，而且火焰传播速度快，点火能量低(容易点着)，所以氢能汽车比汽油汽车总的燃料利用效率高 20%。氢燃烧的主要生成物是水，只有极少量的氮氧化物，没有汽油燃烧时产生的一氧化碳、二氧化碳和二氧化硫等污染环境的有

图 7.8　氢能汽车

害成分。因此,氢能汽车是最清洁的理想交通工具。

氢能汽车目前有两种形式,一种是全烧氢汽车,另一种为氢气与汽油混烧的掺氢汽车。掺氢汽车的发动机只要稍加改变或不改变,即可提高燃料利用率和减轻尾气污染。使用掺氢5%左右的汽车,平均热效率可提高15%,节约汽油30%左右。因此,近期多使用掺氢汽车,待氢气能大量供应后再推广全燃氢汽车。德国奔驰汽车公司已陆续推出各种燃氢汽车,其中有面包车、公共汽车、邮政车和小轿车。以燃氢面包车为例,使用200kg钛铁合金氢化物为燃料箱,代替65L汽油箱,可连续行车130km左右。

掺氢汽车的特点是汽油和氢气的混合燃料可以在稀薄的贫油区工作,能改善整个发动机的燃烧状况。目前,我国城市交通拥堵情况较严重,汽车发动机多处于部分负荷工况下运行,采用掺氢汽车尤为有利。特别是有些工业余氢(如合成氨生产)未能回收利用,若能回收起来作为掺氢燃料,其经济效益和环境效益都是十分可观的。

氢能作为一种清洁、高效、可再生的能源,被视为21世纪最具发展潜力的理想能源,虽在目前科技条件下许多关键技术尚未成熟,同时成本也很高,短期内很难实现产业化,但开发氢能还是引起了世界各国的高度重视。可以相信,随着氢制取技术和使用技术的不断成熟,氢离人们的生活会越来越近,与此同时,传统的以碳为基础的能源经济形态将逐步向以氢为基础的能源经济形态转变,以氢为能源的氢能汽车对于传统汽车工业将具有革命性意义。

目前,在各种新能源汽车的技术路线中,以混合动力、纯电动汽车和燃料电池汽车为代表的电动汽车被普遍认为是未来一定时期内汽车能源动力系统转型发展的主要方向,已经成为世界汽车强国和主要汽车制造商的发展重点,表7-4为部分主要汽车制造商发展电动汽车的技术路线。

表7-4 部分主要汽车制造商发展电动汽车的技术路线

汽车制造商	发展电动汽车的技术路线		
奔驰	蓝色效能(Blue Efficiency)	混合动力	电力驱动
宝马	纯电动	插电混合	燃料电池
大众	插电混合		
日产	纯电动		
通用	增程式	纯电动	
福特	纯电动	插电混合	混合动力
丰田	混合动力(2015年前)	燃料电池(2015年后)	
本田	混合动力	燃料电池	
雷诺	纯电动		
现代起亚	混合动力	燃料电池	纯电动

我国在新能源技术路线方面,国务院发布的《节能与新能源汽车产业发展规划(2012—2020年)》明确指出,我国新能源汽车产业发展将以纯电驱动为新能源汽车发展和汽车工业转型的主要战略取向,重点推进纯电动汽车和插电式混合动力汽车产业化。国

内知名电动汽车生产企业——比亚迪股份有限公司在推进纯电动汽车和插电式混合动力汽车产业化方面进行了不懈的努力,其自主研发的 DM 二代(在纯电动和混合动力两种模式间进行切换)的高性能三厢轿车比亚迪·秦如图 7.9 所示。

图 7.9 比亚迪·秦高性能三厢电动轿车

7.2 电动汽车安全法规

电动汽车是指以车载电源为动力,用电机驱动车轮行驶,符合道路交通安全法规各项要求的车辆,一般是混合动力电动汽车、纯电动汽车、燃料电池电动汽车的总称。但不包括无轨电车及在车站、码头或厂区内使用的电动叉车和普通的电瓶车。

虽然电动汽车在外形上和传统内燃机汽车(传统内燃机汽车通常是指以汽油或柴油发动机为动力驱动车轮行驶的车辆)完全相同,但在动力构成及与之相关联的动力传动系统结构、动力调节方式等方面存在重大差异。对于电动汽车而言,电源系统及电力驱动系统既是核心,也是区别于内燃机汽车的最大不同点。

在以纯电动汽车、插电式混合动力汽车为代表的新能源汽车成为未来中国汽车产业的重要战略方向的大背景下,就我国电动汽车安全性而言,应着重抓好以下工作:

(1) 从我国国情出发,在充分吸收汽车发达国家在电动汽车设计、制造、使用、维护、管理等方面经验和教训的基础上,尽快完善我国电动汽车法规体系,提高行业标准水平和监管水平。

(2) 必须保证包括汽车碰撞标准在内的现有行业标准与时俱进,并充分实验,以切实提高产品质量。

(3) 参考国际或其他国家的标准和法规,细化试验前车辆状态要求,对车辆碰撞后的安全性要求提出更详细的、可操作的条款,合理预防爆炸、起火等事故的发生,确保其安全性能。

7.2.1 概述

我国国家标准化管理委员会是统一管理全国标准化工作的主管机构。国家标准化管理委员会的英文名称是 Standardization Administration of the People's Republic of China(简称 SAC)。中国是 ISO(International Standards Organization,国际标准化组织)的正式成员,代表中国的组织为中国国家标准化管理委员会。

目前,我国标准归口为全国标准化管理委员会,由其统一协调管理。我国国家标准分为强制性标准和推荐性标准两类。凡是保障人体健康、人身、财产安全的标准和法律及行政法规规定强制执行的标准是强制性标准,其他标准是推荐性标准。我国标准分为国家标准、行业标准、地方标准和企业标准四级。

我国国家标准的制定程序划分为9个阶段:预阶段、立项阶段、起草阶段、征求意见阶段、审查阶段、批准阶段、出版阶段、复审阶段、废止阶段。对下列情况,制定国家标准可以采用快速程序。

(1)对等同采用、等效采用国际标准或国外先进标准的标准制、修订项目,可直接由立项阶段进入征求意见阶段,省略起草阶段。

(2)对现有国家标准的修订项目或中国其他各级标准的转化项目,可直接由立项阶段进入审查阶段,省略起草阶段和征求意见阶段。

我国的汽车标准分两个系列,一是汽车国家标准(GB),其主管部门是国家标准化管理委员会;二是汽车行业标准(QC),其管理部门是工业和信息化部。

全国汽车标准化管理委员会(SAC/TC114)负责制定和修订汽车国家、行业标准,是汽车标准的归口管理部门。我国的电动汽车标准由全国汽车标准化技术委员会(简称"汽标委")下属的电动汽车分技术委员会(SAC/TC114/SC27)负责,电动汽车分技术委员会(简称"分委会")主要负责我国电动汽车、电动摩托车标准的制定工作,即负责全国电动车辆领域标准化工作。

国际上开展电动汽车标准化工作的国际性组织主要是两个:国际标准化组织(ISO)和国际电工委员会(IEC)。两者的标准化工作分工不同:ISO主要从电动汽车的整体考虑,包括性能要求、测量方法、车上的非牵引装备等;IEC则主要考虑电动汽车的电器零部件,包括电力牵引系统、控制和充电装置等。我国电动汽车分技术委员会对口ISO/TC 22/SC 21(国际标准化组织/道路车辆技术委员会/电驱动道路车辆分委会)、IEC/TC 69(国际电工委员会/电驱动道路车辆和电动工业用载货车技术委员会)开展工作,参与国际标准和技术法规的制定。

国内方面,我国电动汽车分技术委员会下设4个工作组,即混合动力汽车工作组、燃料电池汽车工作组、驱动电机工作组和动力电池工作组。我国电车辆技术标准体系如图7.10所示。

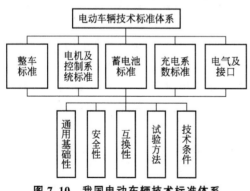

图7.10 我国电动车辆技术标准体系

7.2.2 我国电动汽车国家标准

我国电动汽车标准体系主要包括三大部分:一是整车标准,包括混合动力电动车、纯电动汽车、燃料电池电动汽车和电动摩托车;二是电动汽车部件标准,主要是储能装置——蓄电池、超级电容器、燃料电池,还有电机及控制器;三是基础设施标准,包括能源动力、站车通信及接口、能源补给等。

电动汽车标准的主要领域包括:电动车辆标准研究与制定、电动车辆标准体系研究与制定、电动汽车基础通用标准、纯电动汽车及部件标准、混合动力汽车标准、燃料电池汽车标准、超级电容器汽车及零部件标准、电动摩托车及零部件标准。

我国纯电动汽车标准主要包括四方面的内容：一是基础性标准，涉及一些基本定义、基本功能要求；二是试验方法标准，涉及纯电动汽车各项性能的统一评价方法；三是一些必须的要求，涉及各类纯电动汽车性能、环保、安全方面的基本规定；四是通用性、互换性标准等。制定标准的目的旨在推动我国纯电动汽车产业规模化健康发展。

据统计，截至2019年4月，我国涉及电动汽车及其安全方面的行业标准达89项。需要指出的是，现有的电动汽车标准绝大多数为推荐性标准。表7-5为中国电动汽车标准一览表。

表7-5 中国电动汽车标准一览表

标准目录	标准名称
GB/T 18332.2—2001	电动道路车辆用金属氢化物镍蓄电池
GB/Z 18333.1—2001	电动道路车辆用锂离子蓄电池
GB/T 18487.3—2001	电动车辆传导充电系统 电动车辆交流与直流充电机（站）
GB/T 18385—2005	电动汽车 动力性能 试验方法
GB/T 18388—2005	电动汽车 定型试验规程
GB/T 19750—2005	混合动力电动汽车 定型试验规程
GB/T 19751—2005	混合动力电动汽车安全要求
GB/T 19752—2005	混合动力电动汽车 动力性能 试验方法
GB/T 19836—2005	电动汽车用仪表
GB/T 18332.1—2009	电动道路车辆用铅酸蓄电池
GB/T 24347—2009	电动汽车 DC/DC 变换器
GB/T 24548—2009	燃料电池电动汽车 术语
GB/T 24549—2009	燃料电池汽车 安全要求
GB/T 24552—2009	电动汽车风窗玻璃除霜除雾系统的性能要求及试验办法
GB/T 24554—2009	燃料电池发动机性能试验方法
GB/T 26779—2011	燃料电池电动汽车 加氢口
GB/T 26990—2011	燃料电池电动汽车 车载氢系统 技术条件
GB/T 26991—2011	燃料电池电动汽车 最高车速试验方法
GB/T 28183—2011	客车用燃料电池发电系统测试方法
GB 29303—2012	用于Ⅰ类和电池供电车辆的可开闭保护接地移动式剩余电流装置（SPE-PRCD）

(续)

标准目录	标准名称
GB/T 28382—2012	纯电动乘用车 技术条件
GB/T 28569—2012	电动汽车交流充电桩电能计量
GB/T 29123—2012	示范运行氢燃料电池电动汽车技术规范
GB/T 29124—2012	氢燃料电池电动汽车示范运行配套设施规范
GB/T 29125—2012	压缩天然气汽车燃料消耗量试验方法
GB/T 29126—2012	燃料电池电动汽车 车载氢系统 试验方法
GB/T 29307—2012	电动汽车用驱动电机系统可靠性试验方法
GB/T 29316—2012	电动汽车充换电设施电能质量技术要求
GB/T 29317—2012	电动汽车充换电设施术语
GB/T 29318—2012	电动汽车非车载充电机电能计量
GB/T 19753—2013	轻型混合动力电动汽车能量消耗量试验方法
GB/T 29772—2013	电动汽车电池更换站通用技术要求
GB/T 29781—2013	电动汽车充电站通用要求
GB/T 29838—2013	燃料电池 模块
GB 50966—2014	电动汽车充电站设计规范
GB/T 18333.2—2015	电动汽车用锌空气电池
GB/T 18384.1—2015	电动汽车 安全要求 第1部分：车载可充电储能系统（REESS）
GB/T 18384.2—2015	电动汽车 安全要求 第2部分：操作安全和故障防护
GB/T 18384.3—2015	电动汽车 安全要求 第3部分：人员触电防护
GB/T 18487.1—2015	电动汽车传导充电系统 第1部分：通用要求
GB/T 18488.1—2015	电动汽车用驱动电机系统 第1部分：技术条件
GB/T 18488.2—2015	电动汽车用驱动电机系统 第2部分：试验方法
GB/T 19754—2015	重型混合动力电动汽车能量消耗量试验方法
GB/T 20234.1—2015	电动汽车传导充电用连接装置 第1部分：通用要求
GB/T 20234.2—2015	电动汽车传导充电用连接装置 第2部分：交流充电接口
GB/T 20234.3—2015	电动汽车传导充电用连接装置 第3部分：直流充电接口
GB/T 27930—2015	电动汽车非车载传导式充电机与电池管理系统之间的通信协议
GB/T 31466—2015	电动汽车高压系统电压等级

(续)

标准目录	标准名称
GB/T 31467.1—2015	电动汽车用锂离子动力蓄电池包和系统 第1部分：高功率应用测试规程
GB/T 31467.2—2015	电动汽车用锂离子动力蓄电池包和系统 第2部分：高能量应用测试规程
GB/T 31467.3—2015	电动汽车用锂离子动力蓄电池包和系统 第3部分：安全性要求与测试方法
GB/T 31484—2015	电动汽车用动力蓄电池循环寿命要求及试验方法
GB/T 31485—2015	电动汽车用动力蓄电池安全要求及试验方法
GB/T 31486—2015	电动汽车用动力蓄电池电性能要求及试验方法
GB/T 31498—2015	电动汽车碰撞后安全要求
GB/T 31525—2015	图形标志 电动汽车充换电设施标志
GB 19755—2016	轻型混合动力电动汽车污染物排放控制要求及测量方法
GB/T 32620.1—2016	电动道路车辆用铅酸蓄电池 第1部分：技术条件
GB/T 32620.2—2016	电动道路车辆用铅酸蓄电池 第2部分：产品品种和规格
GB/T 32694—2016	插电式混合动力电动乘用车 技术条件
GB/T 32879—2016	电动汽车更换用电池箱连接器通用技术要求
GB/T 32895—2016	电动汽车快换电池箱通信协议
GB/T 32896—2016	电动汽车动力仓总成通信协议
GB/T 32960.1—2016	电动汽车远程服务与管理系统技术规范 第1部分：总则
GB/T 32960.2—2016	电动汽车远程服务与管理系统技术规范 第2部分：车载终端
GB/T 32960.3—2016	电动汽车远程服务与管理系统技术规范 第3部分：通信协议及数据格式
GB/T 33341—2016	电动汽车快换电池箱架通用技术要求
GB/T 19596—2017	电动汽车术语
GB/T 34658—2017	电动汽车非车载传导式充电机与电池管理系统之间的通信协议一致性测试
GB/T 34598—2017	插电式混合动力电动商用车 技术条件
GB/T 4094.2—2017	电动汽车操纵件、指示器及信号装置的标志
GB/T 18386—2017	电动汽车 能量消耗率和续驶里程 试验方法
GB/T 18387—2017	电动车辆的电磁场发射强度的限值和测量方法
GB/T 18487.2—2017	电动汽车传导充电系统 第2部分：非车载传导供电设备电磁兼容要求
GB/T 19596—2017	电动汽车术语

(续)

标准目录	标准名称
GB 22757.2—2017	轻型汽车能源消耗量标识 第2部分：可外接充电式混合动力电动汽车和纯电动汽车
GB/T 33594—2017	电动汽车充电用电缆
GB/T 34013—2017	电动汽车用动力蓄电池产品规格尺寸
GB/T 34215—2017	电动汽车驱动电机用冷轧无取向电工钢带（片）
GB/T 34425—2017	燃料电池电动汽车 加氢枪
GB/T 34657.1—2017	电动汽车传导充电互操作性测试规范 第1部分：供电设备
GB/T 34657.2—2017	电动汽车传导充电互操作性测试规范 第2部分：车辆
GB/T 34658—2017	电动汽车非车载传导式充电机与电池管理系统之间的通信协议一致性测试
GB/T 35178—2017	燃料电池电动汽车 氢气消耗量 测量方法
GB/T 35179—2017	在用电动汽车安全行驶性能台架检验方法
GB/T 36277—2018	电动汽车车载静止式直流电能表技术条件
GB/T 36278—2018	电动汽车充换电设施接入配电网技术规范
GB/T 36282—2018	电动汽车用驱动电机系统电磁兼容性要求和试验方法
GB/T 36288—2018	燃料电池电动汽车 燃料电池堆安全要求

7.3 电动汽车安全

相对传统内燃机汽车而言，由于电动汽车对环境的影响较小，其前景被广泛看好，但直至目前，总体而言技术尚不成熟。

7.3.1 电动汽车的组成、主要结构及其功用

和传统汽车一样，电动汽车也是由动力装置、底盘、车身和电气设备4部分组成的。电动汽车的车身、电气设备和传统汽车基本相同，其主要区别在动力装置的形式与结构上，而且动力装置因电动汽车的类型不同结构多样，同时因动力装置的不同导致底盘的传动系统结构不同，因电池重量较发动机重量大对车体强度也提出了特别要求。以纯电动汽车为例，其结构通常由电力驱动系统、电源系统和辅助系统3部分组成。其组成结构框图如图7.11所示。

图7.11中，电力驱动系统包括电动机、电子控制器、功率转换器、机械传动装置和车轮等，其功用是将存储在蓄电池中的电能高效地转化为车轮行驶的动能，并能够在汽车减速制动时，将车轮的动能转化为电能充入蓄电池。后一种功能称作再生制动。电源系统包括电源（主动力源）、电池管理系统和充电系统，其功用主要是向电动机提供驱动电能、

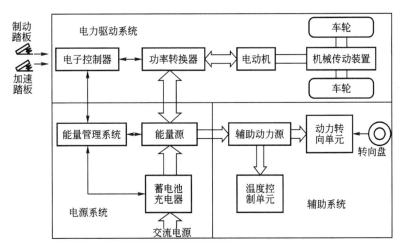

图 7.11 典型电动汽车组成结构框图

监测电源使用情况及控制充电机向蓄电池充电。辅助系统包括辅助动力源、动力转向单元、温度控制单元等,借助这些辅助设备可以提高汽车的操纵性及乘员的舒适性。

与传统内燃机汽车相比,电动汽车的各部分在车上的布置形式多样,这是因为在电动汽车上能量是通过柔性的电线而不是通过刚性联轴器和转轴传输的,因此,电动汽车中各个系统或各个部件的布置具有很大的灵活性。如一辆电动机前置、前轮驱动的电动汽车,充电机经汽车前端的充电接口向置于汽车尾部的蓄电池充电。汽车行驶时,蓄电池经电子控制器向电动机供电;来自加速踏板的信号输入电子控制器并通过控制器调节电动机输出的转矩或转速;电动机输出的转矩经传动系统驱动车轮。

电动汽车的电力驱动及电源系统既是电动汽车的核心,也是区别于内燃机汽车的最大不同点。关于电动汽车各部分(系统)的功能作用分述如下。

1. 电力驱动系统

电动汽车的电力驱动方式可分为电动机中央驱动和电动轮驱动两种形式。在电动机中央驱动结构中,也有两种布置形式:一种由电动机、固定速比减速器和差速器等构成(图 7.11),在这种驱动系统中,由于没有离合器和变速器,减少了机械传动装置的体积和质量。另一种则和传统内燃机汽车中前轮驱动、横向前置发动机的布置形式相似,将电动机、固定速比减速器和差速器集成一体,两根半轴连接两个驱动车轮,这种布置形式在小型电动汽车上应用较多。

电动轮驱动形式将电动机和固定速比的行星齿轮减速器集成为一体安装在车轮里面,由于取消了传动轴和差速器,使传动系统简化。但该驱动方式需要两个或四个电动机,其控制电路比较复杂,这种驱动方式在重型电动汽车上有较广泛的应用。

1) 电动机

电动汽车的驱动电动机属于特种电动机,是电动汽车的关键部件之一。其作用:一是将电源的电能转化为机械能,通过传动装置直接驱动车轮和工作装置;二是提供发电的功能,即在纯电动汽车中电动机具有提供动力和发电的双重功能。正常行驶时电动机提供动力,当汽车制动或下坡时,电动机发挥发电功能进行能量回收。对于电动机的选型,应以负载特性和汽车行驶特性为依据进行选择,即根据低速恒转矩、高速恒功率的原则进行选择并确定。

目前,电动汽车上广泛采用直流串励电动机,这种电动机具有"软"的机械特性,与汽车的行驶特性非常相符。20世纪90年代以前,电动汽车的驱动电动机主要采用直流电动机,虽然直流电动机具有起动加速时驱动力大、调速控制简单、技术成熟等优点,但因其存在换向火花,比功率较小、效率较低,维护保养工作量大等突出缺点,随着电机技术和电机控制技术的发展,直流电动机正逐步被无刷直流电动机、开关磁阻电动机(SRM)和交流异步电动机所取代。

2)电子控制器

电子控制器的作用是根据驾车要求,提供控制信号,调整电动机的转矩和转速,即根据加速踏板、制动踏板的输入信号,并结合位置检测器、电流检测器所反馈的电动机转子位置信息,向驱动控制器发出相应的控制指令,对电动机进行起动、加速、降速、制动控制。

电子控制器是电动汽车驱动系统的控制单元,由微处理器、数字逻辑电路等元件组成。该控制单元又可分为检测器、接口电路和处理器3个功能单元。检测器通过接口单元将所测量的物理量(如电流、电压、速度、转矩和磁通量)转换为电信号,这些信号被处理成相应的电平后输入处理器,处理器的输出信号被放大,再经接口电路输出驱动功率变换器。

3)功率转换器

电动汽车用功率转换器的作用是进行不同频率的DC-DC转换和DC-AC转换。DC-DC转换器又称直流斩波器,用于直流电动机驱动系统。两象限直流斩波器能把蓄电池的直流电压转换为可变的直流电压,并能将再生制动能量进行反向转换。DC-AC转换器通常称作逆变器,用于交流电动机驱动系统,它将蓄电池的直流电转换为频率和电压均可调的交流电。电动汽车一般只使用电压输入式逆变器,这是因为其结构简单又能进行双向能量转换。

功率转换器的功能是按照电子控制器的指令及电动机的速度、电流反馈信号,对电动机的转速、转矩、旋转方向进行控制,以向电动机提供较高的电压和电流。对于直流电动机主要是通过斩波进行调压调速控制;对于永磁电动机主要是通过PWM进行调压调速控制;对于感应电动机主要是通过DC-AC转换器进行调频调压矢量控制;对于磁阻电动机则通过控制其脉冲频率进行调速控制。

4)机械传动装置

机械传动装置的作用是将电动机的驱动转矩传给汽车的驱动轴,从而使汽车行驶。由于电动机具有的优良调速特性,可使变速机构大大简化,甚至采用固定减速比就可满足行驶要求。当采用电动轮驱动时,传统内燃机汽车传动装置的多数部件可以忽略,原因如下。

(1)电动机可以带负载启动,电动汽车上无需内燃机汽车的离合器。

(2)驱动电动机的旋向可以通过电路控制实现变换,电动汽车无需内燃机汽车变速器中的倒挡。

(3)当采用电动机无级调速控制时,电动汽车可以忽略内燃机汽车的变速器;也可以省略内燃机汽车传动系统的差速器。

2. 电源系统

电源是电动汽车的关键部件之一。作为电动汽车的电源应该具有高比能和高比功率等性能，以满足汽车的动力性和续驶里程的要求。另外，还应具有与汽车使用寿命相当的循环寿命、效率高、成本低、体积小和免维护等特点。

目前用于电动汽车上的电源主要是蓄电池，其次是燃料电池。蓄电池是能量存储装置，通过外界充电实现储能；燃料电池是能量生成装置，通过化学反应产生电能。蓄电池技术成熟，价格合理，而燃料电池则被认为是最有发展前途的电动汽车动力源。

1) 蓄电池

总体而言，蓄电池的作用是为电动汽车的驱动电动机和各种辅助设备及电器提供电能，但随着电动汽车种类的不同作用有所差异。在仅装备蓄电池的纯电动汽车中，蓄电池的作用是驱动系统的唯一动力源；而在同时装备传统发动机（或燃料电池）与蓄电池的混合动力电动汽车中，视需要蓄电池既可是驱动系统的主要动力源，也可是辅助动力源。

电动汽车使用的动力电池按其能量产生机理的不同可分为化学电池、物理电池和生物电池三大类。其中，化学电池和物理电池已经应用于量产的电动汽车中，而生物电池还处于研究过程中，被视为未来电动车电池的重要发展方向之一。

化学电池是目前电动汽车领域应用最为广泛的电池种类，如镍氢电池、锂离子电池、锂聚合物电池、燃料电池等都属于这一范畴。从结构角度方面讲，其可进一步分成蓄电池及燃料电池两大类别，目前所见的绝大多数电动车都采用蓄电池进行驱动，如丰田普锐斯、特斯拉 Model S 等。当然，这里所讲的蓄电池并不是日常所讲的汽车电瓶，而是对可重复充电电池的统称，其中车载电瓶通常使用的铅酸蓄电池仅仅是细分门类的一种。物理电池则是依靠物理变化来提供、储存电能的电池统称，如超级电容、飞轮电池等都属于物理电池的家族成员。

目前，电动汽车上应用最广泛的蓄电池是铅酸蓄电池，但随着电动汽车技术的发展，铅酸蓄电池由于比能量较低、充电速度较慢、寿命较短，逐渐被其他类型蓄电池所取代。正在发展的电源主要有锂电池、钠硫电池、镍镉电池、燃料电池、飞轮电池等，这些新型电源的应用，为电动汽车的发展开辟了广阔的前景。

对于电动汽车而言，因单体电池的输出能量有限，蓄电池在车上安装前需要通过串、并联组合方式获得所需要的电压（一般为 12V 或 24V 的低压电源），而电动机驱动一般要求为高压电源，并且随所采用的电动机类型不同，其要求的电压等级也不同。为满足该要求，可以用多个 12V 或 24V 的蓄电池串联成 96~384V 高压直流电池组，再通过 DC/DC 转换器供给所需的不同电压，图 7.12 所示为日产聆风（LEAF）电动汽车电池组结构图。此外，由于制造工艺及蓄电池电解液浓度和特性的差异，要求对其性能相近的蓄电池进行配组，以保证蓄电池的一致性和使用寿命。

燃料电池，也称"连续电池"，是燃料与氧化剂通过电极反应将其化学能直接转化为电能的装置。不需要充电，只要外部不断地供给燃料和氧化剂，就能连续稳定地发电。电动汽车用燃料电池的燃料为氢和甲醇，氧化剂为空气。燃料电

图 7.12 日产聆风（LEAF）电动汽车电池组结构图

池具有比能量高、使用寿命长、维护工作量少及能连续大功率供电等优点。

根据电解质的不同，燃料电池可分为碱性燃料电池、磷酸燃料电池、质子交换膜燃料电池、熔融碳酸盐燃料电池和固体氧化物燃料电池 5 类。适于电动汽车用的有碱性燃料电池和质子交换膜燃料电池。

2）电池管理系统

电池管理系统（Battery Manager Systems，BMS）由电池荷电状态（SOC）估计和电池热管理两部分组成，通过电池 ECU 实施。其主要功能包括电池运行状态参数实时采集、数据显示、荷电状态估测、热平衡管理、一致性补偿、数据通信、能量管理和故障诊断。通过数据采样、维持不同单体电池间的电压均衡；准确估算电池荷电状态，实现充放电过程的精确控制；对电池使用过程中产生的热量进行管理。旨在保持电压均衡，通过电池荷电状态估算及热管理，提高储能电池的寿命及安全性，保障储能系统的安全可靠运行。

电池管理系统的作用：提高电池工作的可靠性，延长其使用寿命，防止因过充电、过放电导致早期损坏，保障电动汽车动力系统安全可靠工作。图 7.13 为电池管理系统组成框图。

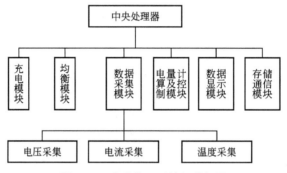

图 7.13　电池管理系统组成框图

电池管理系统主要由中央处理单元、数据采集单元、均衡单元、检测部件（漏电检测、电流传感器、温度传感器等）及控制单元、显示单元、存储通信单元等部分组成。其工作原理是数据采集单元采集电池状态信息数据，交由电子控制单元对采集数据进行处理分析，并对电池能量状态进行评估分析，再根据分析结果对系统内的相关功能模块发出控制指令，并向外界显示（传递）信息。

电池管理系统具有计算、发出指令、执行指令和提出警告的功能。电池管理系统通过对电池箱内电池模块的监控工作使电动汽车的运行、充电等功能与电池的电流、电压、内阻、容量、温度、电解液浓度等工作有关参数紧密相连并协调工作。尤其是在电池模块质量不太理想的条件下，应用功能完备的电池能量管理系统其作用就更加突出。因此，电动汽车电池管理系统的应用备受电动汽车设计者和使用者的重视，如特斯拉 Model S 就采用了电池管理系统，依靠软件对每一节电池进行管理，以解决充、放电的安全问题。目前，各种电池模块的结构和性能虽有一定差异，但其主要功能是相同或相似的。

3）充电控制器

充电控制器的功能是把电网供电制式转化为满足蓄电池充电要求的制式，即把交流电整流为蓄电池需要的直流电，并按要求控制其充电电池，防止过充电，以保护蓄电池。

充电器开始时为恒流充电阶段，当电池电压上升到一定值时进入恒压充电阶段，输出电压维持在相应值,完成恒压充电阶段后,电流逐渐减小;当充电电流减小到一定值时,充电器进入涓流充电阶段。还有的采用脉冲式电流进行快速充电。

3. 辅助系统

辅助系统包括辅助动力源、动力转向单元、驾驶室显示操纵台、辅助装置等。

(1)辅助动力源。其功用是向电动汽车的各种辅助装置如动力转向、制动力调节控制、照明、空调、电动窗门等提供所需的动力电源,一般为12V或24V的直流低压电源。

(2)动力转向单元。其功用是为驾驶人转向时提供辅助动力。目前,轿车上多采用电控动力转向系统(EPS)。

(3)驾驶室显示操纵台。类同于传统汽车驾驶室的仪表板,其功能根据电动汽车驱动的控制特点有所增减,其信息指示多选用数字或液晶屏幕显示。

(4)电动汽车的辅助装置。主要有照明、各种声光信号装置、车载音响设备、空调、刮水器、风窗除霜清洗器、电动门窗、电控玻璃升降器、电控后视镜调节器、电动座椅调节器、车身安全防护装置控制器等。这些装置是为提高汽车的操控性、安全性、舒适性而设置的,其中有些是必备的,有些是供选用的。

4. 其他装置

在电动汽车的组成中,电力驱动系统、电源系统是与传统内燃机汽车明显不同的重要部件,其他的如行驶、转向等相关装置基本与内燃机汽车相同,制动装置增加了能量再生利用功能。

(1)行驶装置。其作用是将电动机的驱动力矩通过车轮变成对地面的作用力,驱动车轮行走。这与传统内燃机汽车的构成是相同的,由车轮、轮胎和悬架等组成。

(2)转向装置。同内燃机汽车一样,由转向机、转向盘、转向机构和转向轮等组成。作用于转向盘上的控制力,通过转向机和转向机构使转向轮偏转一定的角度,实现汽车的转向。多数电动汽车为前轮转向,工业中用的电动叉车常常采用后轮转向。

(3)制动装置。同内燃机汽车一样,由制动器及其操纵装置组成。在电动汽车上,一般还有电磁制动装置,它可以利用驱动电动机的控制电路实现电动机的发电运行,使减速制动时的能量转换成对蓄电池充电的电流,从而得到再生利用。

7.3.2 电动汽车存在的主要安全隐患分析

安全永远是汽车发展过程中的重要主题之一,对于电动汽车也是如此。电动汽车和内燃机动力汽车相比,最大的差别是配置了一套电池系统(包括高压电系统)和一套电力驱动系统,因而,电动汽车的安全性除了传统内燃机动力汽车要求的主动安全、被动安全及一般安全外,还有一套电池及高压电系统的安全要求和特殊的碰撞安全要求。

1. 电动汽车与电相关的安全方面的隐患

相对于传统燃料汽车,蓄电池组易燃易爆的特性使得电动汽车较为"脆弱"。电动汽车自投入使用以来,有关电动汽车出现起火或爆炸的安全事故时有发生。概括而言,目前电动汽车与电相关的安全方面的隐患主要集中在以下两方面:

① 高能量动力电池存在燃烧的隐患。

② 驱动电动汽车使用的高压电、大电流的回路如果发生漏电,则会对人体造成伤害。

1) 蓄电池及蓄电池组

除燃料电池汽车外，蓄电池是各类电动汽车的重要储能装置，其安全状况的好坏直接影响着电动汽车的安全。蓄电池的安全状况既包括单个电池自身的安全要求，也包括电池成组后形成的电池砖、电池片的性能，还与其在车辆中的布置、安装、绝缘、散热密切相关。电池自身的安全要求包括不发生漏电、自燃、爆炸及可燃气体聚集等，在电池自身安全要求达标的前提下，电池砖、电池片的成组形式、电池组性能、在电动汽车中的布置形式及安装方式、绝缘散热状况都直接影响着电动汽车的使用安全。由于电动汽车采用的蓄电池是高能量状态，一旦蓄电池在车辆中的布置、安装、绝缘、散热等某一方面或多方面存在安全缺陷或出现不合理情况，车辆行驶过程中或当发生碰撞事故时就可能引起电池起火燃烧的情景（实际中已发生过多起电动汽车的在碰撞中电池起火造成人员伤亡的事故）。对于电池组而言，为了达到最佳的性能和寿命，需要将整个电池组的温度控制在一定范围内。因而，对电动汽车用蓄电池的基本要求是温度适当，在车辆停放、充电、行驶中不能出现漏电和自燃，在碰撞中能够及时切断总电源，避免蓄电池发生短路造成爆炸和自燃。

电动汽车的蓄电池布置是其开发中的重要技术。根据目前蓄电池的储能水平，一辆1.5t的电动车如果要一次充电行驶120km，则需要约200kg的蓄电池组。200kg的蓄电池组由于体积较大，其布置形式可以是整体布置，也可以是分块布置。对于分块布置，多采用两块布置形式：一块布置在中央通道和驾驶人座椅下方；另一块布置在原来的燃油箱位置。蓄电池箱并不完全封闭，通常前后都留有进风口和出风口，由小型电风扇提供流动空气对蓄电池进行风冷或由循环冷却液进行水冷。

图7.14 电动汽车上的蓄电池组布置结构

单体蓄电池在定型之前需要完成跌落、针刺、热箱、充电、放电等试验。用于向电动汽车上提供动力的蓄电池通常采用组合方式，即"蓄电池组"（图7.14）。由于蓄电池组由多个电池砖、电池片组合而成，电池的排列布置和冲击状况下的损伤，需要进行大量的试验研究工作。目前最有效的方法是进行滑台试验——将蓄电池组安装在简易车身上，由滑台设备模拟速度50km/h，进行正面碰撞试验，以考验蓄电池组在高加速度冲击下的耐冲击性能，在完成滑台试验后才能做整车碰撞试验。

此外，还须要求蓄电池组在不供电时电池不成组，以防相互充电及漏电等。对于蓄电池组，需要在电池充放电过程中保持均衡电池电压，以保证整体性能。

在电动汽车的实际运行过程中，电池管理系统起着至关重要的作用。电池管理系统要实现单体电池间和不同电池砖、电池片之间的均衡，须实时监测动力电池组的整体工作状态，并准确估测动力电池组的荷电状态，防止电池发生过充电和过放电，以确保电池组可靠、高效地运行。减小电池组内温度不均匀分布以避免模块间的不平衡，可避免电池性能下降，有利于消除相关的潜在危险。

电池热失控是指蓄电池在恒压充电时，充电电流和电池温度发生一种积累性的增强作用，并逐步损坏的现象。从目前蓄电池使用的状况调查看，热失控是蓄电池失效的主要原因之一。实际中引起电池热失控的因素主要为三方面：一是电池管理系统的失控导致电池系统的过充电、过放电；二是电池系统受到外力穿刺、挤压引起外部强制短路；三是电池生产过程中由于品质控制不严格导致的内部短路。当电池受到以上三方面的因素影响后，其内部体系（正极材料、负极材料、隔膜、电解液）将会发生很多化学及电化学反应。热失控的直接后果是蓄电池的外壳鼓包、漏气，电池容量下降，严重的还会引起极板形变，最后失效。

当电池已经出现热失控时，最后的一道防线就是外包装，现在动力电池的外包装形式有钢壳、铝塑膜及塑料壳3种。铝塑膜结构封装方式的电池一旦出现热失控，内部压力达到一定值时会将铝塑膜热封边缘撑开，在很短时间内释放电池的热量和气体，从而避免了发生爆炸和起火现象。

就电动汽车蓄电池安全水平而言，其提升是一个不断推进的过程，需要在电极、隔膜等材料及保护技术、保护电路等设计方面不断加以完善。

2）高压电系统

这里的高压电特指电动汽车用高压电，而不是电力系统中的高压电。国家标准GB/T 18384.3—2001《电动汽车安全要求 第3部分：人员触电防护》中根据电压高低将其分为两个级别，见表7-6。

表7-6 电动汽车电路的电压分级

电压级别	工作电压/V	
	直流系统	交流系统(15～150Hz)(rms)
A	$0<U\leqslant 60$	$0<U\leqslant 25$
B	$60<U\leqslant 1000$	$25<U\leqslant 660$

注：60 V(DC)或25 V(AC)的电压是因为考虑了空气湿度的条件，对非交流电但是重复的脉冲电压，如果峰值持续时间大于10ms，则取工作电压为最大峰值，如果峰值持续时间小于10ms，则取工作电压为均方根值，波动的电压的均方根值不超过10%。

由表7-6知，直流电电压超过60V小于等于1000V，交流电电压超过25V小于等于660V均为B级，根据国家标准的B级电路电压，此电压为高电压。目前，电动汽车上既有直流高压电，也有交流高压电。电动汽车普遍采用电驱动形式，其电驱动的电压、电流一般都超过了人体所能承受的范围，通常电压都在220 V以上，有的达到380V及更高(600V)。如果电动汽车上高压电系统回路发生漏电等故障，势必会对乘员安全构成严重威胁。

高压电系统是电动汽车的重要组成部分，其功用主要是根据车辆行驶的功率需求完成从动力电池（或燃料电池）到驱动电动机的能量变换与传输。在内燃机汽车中，电动助力转向系统、制动系统等主要由低压电气系统供电，而在电动汽车中，为了节约能源，对于功率较大的子系统如制动泵电动机、电动助力转向系统和电动空调等一般都采用高压供电。

内燃机汽车与电动汽车低压电气系统二者主要区别：内燃机汽车的辅助蓄电池由与发动机相连的发电机来充电，而电动汽车的辅助蓄电池则由动力电池通过DC-DC转换器充电。电动汽车的高压电系统主要由动力电池/燃料电池、驱动电动机和功率转换器等大功率、高电压电气设备组成；电动汽车上车载带高电压的部件主要有高压电池、驱动电动机、逆变器、空调压缩机、电动助力转向器、充电器等。

电动汽车上的高压电系统的安全问题包括高压电系统在线绝缘检测；过载/短路保护；高压互锁（HVIL）；高压电容放电；高压电系统预充电；高压电电磁兼容性；高压部件保护；高压电标识；碰撞安全等。

（1）高压电系统在线绝缘检测。电动汽车行驶过程中，其高压电系统存在漏电的危险，因而对于整个高压电系统而言需要具备在线绝缘检测功能，该功能在监测到出现绝缘电阻小于某一设定值时，快速将信息反馈给驾驶人，以使驾驶人能够及时采取相应的安全预防措施。

（2）过载/短路保护。当车载高压部件出现过载或者短路时，自动实现高压回路断开高压电源，以确保车上乘员处于安全状态。实现高压电系统过载/短路保护的措施是在回路中专门设置过载/短路保护部件，如熔丝、高压继电器等。车载熔丝、高压继电器必须符合相关法规和标准要求。

（3）高压互锁。高压互锁功能是指当高压部件及其连接部件中出现连接断开时，自动实现高压电系统不能上高压电。这一功能能够大大降低因高压电触点出现故障引发事故的风险。

（4）高压电容放电。其功能是使高压电系统在高压电源断开时其电压快速降至安全水平。因为在高压电系统的 DC - AC 转换器等高压部件中存在电容，当高压电源断开时，由于高压电容的存在，高压电系统仍然存在高压电，为了避免存留的高压电对维修人员和部件造成危害，必须在关闭高压电系统时将存留的高压电快速释放掉。

此外，该功能的另一重要作用是确保车辆碰撞后的高压电安全。当系统检测到车辆发生碰撞时，及时切断高压电系统，通过电容放电能够将高压电源切断后存留的高压电在很短时间内彻底释放，消除整车在发生碰撞后发生触电的危险。

（5）高压电系统预充电。由于高压系统存在电容，一方面可能存在电源里的高压接触器在接触的瞬间出现较大电流而损坏高压部件，另一方面也可能因保护策略而断开高压接触器，使高压电系统不能上高压电。因而，从安全的角度考虑，需要在系统的主接触器闭合前，先对高压电系统中的电容进行预充电，以使高压电系统的主接触器正常闭合。

（6）高压电电磁兼容性。由于电动汽车上存在高压交流电系统，具有很强的电磁干扰性，必须将电磁干扰降低至国家标准 GB/T 18387—2008《电动车辆的电磁场发射强度的限值和测量方法 宽度 9kHz～30MHz》许可的范围内。因此，为减少乘员舱内的电磁干扰，通常将高压电缆布置在车舱外，同时使高压部件的壳体通过接地与车身相连。

（7）高压部件的保护与高压电标识。高压部件的保护主要包括防水与机械保护两方面。安置在动力舱里的高压部件、电动机、逆变器及其中间的连接接口需要满足一定的防护等级；当高压电缆布置在车底板下时，需要设置专门的保护板对其进行保护。

鉴于电动汽车上高压电系统和低压电系统并存的实际，为了给驾乘人员和维修人员以提醒，需将高压电系统和低压电系统分别喷涂不同颜色以方便区别。一般高压电系统采用橙色，其保护件也须采用橙色。此外，需对高压部件及动力舱里的高压电系统贴上高压电危险警示标识，用以警示用户在维修保养车辆时注意保护，不可损坏。

实际中，电动汽车高压电系统故障可以分为动力蓄电池组故障、上电故障、短路故障、电压故障、绝缘故障、高压环路互锁故障、交通事故导致的上述故障 7 类，其中任何一类问题对于电动汽车而言都是安全隐患。特别是对于短路问题、绝缘问题和交通事故造成电池液泄漏等问题，由于可能造成最为直接的人身伤害而更具危险性，需要引起特别重视。

为了确保电动汽车高压用电安全，我国已对电动汽车的高压电路设计和布置提出了严格的设计及检测要求，并给出了较为详细的硬件设计实验检测规程。

2. 电动汽车的碰撞安全性

 **事故案例**

比亚迪E6电动出租汽车被撞起火引起高度关注

事故经过：2012年5月26日凌晨3点左右，深圳市的一辆红色日产GTR跑车驾驶人醉酒驾驶，其车速达到150～180km/h，与同方向行驶的两辆出租车发生碰撞，在巨大的撞击力作用下，其中的比亚迪E6电动出租汽车被撞到路边绿化带的大树后起火，造成车内两名女乘客和驾驶员当场死亡，红色GTR车内一男三女也不同程度受伤。图7.15为比亚迪E6电动出租汽车被撞后的起火事故现场。

图7.15 比亚迪E6电动出租汽车被撞后起火的事故现场

深圳警方提供的事故现场表明，红色肇事GTR车先以不低于180km/h的车速从左后尾部剧烈撞击了E6出租车，接着又撞翻左前方的汽油发动机出租车。E6出租车被撞飞到路边、起火，直到仅剩下一个车架子。

引发高度关注：这一事件引发了业界对电动汽车安全的高度关注。比亚迪公司29日发布公告称，"E6电动车搭载电池经过国家权威部门做过挤压测试，电池模块50%变形后，并没有发生起火燃烧，符合国家标准。"在5·26交通事故中，"在这种极端的撞击情况下，经过多次碰撞、旋转，车内乘客和驾驶员的生命必会受到极大的威胁，即使燃油车也可能会发生起火燃烧"。

资料来源：http://www.0755car.com/n/zixun/hangye/12-05-26/240808.html。

电动汽车碰撞安全可分为汽车自身的结构安全和蓄电池安全。汽车自身的结构安全和传统能源汽车一样需要考虑结构耐撞性、乘员约束系统，以确保碰撞中减少乘员的伤害。

整车碰撞试验除按照传统车辆做正面碰撞、侧面碰撞、后部碰撞等试验（其人体伤害值与传统车辆一致）外，还需要增加对蓄电池箱的电压检测，以检验绝缘电阻是否正常工作。

电动汽车的一个重要特点就是车内装有高压电动力回路，其动力电池组的电压远远超过安全电压，另外由于加装电池组使得车辆自身重量增加，也使得在碰撞中的能量增加，所以电动汽车的碰撞安全性对车辆的设计提出了更高的要求，同时也对汽车检测机构，提出了相对于传统车辆安全性检测之外，针对电动车所产生的新型安全性能检测技术问题。

1）电动汽车碰撞试验标准

电动汽车的碰撞试验，除了应符合国家标准GB 11551—2014《乘用车正面碰撞乘员保护》、GB 20071—2006《汽车侧面碰撞的乘员保护》、GB 20072—2006《乘用车后碰撞燃油系统安全要求》的要求外，针对电动汽车的结构特点和特性，还应符合相应的法规和标准，包括美国国家公路交通安全管理局的 FMVSS305《电动汽车——电解液溢出及电击防护》，中国 GB/T 18384.1—2001《电动汽车 安全要求 第1部分：车载储能装置》和 GB/T 19751—2005《混合动力电动汽车安全要求》，以及欧洲经济委员会的 ECE R100《蓄电池电动车辆的安全性》、ECE R94《正面碰撞乘员保护》、ECE R95《侧面碰撞乘员保护》等。其中，ECE R100 主要是对电动车辆结构和功能方面的要求，对于碰撞试验方面没有详细规定和要求；美国标准 FMVSS305 主要涉及电池绝缘电阻的测量；ECE R94、ECE R95 还涉及电流冲击等方面的内容。欧盟（EU）新车评价规程（Euro - New Car Assessment Program，Euro - NCAP）按照 ECE R94、ECE R95 执行。

就美国、欧洲、中国的电动汽车碰撞试验标准的相关要求而言，在电解液泄漏和动力蓄电池保持位置等方面的要求基本一致；在绝缘电阻方面，从碰撞安全角度看，碰撞试验前后测量和评价绝缘电阻是十分必要的，因中国 GB/T 18384.1—2001 制定较早，绝缘电阻安全限值较低，规定为 $100\Omega/V$，而 FMVSS 305 和 ECE 规定为 $500\Omega/V$。中国新标准对此的规定将会趋向与 FMVSS、ECE 的规定相同。对于防止短路和过电流断开装置方面的要求，虽然美国法规没有提及，但从实际效果看，做出明确规定对于在碰撞事故中防止乘员触电是非常有效的保护方式。为确保电动汽车碰撞后的安全，对其电池组的要求如下：

① 电动汽车碰撞后电池组不能接近驾驶舱、必须固定在安装位置。
② 电池碰撞后不能爆炸起火。
③ 电池碰撞后不能有电解液流出。
④ 电动汽车碰撞后高压系统不能漏电。

2）电动汽车碰撞试验程序及方法

电动汽车碰撞试验不同于普通的汽车碰撞试验，在电动汽车碰撞试验中涉及各种类型的动力电池，以及动力电池在车辆中的布置位置，这将直接影响动力电池在进行汽车碰撞试验过程中的危险性。如果碰撞试验中电池箱受到撞击破坏，动力电池就有可能产生爆炸、起火，所以在电动汽车碰撞试验中制定详细的试验程序和方法是十分必要的。电动汽车的碰撞试验应使电动汽车的结构特点和特性与内燃机汽车正面碰撞试验程序相结合，构成一个完整的试验程序。表7-7为电动汽车的碰撞安全特殊要求。

表7-7 电动汽车碰撞安全的特殊要求

检验项目	检验结果
乘员保护	动力蓄电池、蓄电池组或其部件（蓄电池模块、电解液）未穿入乘员舱内；碰撞试验期间无电解液溢出；碰撞试验期间和试验后无电解液进入乘员舱
第三方保护	动力蓄电池、蓄电池组或其部件（蓄电池模块、电解液）未从车上甩出
防止短路	碰撞试验前后，所测得的单体电池电压未出现异常，动力电路未短路
过电流断开装置	具有过电流断开装置
绝缘电阻	试验前后无明显变化

从表7-7可以看出，合理布置动力电池的位置及采用安全稳固的固定方式非常必要。大量的试验结果表明：动力电池箱须尽可能布置在车辆碰撞的非变形吸能区域内，避免动力电池在碰撞中发生挤压变形；动力电池箱的固定方式须尽量采用与车身纵梁等稳固件连

接；单体电池采用独立稳定的整体框架式结构进行固定；高压配线位置的线路布置须尽量与车身非变形结构相连，同时加强高压线的绝缘保护。

目前，电动汽车安全性能的检测方法主要集中于电池组试验前后绝缘电阻的测量。与内燃机汽车碰撞试验不同，电动汽车碰撞试验需配备电压测量器（内阻在 10 MΩ 以上）、绝缘电阻计，标准电阻用于测量绝缘电阻。

对于防止短路和过电流断开装置方面的要求，目前最新欧洲法规 ECE R94、ECE R95 中均已提出在电动汽车碰撞试验后，若电池过电流断开装置成功启动，视为符合碰撞安全要求，但明确提出须在电池控制回路中借助发光二极管等元器件证明过电流断开装置确实启动。鉴于防止短路和过电流断开装置在电动汽车实际碰撞事故中对于乘员预防车身带电造成损伤的重要作用，我国电动汽车生产厂家在进行电动汽车开发设计时，需在高压动力回路中加上防止短路和过电流断开装置作为安全防护措施。

3) 电动汽车碰撞试验

电动汽车的车身钢架结构，基本上是在对应的内燃机汽车车身钢架结构的基础上，为安置电动动力总成和动力电池的需要进行适当改造而成的。电动汽车和对应内燃机汽车相比，质量有所增加（主要是动力电池及其固定装置增加的质量），在约束系统的配置上完全一致。相关试验结果表明，只要对车身结构进行的改进合适及对电池电机的布置合理，电动汽车能够达到和原型车接近的碰撞结果。

在常规碰撞检测要求方面，电动汽车与其原型车的表现并无明显差别，只须注意由于电动车电池本身自重较大带来的车身质量变化造成车身惯性增大带来的影响，即可达到与原型车相同的碰撞安全效果。

思 考 题

7.1　简述发展新能源汽车的重要性，新能源汽车的主要类型、结构特点及主要优缺点。

7.2　新能源汽车与内燃机汽车之间有何关系？近 10 年内新能源汽车能否替代内燃机汽车？为什么？

7.3　简述我国电动汽车技术标准体系，电动汽车技术标准与内燃机汽车安全法规之间的主要差别。

7.4　简述电动汽车的组成、主要结构及其功用。与内燃机汽车相比，电动汽车使用过程中存在哪些安全隐患？

参 考 文 献

[1] 郑安文. 汽车安全 [M]. 北京：北京大学出版社，2014.
[2] 姜立标. 现代汽车新技术 [M]. 北京：北京大学出版社，2012.
[3] 赵福全，等. 中国汽车安全技术的现状与展望 [J]. 汽车安全与节能学报，2011，2(2)：111-121.
[4] 宋健，等. 汽车安全技术的研究现状和展望 [J]. 汽车安全与节能学报，2010，1(2)：98-106.
[5] 郭烈、葛平淑，等. 汽车安全辅助驾驶技术 [M]. 北京：北京大学出版社，2014.
[6] 田跃进. 现代汽车新技术概论 [M]. 北京：北京大学出版社，2010.
[7] 刘晶郁，李晓霞. 汽车安全与法规 [M]. 北京：人民交通出版社，2005.
[8] 任金东. 汽车人机工程学 [M]. 北京：北京大学出版社，2010.
[9] 刘雅婧. 汽车驾驶室人机界面设计技术研究 [D]. 西安：西北工业大学，2007.
[10] 王伟达，等. ABS逻辑门限值自调整控制方法研究与试验验证 [J]. 机械工程学报，2010，46(22)：90-95，104.
[11] 陈德铁. 利用驾驶模拟器对制动防抱系统的研究及开发 [D]. 吉林：吉林大学，2003.
[12] 冯开歌. 基于虚拟样机技术的汽车ABS制动性能研究 [D]. 昆明：昆明理工大学，2009.
[13] 罗俊奇. 汽车驱动防滑控制系统的研究 [D]. 广州：广东工业大学，2008.
[14] 乔维高. 汽车被动安全研究现状与发展 [J]. 汽车科技，2008(4)，1-4.
[15] 王国林，鲁砚. 人车碰撞事故仿真与行人保护研究 [J]. 汽车工程，2009，31(1)：14-17.
[16] 谷正气. 汽车车身现代技术 [M]. 北京：机械工业出版社，2009.
[17] 董德刚. 汽车安全带动态碰撞设备的策划和检验方法的研究 [D]. 济南：山东大学，2007.
[18] 陈会. 汽车对行人的碰撞保护标准探讨 [J]. 客车技术与研究，2010，32(3)，46-49.
[19] 佟金，杨欣，张伏，等. 零压续跑轮胎技术现状与发展 [J]. 农业机械学报，2007，38(3)：182-187.
[20] 廖燕. 汽车玻璃新技术及其发展方向 [J]. 汽车工艺与材料，2008(2)：61-62.
[21] 徐大伟. 世界汽车安全性技术法规与标准的研究 [D]. 武汉：武汉理工大学，2007.
[22] 裘志琦. 美国汽车安全认证要求及法规发展动态 [J]. 标准科学，2009(4)：84-89.
[23] 明平顺，杨万福. 现代汽车检测技术 [M]. 北京：人民交通出版社，2001.
[24] 葛如海，苗强. 车用儿童约束装置综述 [J]. 中国安全科学学报，2006，16(4)：42-47.
[25] 方圆，吴光强. 儿童乘员约束系统研究现状与展望 [J]. 中国工程科学，2006，8(8)：81-85.
[26] 张金换，李志刚，胡敬文，等. 汽车儿童安全保护的欧美法规对比及未来研究方向 [J]. 汽车安全与节能学报，2011，2(3)：185-191.
[27] 胡国武. 汽车碰撞中儿童乘员的损伤及防护研究 [D]. 广州：华南理工大学，2011
[28] 武修英，杨浪，董丽萍，等. 我国儿童乘员车内伤害现状分析 [J]. 佳木斯大学学报(自然科学版)，2013，31(5)：676-683.
[29] 陈清泉，孙逢春，祝嘉光. 现代电动汽车技术 [M]. 北京：北京理工大学出版社，2004.
[30] 崔胜民. 新能源汽车技术 [M]. 北京：北京大学出版社，2009.